U0143116

探知新视界

空中花园

追踪一座扑朔迷离的世界奇迹

[英国] 斯蒂芬妮·达利◎著

萧谙◎译

译林出版社

图书在版编目（CIP）数据

空中花园：追踪一座扑朔迷离的世界奇迹 ／（英）
斯蒂芬妮·达利（Stephanie Dalley）著；萧谙译．——
南京：译林出版社，2023.5（2024.7重印）
书名原文：The Mystery of the Hanging Garden of
Babylon: An Elusive World Wonder Traced
ISBN 978-7-5447-9610-1

Ⅰ.①空… Ⅱ.①斯… ②萧… Ⅲ.①巴比伦－古代
史 Ⅳ.①K124.3

中国国家版本馆 CIP 数据核字（2023）第 039261 号

著作权合同登记号　图字：10-2021-159 号

空中花园：追踪一座扑朔迷离的世界奇迹　　[英国] 斯蒂芬妮·达利 ／ 著　萧　谙 ／ 译

责任编辑　　王　蕾　荆文翰
装帧设计　　iggy
校　　对　　孙玉兰
责任印制　　董　虎

原文出版　　Oxford University Press, 2013
出版发行　　译林出版社
地　　址　　南京市湖南路 1 号 A 楼
邮　　箱　　yilin@yilin.com
网　　址　　www.yilin.com
市场热线　　025-86633278
排　　版　　南京展望文化发展有限公司
印　　刷　　南京爱德印刷有限公司
开　　本　　880 毫米 × 1240 毫米　1/32
印　　张　　9.875
插　　页　　8
版　　次　　2023 年 5 月第 1 版
印　　次　　2024 年 7 月第 3 次印刷
书　　号　　ISBN 978-7-5447-9610-1
定　　价　　69.00 元

版权所有 · 侵权必究

译林版图书若有印装错误可向出版社调换．质量热线：025-83658316

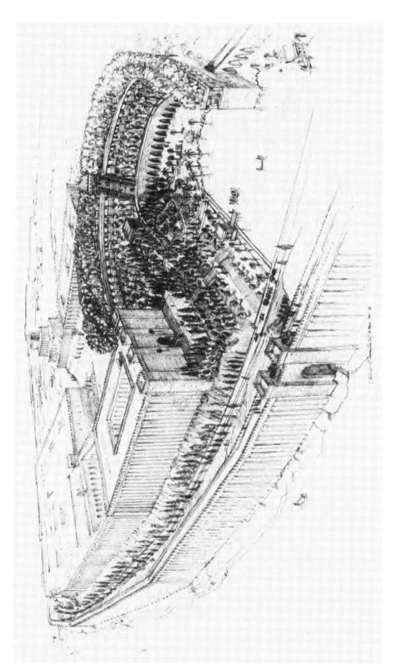

尼尼微辛纳赫里布宫殿花园复原图

消失的并非我们全部力量——全部盛名——

不是我们全部的举世闻名的魔力——

不是围绕着我们的全部奇观——

不是蕴藏于我们的全部神秘——

不是依附于我们的全部记忆，

这些记忆像一件盛装包裹着我们，

一件比壮丽辉煌更华丽的外衣。

——爱伦·坡，《罗马大圆形竞技场》（1833）

谨以本书纪念我的父母

德尼斯和凯蒂·佩吉

1962年他们打发我前往伊拉克北部的尼姆鲁德

这是我诸多考古学和碑铭学游历的开端

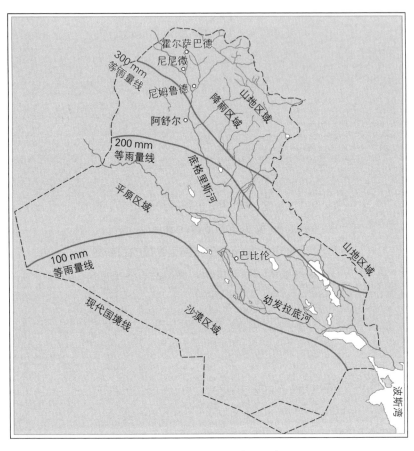

图1　美索不达米亚及周边地区示意图，显示降水区域和河流

目 录

年　表

公元前

萨穆-拉玛特，第一位塞米拉米斯	活跃于 805 年
辛纳赫里布在尼尼微建造西南宫和花园	约 700 年
阿舒尔巴尼拔在宫殿浮雕上描绘花园	约 660 年
巴比伦及其盟友攻陷尼尼微	612 年
尼布甲尼撒二世在巴比伦建造宫殿	不晚于 562 年
居鲁士大帝攻陷巴比伦	539 年
纳克特-霍尔游历亚述里亚	约 410 年
色诺芬万人雇佣军的长征	约 370—367 年
亚历山大打响高加美拉会战	331 年
贝罗索斯	活跃于约 290 年
斯特拉托尼克成为塞琉古一世的王后	约 290 年
阿基米德	活跃于约 287—212 年
《吉尔伽美什史诗》的现存最晚写本	约 127 年
工程师拜占庭的斐洛	活跃于约 200 年
尼尼微的阿波罗祭坛铭刻	约 100—200 年？
亚美尼亚的提格兰攻占尼尼微	90 年
西西里的狄奥多鲁斯	活跃于约 56—30 年
罗马兵败卡雷（哈兰）战役	53 年
阿波罗法尼斯出任尼尼微将军	约 31 年
希律在巴勒斯坦建造宫殿	73—4 年
安提帕特写作诗歌	约 4 年
斯特拉博	公元前 64 年— 公元 24 年以后

引　言

　　从底格里斯和幼发拉底两条大河带来的水源和冲积淤泥之上，崛起了世界最早一批强权中的两个：南方的巴比伦和北方的亚述[*]。它们都坐落在现代伊拉克境内的古代美索不达米亚。巴比伦包括濒临两河的领土，还拥有波斯湾湾头的入海口，而亚述最初只是一个位于底格里斯河上游、深居内陆的小国。普通读者都知道的屈指可数的几件事之一便是，著名的空中花园坐落于巴比伦城，它是古代世界七大奇迹之一，由伟大的尼布甲尼撒二世建造（见本书彩色图版1）。

　　作为一名亚述学家，我研究巴比伦人和亚述人用楔形文字书写的泥板，无论它们是由在伊拉克和叙利亚工作的考古学家新近挖掘出来的，还是在世界各大博物馆和收藏中尘封已久的。这些泥板中的大多数只是被晒干，而非经过烘烤，而且它们通常受损，往往是严重的断裂。要把

---

　　*　在本书中，巴比伦（Babylon）既可以指以巴比伦城为统治中心的前后数个本土政权，又可以指王国首都巴比伦。而巴比伦尼亚（Babylonia）是一个地理单元，指包括巴比伦城在内的美索不达米亚南部低洼平原。亚述（Assyria）既可以指美索不达米亚北部的高原山地区域，也可以指代统治该地区的前后数个本土政权，为避免混淆，当用作美索不达米亚北部地理单元名称时，译作“亚述里亚”。此外，Assyria一词意为“Ashur之地”，Ashur既是亚述人的国族主神，也是他们最早的首都，亦用于人名（例如Ashurbanipal，意为“Ashur是嗣君的创造者”），本书将Ashur译作“阿舒尔”，指代神祇时，后缀“神”字，指代城市时，后缀“城”字，以示区分。（本书脚注均为译者所加。）

1

这些物质遗存和它们的文字内容拼缀起来，是一项缓慢的工作，其中既有挫折也有喜悦。一些古代遗址在几个发掘季节内就获得了数以千计的泥板，因此总有新的工作要着手，旧有释读必须根据新的发现进行修正。最近的字数统计估算，巴比伦和亚述的已知文本量已经与全部拉丁文本的字数相当，而且未来的发掘工作还将产生更多的文本量。[1]我的工作主要关涉这些楔形文字，尽管其他类型的信息，特别是希腊和希伯来文学，以及浮雕镶板上的场景，能够促进该领域研究的解读。

1962年至1966年我在剑桥大学学习亚述学的时候，我的课业中没有提及空中花园。许多年后，作为一项关于古代花园的周末课程的一部分，我在牛津大学继续教育系做了一个讲座。在准备讲座时，我惊讶地发现关于巴比伦空中花园几乎没有什么值得一提的见解；但关于亚述花园的其他大量有趣的材料使我能够集中精力于积极的方面，我略过了对这个著名世界奇迹的提及。讲座结束时，一位女性听众以责备口吻愤愤说道，她本以为会听到关于世界奇观花园的内容，于是我怯生生地为自己开脱，说从巴比伦文献或考古学的角度来看缺乏可讲的东西。我想这没有令她信服。她很失望，我很难堪。这一令人不安的经历使我至少尝试分析这个问题，但当时并没有试图去解决它。第1章讲述考古学家和亚述学家如何竭力在巴比伦寻找花园，他们有时歪曲或忽略了可靠的信息。一些希腊和拉丁史料描述了花园——它们是第2章的主题——但它们是在这座花园据信落成之时的许多世纪之后写的。大多数试图利用巴比伦的考古发掘结果来定位花园的人，都不得不把这些古典文献扔在一边，因为没有任何信息可以建立联系。发掘工作同样令人失望。我看不出有什么办法可以克服这些困难。几年来，这个问题一直萦绕在我的心头，而其他工作则占据了优先地位。

与此同时，在为牛津大学的一门本科课程撰写关于钱币发明之前的通货形式的讲稿时，我发现在涉及一位亚述国王的文献翻译中出现了很多混乱。有些句子被认为是指他在公元前7世纪初就铸造了钱币，比该地区已知的最早钱币早了几个世纪。这一反常现象令人震惊，并促使我再次审视该文本。为避免时代错置地发明钱币，我发现另一种解释更有可能。国王讲述的是他的工人如何以一种新的方法用纯铜铸造巨大的动物雕像，这种方法如此成功，以至于制作过程非常容易，仿佛这些动物雕像每个只重半舍客勒*而非43吨一样。[2]旧版译文作"容易得就像它们是半舍客勒钱币一样"。该文本值得注意还因为王家铭文中几乎不见对技术革新的兴趣，也没有提及工匠的技艺。直到多年后，我在为BBC制作节目的过程中，与身体力行的青铜铸造师安德鲁·莱西交流，才发现该如何理解该铭文中的一些细节，后者与国王的新铸铜术有关。受这一经历影响，我开始对识别楔形文字中的技术细节问题，以及文献使用比喻和隐喻来描述技术创新之处兴趣大增。新的解读成果纳入了为古代青铜工艺研讨会撰写的论文中[3]，它对本书的影响将在第4章进行讨论。

作为一座王都，巴比伦的首要地位可以通过与亚述数座王都的对比来凸显。在公元前第1千纪的最初四百年中，亚述人从底格里斯河中游的西岸向北迁徙，他们的故都阿舒尔城与国族之神同名，至今仍保存在我们的"亚述"一词中。他们把王室驻地迁移到底格里斯河东岸，先是迁到尼姆鲁德，即古代的卡拉赫，然后转移到霍尔萨巴德，即古代的杜尔-沙鲁金，最后迁到它们中最大和最古老的城市：尼尼微，它的古代名称一直沿用至今。这三座城市彼此相距不远。相反，巴比伦人自始至终都忠实于他们传统的首都巴比伦城。有时，亚述国王将巴比伦置于他们的控制之下，但巴比伦从未征服过亚述。

---

* 舍客勒（shekel）是古代近东的重量单位，各地标准有差异，在新亚述帝国时期（公元前911—公元前609），1舍客勒重约8克。

这两个政权有很多共同点，尤其是语言和楔形文字书写系统、大量文学作品和大部分男女神祇。他们用泥砖建房，在潮湿的黏土上书写，记录文学、历史和行政细节。但它们周遭的环境迥然有别：亚述的土地上有发源于波斯山区、汇入底格里斯河的若干支流，底格里斯河流经受惠于稳定降水的肥沃山谷和平原；另一方面，巴比伦地形平坦，运河纵横交错，依靠幼发拉底河和底格里斯河下游丰沛的水源哺育，却缺乏足够的降水。在亚述，楔形文字的使用在公元前6世纪就已经终结，比巴比伦要早得多，后者继续使用楔形文字达数个世纪之久。[4]

楔形文字和美索不达米亚的诸种语言在一百五十多年前开始得到破译。释读、校订和对文本进行可靠转译的工作一直持续到今天。现在有如此多的信息可供我们使用，却仍未能找到巴比伦空中花园，令人非常沮丧。

公元前2世纪以降，希腊和罗马文献中就有关于已知世界中七大奇妙之地——值得参观的独特景点——的观念。此时这座著名的花园已落成数个世纪。最早的文本是一张纸莎草残页，它是在埃及古墓的一具木乃伊被解开时发现的，因为当时普遍使用废弃的旧卷宗来包裹尸体。其内容除几处残缺外大致完整，上面写着："七处景点，以弗所的阿耳忒弥斯神庙，……（残缺）……金字塔……（残缺）……哈利卡纳苏斯的摩索拉斯王陵……（残缺）……"[5]大约在同一时期，一位人称昔兰尼的卡利马库斯（公元前305—前240）的学者在他供职的埃及亚历山大里亚的大图书馆写下了《世界各地景点大全》。我们不清楚他是否持有一份七大景点的名录，因为我们对他这部作品的了解仅限于标题和零星的断简残篇，但在下个世纪写作的西西里的迪奥多鲁斯提到，塞米拉米斯在巴比伦竖立了一座方尖碑，"紧邻最有名的街道"，他说，人们把它列入"世界七大景点之中"[6]，而马库斯·泰伦提乌斯·瓦罗（公元前116—

前27年）写过一篇题为《世界令人惊叹的七座建筑》的文章。这表明，数字七在当时已经众所周知地与值得一看的奇妙景点联系起来。后世作家再没有人将塞米拉米斯的方尖碑列入七大景点，这一删改暗示名录是灵活的，想必受制于潮流和建筑存废的变动不居。[7]随着时间的推移，最初的奇观被替换；新的奇观被加入名录，扩大了"一生必看"的著名地点的总数，但仍冠以"七大"之名。我们掌握了多份不同的名录。罗马人和拜占庭人添加了他们自己的奇观，如罗马的大斗兽场和君士坦丁堡的圣索菲亚大教堂。[8]

至于提及或描述过空中花园的主要希腊和罗马作家，他们中的大多数——西西里的迪奥多鲁斯、斯特拉博、安提帕特、约瑟夫斯和昆图斯·库尔提乌斯·鲁弗斯——都是与从尤利乌斯·恺撒到尼禄的数位罗马统治者的同时代人，除了最后一位，其他人均用希腊语写作。在此期间，罗马军队和行政人员在近东的西部活动，激发了人们对东方奇观的兴趣。许多世纪之后，在拜占庭时期述及空中花园的人是"悖论作家"拜占庭的斐洛，他用希腊语写作。所有这些作家都能够接触到早期的文本和传说，但这些文本和传说现在已经失传，所以没有确凿无疑的记载——罗列七大世界奇观之概念的源起已经消失在古代早期的迷雾中。在那些著作已经散佚的早期作家中，有些人恰是为亚历山大大帝效劳的，这表明该传统可能是在许多马其顿和其他希腊士兵及行政人员活跃于美索不达米亚时首次出现的。无论如何，最早的一批名录出现在尼布甲尼撒大帝（公元前604—前562在位）时代之后的数个世纪。

巴比伦空中花园、巴比伦城墙和塞米拉米斯方尖碑是迄今为止被列入七大世界奇观名录中的早期候选者中最东边的一组。其余奇观都很容易经东地中海到达。埃及拥有大金字塔和位于亚历山大里亚港口的人称法罗斯的灯塔；爱琴海的罗得岛拥有巨像，一尊巍峨的铜铸人像，其巨大的双腿横跨港口入口；安纳托利亚西部的哈利卡纳苏斯（今博德鲁姆）拥有为卡里亚总督建造的宏伟王陵和精美雕塑；以弗所的阿耳忒弥斯神庙拥有狄安娜-阿耳忒弥斯的非凡雕像（她的众多"乳房"现在被一些人认为是花粉囊，代表她作为当地养蜂业主保神祇的角色，该地今日依然以蜂蜜驰名）；希腊本土的奥林匹亚拥有伟大的雅典雕塑家菲迪亚斯制作的宙斯雕像。所有这些奇观都位于东经21°至31°之间，希腊和罗马世界的旅行者可以相对容易地访问这些地方，来自那里的作家们推广了七大奇观的传统，并添加了其他景点；而巴比伦位于东经44°至45°之间，远离地中海沿岸。值得注意的是，巴比伦是三个早期世界奇迹的所在地。其余奇迹都位于希腊人和罗马人的旅游路线上；人们可能会猜想，遥远而伟大的上古赋予巴比伦一种特别浪漫的诱惑，允许想象力纵情驰骋，不受现实中异味、灰尘和流行病的困扰。

几个世纪前，希罗多德曾在著作中赞叹埃及金字塔和巴比伦城墙，但没有提到或暗示有七大奇观。这两座非凡的建筑经受住了时间的考验，并提醒希腊人，他们是伟大文明舞台上相对后进的成员。在希罗多德的时代，一些最终将加入奇观名单的建筑，例如亚历山大里亚灯塔和罗得岛巨像，还没有动工，而摩索拉斯国王也尚未出世。在后来的各种名录中，非常古老的建筑与最近的建筑济济一堂，这种并列意味着人们仍然可以与遥远过去的奇迹相媲美，名录中以"现代"奇迹值得勇于进取的旅行者前往参观的旅行社口吻进行宣传。在后来的一些名录中，奇观少于或多于七个，但"七大"的概念仍然流行。

七这个数字有何重要意义？在世界奇迹这个语境下七的概念是怎么来的？在希腊文化的不同领域，有诸如《七雄攻忒拜》——一个被埃斯库罗斯用于创作同名著名戏剧的传说——或"七贤"，人们认为这个数字的选择来自古代美索不达米亚。[9]在美索不达米亚文学中，七是天界和地府的数目；通往冥界有七重门，给人类带来文明技艺的圣贤有七位，以及最重要的，七大天体——太阳、月亮和五大行星，它们的运动和相合*影响着人类、城市和国家的命运。[10]好战的神祇群体"七武神"†的名字正意指"七"，被认为对应昴星团的星座，亦被称作"七星"‡。在神话和传说中，恶魔往往以七个一组的形式出现，而风，也令人难以置信地一次可以刮起七场。仪式和魔法中的许多动作都要施行七遍。七包含了整体的概念，即阿卡德语的*kiššatu*，数字七是该词的一个语素。在后来的时代和某些领域，如天界的层数和咒语诵读的次数，三取代了七，但并非总是如此替换，因为七承载着上古的权威。

希罗多德详细描述了巴比伦城墙及其巨大的城门和穿过它们从城堡抵达河边的巧妙通道。虽然它们被囊括进——由安提帕特、斯特拉博、拜占庭的斐洛以及后来的一些罗马和基督教作家给出的——几份希腊版名录中，但它们在现代名录中通常被忽略。我们知道，在公元前第2千纪早期统治巴比伦的汉谟拉比国王时代之前，肯定已经建造了部分城墙，而且毫无疑问，在随后的几个世纪里，城墙经历过多次改造、重建和修复。[11]我们确知，主持修造的既有亚述国王也有巴比伦国王。在尼布甲尼撒王朝之前，有四代伟大的亚述国王对巴比伦城墙开展营建工程。巴比伦国王和亚述国王都曾主持修复工作的事实增添了混乱，后世的概括简化了一段漫长而复杂的历史。

城堡被两道同心圆城墙环绕，这两道城墙就像人一样得到命名：内墙叫*Imgur-Enlil*，"恩利尔神的赞许"，外墙叫*Nemetti-Enlil*，"恩利尔

---

* "合"（conjunction）是天文学术语，指由地球上看到太阳系里两个天体（常是太阳和行星）的黄经相等的现象，亦指此现象发生的时刻。

† Sibitti，亦拼作Sebitti，是天神安努与地母神的子嗣，他们的形象在不同的神话版本中或正或邪。

‡ 根据希腊神话，昴星团又称"七姊妹星团"，它在多个古文明中均与数字七关联在一起，这是因为南北半球低纬度的古人肉眼通常能观察到该星团的七颗亮星，即昴宿一至昴宿七（今日肉眼可见的亮星实际不止七颗）。

的防线"。这两道城墙的名字早在尼布甲尼撒二世之前至少五百年便已有记载。时至今日，内城墙比外城墙更高更厚，外城墙的建筑质量稍次。

在公元前8世纪末至公元前7世纪亚述直接统治巴比伦时，经常进行维修和部分重建。萨尔贡二世（公元前721—前705在位）修复并加固了这两道城墙，他虔诚地宣称自己模制了准备烘烤的砖块。他的儿子辛纳赫里布起初在那里主持建筑工作，但后来围攻并洗劫了该城，当最终恢复和平时，先是埃萨尔哈东（公元前680—前669在位），随后是他的儿子阿舒尔巴尼拔[12]，通过修复城墙做出重大的赎罪努力，在正式铭文中记录了自己的工作：

> 我用大肘尺*测量了宏伟的城墙"恩利尔神的赞许"的尺寸，墙体截面长和宽都是30肘尺。我将它修复如初，并把它的顶部加高，仿佛一座山。我把它建造得完美无缺，使它壮丽夺目，成为所有民族的奇迹。[13]

用来表达"所有"的词是 *kiššatu*。在这里，我们遇到了一个值得注意的事实：公元前7世纪的亚述国王将五百年后被列入世界奇观的巴比伦城墙也描述为一个奇迹，并将"七"的概念纳入了表达。但由于用法的差异，人们可能会认为这并非巧合，而是通过有想象力的误读或故意巧妙地变换阐释才制出的联系。在埃萨尔哈东之后大约五十年，当霸权从亚述转移到巴比伦时，在巴比伦建立新王朝的那波帕拉萨尔写下一篇更为浮夸的记述，将他对亚述的胜利与该城墙的重建联系起来。在七

---

* 肘尺是古代长度单位，等于成人手肘到中指指尖的距离，约合45—50厘米。

个筒形印章上都发现了这段文本：

> 我把亚述人赶出了阿卡德，于是巴比伦人挣脱了他们的枷锁。
> 当时我，那波帕拉萨尔……——"恩利尔神的赞许"，巴比伦的高
> 墙，自远古以来就闻名遐迩的原始边界，像时间一样古老的坚固边
> 疆，像天界一样高耸的巍峨王都，阻止化外之地入侵的坚固盾牌，
> 伊吉吉*诸神的宽广围场……[14]

尼尼微沦陷后，那波帕拉萨尔在儿子、未来的国王尼布甲尼撒二世的协助下，也修复了巴比伦的外墙，[15]并在其中埋藏了奠基铭文。虽然那波帕拉萨尔没有使用"所有民族的奇迹"这一表述，但他诗意的语言表明城墙在他的时代被赋予了至高地位。半个世纪后，统治巴比伦的纳波尼杜修复了同一座城墙，他模仿了先王的措辞，并在其中添加了"成为一个奇迹"的短语，他不仅将那波帕拉萨尔的一方印章和他自己的印章一起嵌入城墙内的一个砖龛[16]，还发现并重新安放了阿舒尔巴尼拔的铭文。[17]即使是征服巴比伦的外国人居鲁士大帝，也发布了一份措辞刻意模仿阿舒尔巴尼拔风格的敕令[18]，同时还引述了之前尼布甲尼撒对内城墙的施工。[19]在亚历山大的继业者们统治巴比伦的时代，仍然可以找到并读到这些铭文。

一长串的伟大国王们意识到他们的前辈因修建城墙获得声名，并在城墙里埋藏了一连串的碑铭以延续他们的记忆，这种延续的、自觉的传统是独一无二的。

对建造城墙的重视和强调反映了美索不达米亚式王权理念，在传奇

---

　*　Igigi，对一众没有名字的低级神灵的集体称呼，有学者认为他们数量多达三百。在神话中，正是因为伊吉吉们拒绝为高级神灵做工，后者才创造人类。

人物吉尔伽美什的性格和成就中，他作为一位建造者的史诗事迹是这样被记录下来的：

> 他修建了羊圈乌鲁克的城墙，
>
> 包括圣埃安纳，神圣的藏宝库房。
>
> 瞧那围墙，它像一道紫红色的光，
>
> 瞧那胸墙，无人能够照样模仿！……
>
> 仔细瞧瞧那台基，好好看看那些砖，
>
> 瞧瞧其砖是否炉火所炼，
>
> 看看其基石是否七贤所奠。*

所以对巴比伦人而言，筑墙是一种至高的王权行为。《吉尔伽美什史诗》中的这一段落表明，它配得上一位伟大的英雄，并与七贤联系起来。[20]

追溯更早时期的一篇铭文中对"奇迹"表述的使用，我们发现其最古老的使用是亚述国王提格拉特-皮勒塞尔三世（公元前744—前727在位）描述他位于底格里斯河畔尼姆鲁德的新宫殿时，特别强调"狮子和公牛巨像有着非常精湛的造型，覆盖迷人的织物，我把它们摆放在入口处，令其宛若奇迹"。[21]几十年后，萨尔贡二世在描述他在霍尔萨巴德的新王都时，用相同的词汇称呼宫殿里的门扇和铜饰带上的图案。他的儿子辛纳赫里布在描述了他在尼尼微的"宫殿群"的装饰特点后，写道："我把它们造就为一个'奇迹'。"接下来，在描述一种新型扬水装置的词句之后，他写道："我把那些宫殿造得很美。我抬高了宫殿周围的高

---

* 译文引自拱玉书译注，《吉尔伽美什史诗》，商务印书馆2021年版，第7页。

度，使之成为所有民族的奇迹。我将它命名为'无双宫'。"²²埃萨尔哈东在公元前7世纪扩展了该词的使用范围，他至少在六个场合使用了这个词：用在经他修复的阿舒尔神庙，用在巴比伦的马尔杜克神庙，用在经他修复的巴比伦城墙，用在经他修复的尼姆鲁德的讲武殿和他在尼尼微建造的新觐见厅，以及他在尼尼微附近的塔尔比苏为王储建造的宫殿。这是某种竞争精神的一部分，它驱使每位新王都声称他比自己的前任更出色，见于诸如"更胜以往"和"超越先王"这样的短语中。

这种表述被后世的巴比伦国王采纳。尼布甲尼撒至少在四个公共场合使用过该词：用在马尔杜克雕像巡游使用的圣船；用在他位于巴比伦的一座宫殿（在铭文的开头和结尾都使用了这个词，但没有提到空中花园）；用在巴比伦的城门；以及用在博尔西帕的大神庙。最后，纳波尼杜至少使用了两次：用在巴比伦城的城墙，以及用在西帕尔的太阳神大殿。

所有这些都是奇观。该巴比伦词语与希腊语*theamata*（"景点"）一词密切相关，它最早用于世界奇观，后来变形为*thaumata*（"奇迹"）。在"所有民族的奇迹"（*tabrâti kal niši*）的表述中，*tabrâti*一词的字面意思是令人瞠目结舌的东西，与早期希腊语*theamata*相对应。巴比伦语和希腊语之间的这种对应关系可能是巧合，但它引出了一种可能性，即希腊语的表述仿照了巴比伦短语。因此，这个概念和表述均可能由希腊人从一个传统中接收过来，该传统始于公元前8世纪的亚述，在巴比伦延续，塞琉古诸王通过研读新巴比伦时期*的碑铭也熟悉了它。

楔形文字记录似乎经常提供一些紊乱的细枝末节，一些难以形成连贯叙事的信息，一些由古代作家用几种语言——亚述语、巴比伦语、希腊和拉丁语，以及不同文字，包括楔形文字和字母文字——传播的只

---

* 新巴比伦王国，存续时间为公元前626年至前539年，三位主要君主即本书多次提到的纳波波拉萨、尼布甲尼撒二世和纳波尼杜。

鳞片爪，时间跨度长达数个世纪。除了对楔形文字文献的研究发挥的关键作用外，考古发掘、实地调查和艺术史也贡献了各自的力量，通过不懈的研究为这个谜题寻找答案。铭文显示，在亚述里亚和以巴比伦城为中心的巴比伦尼亚，许多特殊建筑都被宣称为奇迹。巴比伦的内城墙在一位亚述国王、一位巴比伦国王以及至少从亚历山大时代以降的希腊作家编制的奇观名录中都被明确视为奇迹。

本书是一段漫长考证之旅的成果，它最终揭开了巴比伦空中花园传

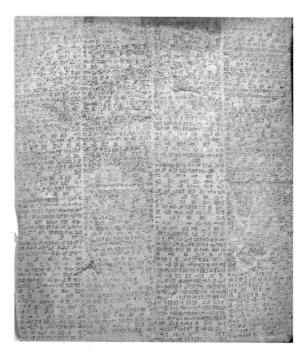

图2 "东印度公司大楼"*尼布甲尼撒二世铭文，全文完整无缺，以古体书写在石头上，记录了国王在巴比伦的兴建活动，但没有提及空中花园，出土自巴比伦。尺寸：56.51厘米×50.16厘米

---

 * 这件文物最初收藏于东印度公司大楼博物馆，因此得名，大楼拆除后转交大英博物馆收藏至今。

说背后的真相。

　　在现藏巴格达的海德尔棱柱上，透露辛纳赫里布宫殿花园细节的楔形文字铭文段落并非芝加哥棱柱（图版3）的复制品，而是大英博物馆棱柱（BM 103000）的复制品。照片由L. W. 金发表在《大英博物馆楔形文字文献》（第26卷），1924年勒肯比尔做了部分校订，作为对芝加哥棱柱文本的补充。BM 103000的照片已替换芝加哥棱柱的照片作为图15，经过修订的文本细节见第257页附录，以及图版3的说明文字。

注　释

　　1　M. Streck, 'Grosses Fach Altorientalistik: Der Umfang des keilschriftlichen Textkorpus', Mitteilungen der Deutschen Orient-Gesellschaft zu Berlin 142 (2010), 38.

　　2　86吨，如果此处的重量单位取的是重值。

　　3　S. Dalley, 'Neo-Assyrian textual evidence for bronze-working centres', ed. J. E. Curtis, *Bronze-Working Centres of Western Asia c.1000—539 B.C.* (1988), 97—110.

　　4　它没有字母化，而是逐渐被用于记录阿拉姆语（一译亚兰语）的更简洁的字母化线性书体所取代。

　　5　Laterculi Alexandrini: Pap Berolinensis 13044v, col. 8.22ff., as cited by K. Brodersen, *Die sieben Weltwunder: Legendäre Kunst- und Bauwerke der Antike* (1996, 6th edn. 2004), 9.

　　6　Diodorus Siculus, *The Library of History*, II.11.5.

　　7　参见P. Clayton and M. Price, *The Seven Wonders of the Ancient World* (1988), 169—170颇便使用的附录。

　　8　See e.g. Brodersen, *Die Sieben Weltwunder* (1996), 92—117.

　　9　W. Burkert, *The Orientalizing Revolution: Near Eastern Influence on Greek Culture in the Early Archaic Age* (1992), 106—114.

　　10　See e.g. W. Horowitz, *Mesopotamian Cosmic Geography* (1998), 208; U. Koch-Westenholz, *Mesopotamian Astrology* (1995), 119.

　　11　See A. R. George, *Babylonian Topographical Texts* (1992), 18.

　　12　M. Streck, *Assurbanipal und die letzten assyrischen Könige* (1916), vol. 2,

236—239, Cylinder L6 lines 16—22.

13　E. Leichty, *The Royal Inscriptions of Esarhaddon, King of Assyria* (2011), 199 and 207.

14　F. N. H. al-Rawi, ʻNabopolassar's restoration on the wall Imgur-Enlil at Babylonʼ, *Iraq 47* (1985), 1—13.

15　C. B. F. Walker, *Cuneiform Brick Inscriptions* (1981), no. 96.

16　W. Abdul-Razak, ʻIshtar Gate and its inner wallʼ, *Sumer 35* (1979), 116—117.

17　H.-P. Schaudig, *Die Inschriften Nabonids von Babylon und Kyros' des Grossen* (2001), 554—556.

18　J. Harmatta, ʻLes Modèles littéraires de l'édit babylonien de Cyrusʼ, *Acta Iranica 1* (1974), 29—44.

19　Schaudig, *Die Inschriften Nabonids von Babylon* (2001), 554.

20　R. Sack, *Images of Nebuchadnezzar* (2nd edn. 2004), 67.

21　H. Tadmor, *The Inscriptions of Tiglath-Pileser III King of Assyria* (1994), 174—175, Summary Inscription 7.

22　棱柱铭文第7栏第45行以及第49—52行；见第4章。

1 　在巴比伦划一块空地

勿贪其影，反失其实。

——《伊索寓言·犬与影》*

1898年至1917年间，罗伯特·科德威率领的德国考古队在巴比伦进行发掘，他们彻底清理了上方曾经矗立有王宫的城堡，以及恢宏的巡游大道、大神庙和伊什塔尔门。当然，这群考古学家渴望至少发现空中花园的遗址，这既是出于兴趣，也为了由此产生的公共效应带来的更多资助。他们采信约瑟夫斯的记载，期待找到尼布甲尼撒的铭文以确认是他建造了花园。令人沮丧的是，在宫殿附近，他们无法找到任何有足够空间的可能地点，从他们挖出的大量档案中也找不到任何文字证据。

揭露世界奇观的遗址会给考古学家们的工作带来巨大的推动。来到发掘现场的每位访客、每位记者、每位同行都会询问同样的问题：空中花园在哪里？你们为何没有找到？科德威在德国举办的公共讲座的每位听众都期望能得到回答。最终，发掘者给出了一个难洽人意的解答，指认了南宫殿内的一组房屋，那里的墙壁格外厚实，使用了烧制的

---

    * 故事讲一只狗嘴里衔着肉，过桥时看见水里自己的倒影，以为是另一只狗，那只狗衔着的肉，比自己的还要大一圈。因此它扔掉自己这块，狠狠地扑向那只狗，想夺到那块更大的肉，结果两头都落了空。

而非晒干的泥砖，以及大量沥青令建筑防水。一座屋顶花园也许能够解释这些材料的使用。但没有迹象表明花园如何得到浇灌，没有树根的痕迹，而且该建筑距离河流过远，水源无法抬升至此以灌溉假想的树木（见图3）。

正如科德威了然于心的，屋顶花园的假说不符合古典作家的描述，建筑内的水井是仅有的可用水源，它们不足以维持树木的存活，何况这与古代文献的记载抵牾，后者完全没有提到花园依靠水井提供灌溉。在推测为屋顶花园的那部分建筑内，存放着未经烘烤的行政档案泥板。[1]如此功能在一座屋顶花园下是不合实际的，因为屋顶渗漏的水不时会将泥板溶成一摊稀泥。尽管如此，一座能够鸟瞰巴比伦全城的屋顶花园的设想捕获了公众的想象力，激发了一批夸张的复原，即便事实上巴比伦夏日的酷暑会令植物萎靡，而在那漫长炎热的季节里，人们会无比渴望阴凉。

在几十年后的1979年，沃尔夫拉姆·纳格尔，紧随其后的是伦敦大学亚非学院亚述学教授唐纳德·怀斯曼，提出了完全相反的另一种假说。[2]他们意识到花园必须如斯特拉博描述的那样毗邻河流，因此推测花园位于主宫殿西边的区域，那里坐落着如今被称为"西外堤"的巨大建筑，这座狭长的、近矩形的建筑此前被发掘者推定为只是用于保护王宫免受春季洪水引发的漫堤。然而，纳格尔见解的缺陷盖过了优点，因为有几堵厚实的墙挡住了国王从宫殿前往花园的路径，它们也会阻碍植物在白天的大部分时间里获得任何光照。

对上述地点的进一步否定是幼发拉底河曾经改道。一些学者认为该现象是蓄意改造的结果，无论发生在公元前539年居鲁士大帝谋求夺取巴比伦时，还是大流士一世镇压公元前522年至前521年间的叛乱时，抑或在更晚的塞琉古时代。[3]但这只是基于史实可能性的推测，因为尽

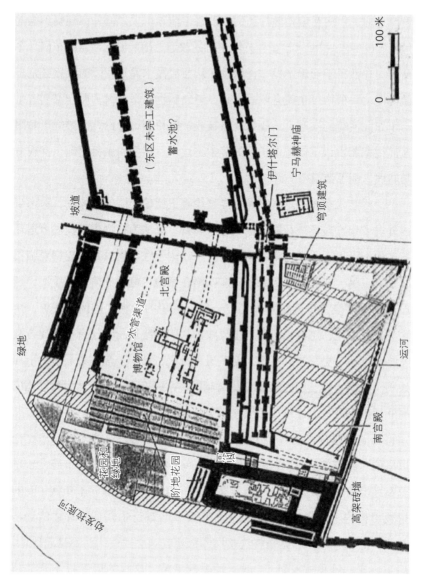

图 3 平面图，显示位于巴比伦城堡之上的尼布甲尼撒南宫殿的布局，以及花园的两处假定地点：宫殿区和西外堤（British Institute of Archaeology at Ankara 慨允使用）

管改道前的河床在航拍照片和地表勘察中清晰可见，但外部观察不能提供精确的定年。[4]河水恰在西外堤上游处改道，随后流向南宫殿东侧，令西外堤在烈日下形单影只。任何旨在从河流汲水灌溉花园的装置必定是做无用功，植物很快就会脱水枯萎。考虑到世界奇观对古典作家而言是一个如此流行的主题，一座只有枯枝败叶的花园，无论荒芜倾圮于希腊人前往塞琉古诸王仁慈保护下的美索不达米亚谋生和旅行之前，抑或罗马时代，都不会值得一游。

一些艺术家无视这些难题，尝试绘制巴比伦花园的复原图，考虑到西外堤或南宫殿环绕花园的围墙过于高耸，无法为植物生长提供舒适环境，他们不得不添上异常陡峭的台阶，让国王在欣赏景致前先得登临花园顶点。另一些艺术家描绘了一座凹陷在宫殿内庭中的阶地式花园，四周被高墙环绕，进入花园需要先上后下陡峭的阶梯：幽闭，疲乏，全无美景或凉风，这将是一个种出衰败植物的阴暗场所。还有些重建方案忽略了围墙，将花园放在露天的多层平台上。其中一幅在每层平台上都绘制了巨型水轮，但正如我们将看到的，水轮在公元前6世纪的巴比伦尼亚尚未出现，巴比伦或希腊文献也从未提及水轮的运用。另一张复原图将花园绘制为高墙环绕下的一座内庭，墙壁上是亚述，而非巴比伦风格的宫殿装饰。[5]这些特征不见于任何资料的记载；它的布局大致是一座平坦的常规花园，中心有波斯风格的水池，它不像若干年代稍晚的记载声称的王后向往的树木茂密的山丘，也缺乏古代证言描述的诸多其他特点。另一种意见是将这座世界奇观放到尼尼微，而不是巴比伦，那是一座"地毯式花园"，低于地表且平坦，这样的形制找不到任何依据。[6]

当人们意识到古代记录被刻意忽视，因而对这些复原的尝试抱以批判的目光时，他们不禁扪心自问，既然其余世界奇观都是工程、建筑、技术智慧、规模和艺术成就的奇迹，为什么一座屋顶或庭院花园，或一座沉降的平面花园，有资格成为世界奇观？那些如此自问过的人，没有找到答案，于是转过头来否认这些花园曾经存在过，宁愿把它们归入浪漫的想象力之场或古代晚期荒诞的向壁虚造。这为该问题提供了一个无法令人满意的解答，部分是因为各种古代描述相当连贯，同时没有引发对民间故事或小说等某一共同来源的怀疑，还考虑到所有其他六个世界奇观肯定存在过。一个不存在的奇观并不符合这个名录。

一个无视古代文献的另类推测获得了青睐，即不考虑花园是王宫附属建筑的描述，而将其安置在巴比伦塔庙——希罗多德描述过的著名的主神贝尔-马尔杜克*塔庙——层级上。这一设想避免了在地面上寻找一处花园空间的必要。该假说萌生自莱昂纳德·伍利在发掘伊拉克南部乌尔的大塔庙时的一个发现，当时他在坚硬的砖块上每隔一段距离都观察到一些孔洞。塔庙是密实的泥砖结构，外壁是烘烤过的砖。如果有人在塔庙的层级上种树，然后给它们浇水（用水桶费劲地从井里把水背上长长的楼梯），那么砖块很快就会崩裂。所谓的"排水孔"目的就是帮助大量实心砖块均匀地干燥，这样砖心和砖块表面之间的水分含量差异便不会导致开裂和崩碎；这是伍利最初的阐释。

但之后伍利改变了主意，将这些孔洞与为植物铺设的排水系统联系起来，这一推断吸引了公众，激发了许多空中花园的复原图，它们描绘了植物从塔庙的层级上垂下，塔庙就像一个装饰精美的婚礼蛋糕，由叠加的一系列方块组成，越往上尺寸越小，因此枝蔓从建筑每一侧的层级垂下，颇像巨大的吊花篮。伍利的第二种解释是错误的，原因包括上文描述的那些，它们被后来的考古学家所否定。[7]不幸的是，它生动如画，

---

* "贝尔"是一个头衔，冠在当地最重要的神祇名字之前，相当于"至高神"，例如巴比伦城是马尔杜克，亚述则是阿舒尔。

从表面上看，似乎很适合应用于巴比伦，而且伍利出版的书大受欢迎，以至于他的许多读者没有了解后续研究，笃信了伍利的假说；而穆雷在他对伍利著作的诸多精妙修订之外保留了第二种推测。[8]因此该场景持续出现在众多艺术家对空中花园的复原图中。

摒弃该观点的另一理由来自刻在滚印上的几处塔庙图像。[9]没有任何迹象显示塔庙的梯级上有植物生长，它们光秃秃的，没有装饰（见图4）。少数描绘高大建筑物的亚述雕塑，偶尔被早期的阐释者认为

图4　滚印的印文显示塔庙的层级上没有任何植物。a：出自穆罕默德·阿拉伯土丘，青铜时代晚期。b：来源不详，巴比伦铁器时代。高3.85厘米

刻画的是墙壁上生长的植物，但进一步的仔细研究表明，它们要么是旨在毁坏建筑的火焰，要么是野鹿和瞪羚的角，就像人们现在仍然可以在阿拉伯半岛的房屋墙壁（以及德国的狩猎小屋和苏格兰的男爵城堡）看到的装饰。[10]这种误解让人们意识到解读一种古老的艺术形式的困难，特别是当雕刻的表面磨损，缺乏颜料存留时。火焰和树叶图案在裸露的石灰石雕塑上都是黯淡的。

最重要的是，塔庙花园的想法与古典作家对空中花园相当详细的描述南辕北辙，而关于花园的主要证据正是提取自后者的记述。我们不能径行否定我们的主要信息来源，它们看起来是在花园仍然存在的时候写下的。

由于对英文"悬空"一词的误解，造成了一些混淆。在现代，我们可能会联想到吊花篮，在吊花篮中，垂叶植物的根部水平线比其垂坠生长的大部分叶子都高。或者，在城市化不发达的环境中，我们可能会想到"垂林"（hangers），即被林木覆盖的陡峭山坡，如吉尔伯特·怀特在他位于汉普郡的塞耳彭村所描述的那样。[11]托马斯·布朗爵士的"树巢天堂"（*pensile paradise*）因其源自拉丁文描述的诗意典故而受到欢迎。[12]对于那些只知道世界奇观名为 Hanging Gardens（德语为 hängende Gärten）的人来说[13]，无论古典文献如何描述，都可以利用英语单词的语义范围，支持将植物种植在塔庙层级上的想法。"Hanging"是古希腊语 *kremastos* 的英文对译，被用于空中花园一词，其意涵可以从其他语境中推断：它在希腊语中的语义范围与英语中的语义范围不同。我没有找到阿卡德语的对应词。在希腊语中，索福克勒斯用它来描述安提戈涅被发现自缢时的状态，脖子上套着一圈精细的亚麻绳索，以及俄狄浦斯的母亲用编成的绳子将自己吊死的情景。在不那么戏剧化的情境，该词用于指代吊床、船用索具和吊干葡萄。[14]希腊文献对空中花园的一些描述清楚地表明，花园的上部是建立在人工岩石平台上的，就像希腊剧场一样，所以种植在那里的树木的根部无法触及地下水位，必须人工浇灌，正如斯特拉博、西西里的迪奥多鲁斯、库尔提乌斯·鲁弗斯和拜占庭的斐洛所描述的那样。因此，那些实际上被架设在高于地面的拱顶上的露台看起来就像悬在半空一样。这不是古代美索不达米亚塔庙的特征，后者是用实心砖垒起的。

尼布甲尼撒二世统治巴比伦四十三年，被约瑟夫斯指认为空中花园的建造者，他的名字在该背景下被普遍接受，助力他有了获得"大帝"这一现代称号的资格。同时代的记录显示，他至少有七个儿子和三个女儿的名字为我们所知[15]；得益于享国日久，他完成了其父在巴比伦城内及其周边地区启动的庞大建筑工程，他在冗长的铭文中记录自己的业绩，并在嵌入建筑的数百方砖块上刻字，为这些工程邀功（见图2和图5）。我们掌握200多篇他的官方建筑铭文，其中许多是完整的，这是他即位后在不同时

图5　尼布甲尼撒二世筒形印章。他这篇冗长且完整的铭文没有提及任何花园。长20厘米（© Ashmolean Museum, University of Oxford）

期书写的。即便尚是王储时，他也积极投身建筑工作。用他骄傲的父亲那波帕拉萨尔的话说："我让建筑工人用金银做篮子，我让我心爱的长子尼布甲尼撒与劳工们一起搬运混有美酒、油膏和香木屑的泥土。"[16]

尼布甲尼撒身为王储时率军征讨，战功卓著，埃及人被他赶出叙利亚，退回尼罗河谷地。从他父亲那里继承王位后，他通过多场战役建立了对叙利亚和巴勒斯坦的控制，但从未统治过埃及、安纳托利亚和伊朗。[17]这种局限有时会令人们惊讶，因为"大帝"这个现代头衔会令招致与亚历山大一较高低，而亚历山大的征服范围包括这些土地。尼布甲尼撒死后，传说夸大了他的成就，使他获得了名不副实的世界征服者的声誉；但他在黎凡特的胜利，以及之前征服亚述所积累的宝藏，一定给了他足够的财富，让他有野心将自己的王都打造成已知世界中最伟大的城市。为了纪念自己的成就，他在布里萨干谷的两处岩壁上刻铭，那是位于黎巴嫩生长雪松的群山间的峡谷（见图6 a，b）。[18]这个区域便是传奇英雄吉尔伽美什和恩启都大战怪物洪巴巴并最终击杀它的地方。尼布甲尼撒提到此地，说他在那里砍伐巨大的雪松树用于建造他的神庙大门——暗示他像吉尔伽美什一样。在岩石的表面，他还雕刻了一些场景，显示他抓住一棵树，大概是想把它伐倒，他还与狮子搏斗[19]，就像吉尔伽美什与恩启都所做的那样：

> 吉尔伽美什把树砍倒；
> 恩启都把最好的树木挑选……
> 我们协力同行，翻越崇山峻岭，……
> 我们杀死了狮群，才能在山里一路前行。

许多个世纪后，罗马皇帝哈德良效仿他，在同一地区镌刻下自己的

图6 黎巴嫩布里萨干谷两幅摩崖石刻，描绘尼布甲尼撒击杀狮子，伐倒树木，引人联想传奇英雄吉尔伽美什的壮举。a：200厘米 × 550厘米；b：280厘米 × 350厘米

b

摩崖铭文。[20]

如今，尼布甲尼撒最著名的作为是直接控制耶路撒冷，掠夺并摧毁了它的圣殿，并将其反叛的国王流放到巴比伦。在阿尔瓦德、西顿、推罗、阿什杜德和加沙的其他国王也遭受了类似的命运，这些事件没有比《圣经》记载更能令他遗臭万年的了；我们主要是从非常简洁的编年史文本中了解到这些的。相较于亚述国王的年表式王家铭文众所周知地大量涉及军事活动，巴比伦国王对军事征服的细节却缄默得多，他们主要强调虔敬的活动：兴建神庙，制作用于崇拜的物品，并列出他们为神灵准备的具体祭品。他们文本的迥异性质，以及缺乏叙事性的雕塑，使得我们无法追踪那些可能揭示某位特定国王的性格和智识兴趣的细节。我们不知道他是否喜欢打猎，或收集植物[21]，也不知道他官样层面的虔诚是否与个人的宗教热情有关，或者他是否爱他的妻子。我们对巴比伦国王的了解远比对晚期亚述诸王的了解有限得多。

尼布甲尼撒死后，他的声誉迅速两极分化。对于巴比伦人来说，他就像吉尔伽美什一样，是一位模范国王，以至于两个从波斯阿契美尼德王朝手中短暂夺取王权的叛军首领都自称"尼布甲尼撒"。近二百五十年后，当塞琉古诸王最终迎合巴比伦人时，他们至少在一项建筑工程中模仿了这位著名国王的铭文，而且他们中的一位还穿着尼布甲尼撒的古老王袍在巴比伦庆祝新年。但对犹太人和基督徒来说，他是那个邪恶、残酷的皇帝，他摧毁了耶路撒冷圣殿，造就"巴比伦之囚"*，并将但以理投入狮子坑。后来的一些传统把他与亚述国王辛纳赫里布混淆，因为两人都曾攻打耶路撒冷，或者与巴比伦的末代国王纳波尼杜混淆，歪曲事

---

* 公元前597年尼布甲尼撒二世攻克耶路撒冷后，逐步将包括王室成员、祭司、富人、工匠和平民在内的部分耶路撒冷居民强制迁移至巴比伦，在监管下生活，总人数可能超过万人。前539年，波斯居鲁士大帝灭亡新巴比伦王国，被囚掳的犹太人获准返回故乡。

实以断言上帝惩罚这位伟大国王在耶路撒冷的亵渎行为，导致巴比伦被异族人居鲁士攻陷。

如今，人们将空中花园归功于尼布甲尼撒，因此，当我们发现大多数述及花园的希腊和拉丁文献都没有将他视作建造者时，不免感到惊讶。西西里的迪奥多鲁斯说它"不是由塞米拉米斯，而是由后来的叙利亚国王建造的"（"叙利亚"至少从公元前7世纪开始就是指"亚述"）；昆图斯·库尔提乌斯·鲁福斯写道，"传统上相信，一位在巴比伦统治的亚述国王实施了这项建设"。斯特拉博明确指示了巴比伦和幼发拉底河，但没有说出建造者的名字。唯一指名尼布甲尼撒的古代作家是约瑟夫斯。他看起来引用了贝罗索斯的著作，贝罗索斯是一位巴比伦学者兼祭司，他用希腊语为他的恩主塞琉古国王撰写了一部关于巴比伦传统的综述。

这些证词，以及归名于尼布甲尼撒的孤例，引起了人们的怀疑，无论是对贝罗索斯本人的著作，还是对约瑟夫斯引述他作品的真实性。但是，这不只是一个基于对晚近史料证词的质疑，进而否认尼布甲尼撒作为世界奇观建造者的合法地位的问题。幸运的是，从巴比伦和其他巴比伦尼亚城市发现了许多尼布甲尼撒的建筑记录，最重要的是篇幅宏大的"东印度公司大楼铭文"，这篇石刻铭文讲述他营建宫殿（见图2）。国王对他在建筑方面的成就绝非讳莫如深：雄伟的城墙以及恢宏的神庙和宫殿；但他从未提及一座花园。

后来，希腊作家在描述巴比伦时没有提到这座花园。他们中最重要的是希罗多德，他在阿塔薛西斯一世（公元前464—前424在位）时期写作，不管是亲眼所见，还是依靠道听途说获得的信息，他本应提到该城有一座世界奇观。[22] 几百年后，罗马作家老普林尼描述了这座城市，依然没有提及花园。同样令人惊讶的是，现在被称为《亚历山大罗曼史》——这部拼凑之作有几种不同语言和情节出入甚大的版本——

的书也忽略了花园，尽管亚历山大大帝在巴比伦的最后岁月和英年早逝留下了充足的机会，至少可以提一嘴这座世界奇观。在普鲁塔克和昆图斯·库尔提乌斯·鲁福斯的著作中，当他们述及巴比伦时，也没有谈论花园。《但以理书》同样没有提到它；尼布甲尼撒登上王宫的屋顶，欣赏他的城市，但这个故事没有提到所谓的花园。就好像这座世界奇观从未存在过一样。

在许多学者看来，这些难题是无法克服的。1988年，当欧文·芬克尔为彼得·克莱顿的《古代世界七大奇迹》一书撰写章节时，他用这样的话开始了他的稿件："首先必须承认，巴比伦空中花园虽然作为著名的世界七大奇迹之一而闻名遐迩，但从未得到令人信服的确认，事实上它的存在也未得到证实。"约翰·罗默和伊丽莎白·罗默得出了一个更加消极的结论，他们在1988年写道："在所有七大奇迹中，空中花园是每个人都会首先想到名字的，但也是最无法描述和最难以追迹的……因为在巴比伦从来没有这样的东西。"[23]

由于早期名录中的所有世界奇迹无论从审美因素，还是从技术角度，在某种程度上都令人震撼，在搜寻原初的空中花园时，我们要找寻的不仅仅是一座迷人的花园，如许多国王在他们的首都所享有的，无论是一座位于其宫殿内的庭院花园，还是坐落在宫殿附近一片更具可塑性的地块上的花园。这就排除了上文所述的所有复原方案。

对于那些主张花园从未存在过，而只是为满足希腊人对东方奇迹的胃口而虚构的一个传统的人来说，这不仅仅是援引耶路撒冷的劫掠者尼布甲尼撒的恶名，或尚武王后塞米拉米斯的女性主义诱惑的问题。他们认为，波斯阿契美尼德王朝时期的巴比伦进入了严重的衰退期，在亚历山大大帝之死和随之而来的持续的权力斗争结束后，希腊化统治最终稳定下来，新首都塞琉西亚的建立更加降低了巴比伦的地位。[24]然而新证据颠覆这一观点。巴比伦位于幼发拉底河畔，而塞琉西亚位于底格里斯河畔，因此新都对故都周围的贸易和人口影响有限。当亚历山大大帝去世带来的纷争平息后，安提奥库斯一世（公元前281—前261在位）和他的嗣君出席了巴比伦的传统仪式，并致力修复那里的马尔杜克神庙，以及邻近城市博尔西帕的纳布 * 神庙，推动了本土传统的一场复兴。[25] 不仅如此，最近的发掘表明，以前归功于尼布甲尼撒的翻修工程可能是在塞琉古时期进行的，这一修正质疑了对当时巴比伦历史的整体理解。[26] 据推测，塞琉古统治者在砖构建筑中发现了尼布甲尼撒的铭文，并在翻修工程完成后虔诚地将其重新安放进去——这种做法在早前本土国王统治的时期就有很多先例。因此，我们不能再声称巴比伦太过破败，无法维持一座著名的花园跻身世界奇观，那时空中花园对希腊和罗马作家来说如雷贯耳，而且在名录中它尚未被最近建造的奇观取代；也不能认为巴比伦人对他们辉煌的过去不再感兴趣了。[27]

至于泥板上的记录，直到最近人们依然认为，至塞琉古时代结束时，仍有极少数神秘主义学者在以楔形文字书写，并研究楔形文字书写的文献。我们现在知道，不仅在巴比伦有一个带档案室的楔形文字图书馆，而且在南方城市乌鲁克也有不少于三个带档案室的楔形文字图书馆。[28] 在这些晚期图书馆庋藏的泥板中，有楔形文字书写的《吉尔伽美什》的最晚版本，其年代被系于帕提亚时期，可能略早于公元前127年，它由一位顶尖占星家兼学者的儿子所写。[29] 这些图书馆及其文学泥板和档案有助于增进我们对巴比伦城及其在塞琉古时代结束后大致不间断的教育和学术传统的了解。[30] 在帕提亚统治时期，当许多描述空中花园的

---

* 纳布是文学与智慧之神，也是书吏的保护神，其象征是用于在泥板上写字的尖头笔。在巴比伦神谱中，纳布最初作为主神马尔杜克的副手，后来又被视为马尔杜克之子。博尔西帕的埃兹达神庙正是他的崇拜中心。

希腊和罗马著作成书时，没有只鳞片爪的当地证据表明花园在巴比伦的存在——无论曾经还是眼下。

我们已经陷入这般田地：有如此多的负面证据，信息缺失如此醒目。只要有楔形文字铭文或考古学方面的纤毫证据表明尼布甲尼撒在巴比伦建造了空中花园，就没有必要去寻找一个解答，因为那就没什么谜团可言了。

注　释

1　O. Pedersén, *Archive und Bibliotheken in Babylon: Die Tontafeln der Grabung Robert Koldeweys* 1899—1917 (2005), 111—127.

2　W. Nagel, 'Wo lagen die "Hängende Gärten" in Babylon?', Mitteilungen der Deutsch-Orient Gesellschaft 110 (1978), 19—28; D. J. Wiseman 'Mesopotamian gardens', *Anatolian Studies* 33 (1983), 137—144.

3　See T. Boiy, *Late Achaemenid and Hellenistic Babylon* (2004), 78—79.

4　R. van der Spek, 'Berossus as Babylonian chronicler and Greek historian', eds. R. van der Spek et al., *Studies in Ancient Near Eastern World View and Society, presented to Marten Stol on the Occasion of his 65th Birthday* (2008), 306 and n. 47. J. E. Reade, 'Alexander the Great and the Hanging Gardens', Iraq 62 (2000), 200, 毫无依据地断言"居鲁士显然修缮或维护了空中花园，甚至可能对它有所增建"。

5　Reade, 'Alexander the Great and the Hanging Gardens', *Iraq* 62 (2000), 213 fig.11，由其子William Reade绘制。

6　K. Polinger Foster, 'The Hanging Gardens of Nineveh', *Iraq* 66 (2004), 207—220.

7　See e.g. M. Sauvage, *La Brique et sa mise en œuvre en Mésopotamie des origines à l'époque achéménide* (1998), 69—70; 170.

8　C. L. Woolley, *Excavations at Ur* (1929), 经P. R. S. 穆雷修订后书名改为：*Ur 'of the Chaldees'* (1982), 145—146.

9　其他三个例证是：BM 89769 (see D. Collon, *First Impressions*, no. 773); A.

Moortgat, *Vorderasiatische Rollsiegel*, nos. 591（出自阿舒尔）and 592（出自巴比伦）。

10　See D. T. Potts, 'Some horned buildings in Iran, Mesopotamia and Arabia', *Revue d'Assyriologie* 84 (1990), 33—40, esp. n. 14.

11　Gilbert White, *Natural History and Antiquities of Selborne* (2nd edn. 1813).

12　Thomas Browne, *On the Garden of Cyrus*, 写于1650年代。

13　绝大多数古典文献提及世界奇观时都使用单数名词。

14　See Liddell and Scott, *Greek -English Lexicon* (9th edn. 1996), 993b for reference.

15　See R. Da Riva, *The Neo-Babylonian Royal Inscriptions: An Introduction* (2008), 14 n. 68 with references.

16　这是一个生动的场景，see H.-P. Schaudig, 'The restoration of temples in the Neo- and Late Babylonian periods', ed. M. Boda and J. Novotny, *From the Foundations to the Crenellations* (2010), 152—153。

17　他曾统治埃及的推断源自对一段残损文本以及他身后世界征服者的传奇声望的误读。See M. Streck, *Reallexikon der Assyriologie Band 9* (1998—2001), s.v. Nebukadnezar II; and Schaudig, *Inschriften Nabonids von Babylon* (2001), 579—580.

18　R. Da Riva, 'The Nebuchadnezzar twin inscriptions of Brisa (Wadiesh-Sharbin, Lebanon): transliteration and translation', *Bulletin d'archéologie et d'architecture libanaises* 12 (2008), 229—333.

19　J. Börker-Klähn, *Altvorderasiatische Bildstelen und vergleichbare Felsreliefs, Baghdader Forschungen* 4 (1982), vol. 2, nos. 259 and 260.

20　See R. Da Riva, *The Neo-Babylonian Inscriptions: An Introduction* (2008), 13.

21　E. Klengel-Brandt, 'Gab es ein Museum in der Hauptburg Nebukadnezars II. in Babylon?', *Forschungen und Berichte* 28 (1990), 41—47. 业已推翻他曾在巴比伦拥有一座古物收藏馆的猜测。

22　See S. Dalley, 'Why did Herodotus not mention the Hanging Gardens of Babylon?', eds. P. Derow and R. Parker, *Herodotus and his World* (2003), 171—189.

23　J. and E. Romer, *The Seven Wonders of the World: A History of the Modern Imagination* (1995), 107—128.

24　被诸如A. L. Oppenheim, *Ancient Mesopotamia: Portrait of a Dead Civilization* (1964), 153—154; by Seton Lloyd, *The Archaeology of Mesopotamia* (1978), 231, and by S. M. Burstein, *The Babyloniaca of Berossus* (1978), 5. 等学者暗示。

25　See now Boiy, *Late Achaemenid and Hellenistic Babylon* (2004), 137—165.

26　W. Allinger-Csollich et al., 'Babylon. Past, present, future. The project "Comparative Studies Babylon–Borsippa": a synopsis', ed. P. Matthiae, *6th ICAANE 2008* (2010), 29—38.

27　See e.g. W. Horowitz, 'Antiochus I, Esagil and a celebration of the ritual for the renovation of temples', *Revue d'Assyriologie* 85 (1991), 75—77; R. J. van der Spek, 'The size and significance of the Babylonian temples under the Successors', eds. P. Briant and F. Joannès, *La Transition entre l'empire achéménide et les royaumes hellénistiques, Persika* 9 (2006), 261—307.

28   O. Pedersén, Archives and Libraries (1998), 256; F. Rochberg, 'Scribes and scholars: the ṭupšar Enūma Anu Enlil', eds. J. Marzahn and H. Neumann, *Assyriologica et Semitica: Festschrift für Joachim Oelsner* (2000), 366—369.

29   H. Hunger, *Babylonische und assyrische Kolophone* (1968), no. 148; A. R. George, *The Epic of Gilgamesh* (2003), 740.

30   See T. Boiy, 'Assyriology and the history of the hellenistic period', *Topoi* 15 (2007), 7—20.

2 古典作家及他们的证言

还有什么比穿越回世界最远古的年代，观察人类社会在

其初创期对艺术和科学的稚嫩论述更令人欣喜的娱乐呢？

——大卫·休谟（1711—1776），《论历史研究》

过去试图辨识和复原著名的空中花园的尝试全盘否定了希腊和拉丁文献中提供的明确证据。塔庙理论的支持者无视花园与王宫的清晰关联，并且文献完全没有提到一座神庙或塔庙。支持通过水轮复原的人把提及扬水螺旋泵的记载扔在一边。几乎所有人都对一个延续的主题视而不见，即花园被建造得类似一种丘陵或半山地般的景观，形状像一座剧场：它是一座地景花园。

应该如何评估每份古典史料？它们是对一座真实花园的文字描述，还是想象性的虚构？它们是依据严肃的历史记录、目击者的讲述，还是基于浮夸的陈词滥调和旅人的不经奇谈？彻头彻尾的修辞学训练使希腊化时期的作者，就像在原告面前陈词的辩护律师一样，在描述过去的伟人时，可以美化或改动事实来支持他们的论点，因为他们的主要兴趣在于领袖的性格，无论是傲慢和放荡，抑或高尚和干练。在这个基本框架内，为增添多样性，他们会插入关于地理学、动物学、异域风俗的段落：不同种类的奇闻。其中一种插入方式是艺格敷词（ecphrasis），即以

文字作画，通常描绘某个特定的建筑或纪念物，允许听众根据各自的想象力作出回应。根据古代修辞学手册的说法，"艺格敷词"有四个要素：聚焦于事件和特征，对象的物理外观，建造方法，以及观者的反应。[1]世界奇观是用于这一目的的理想主体。由于修辞和讽刺带来的令人生疑又难以捉摸的影响，学者们对任何希腊化文献来源的可靠性极少达成一致，但我们可以发现近来有一种趋势，即对一些作者转述的所谓史实细节有更多批判性的，甚至略嫌多疑的解读。

在对被描述的事物缺乏明确概念的情况下，译者对一些格外晦涩的段落已经尽了最大努力，但在某些情况下，译文在重要细节存在出入。为了公允地呈现所涉及的问题，并凸显不同的阐释，我为某些段落提供了不止一种翻译。

最早将"巴比伦"花园描述为世界奇观的两位罗马作家是西西里的迪奥多鲁斯和斯特拉博，他们的作品一直流传至今。他们生活在塞琉古帝国对美索不达米亚的统治权让位于帕提亚的时期，大约是巴比伦文献以楔形文字书写的最后岁月，当时罗马对帕提亚的战争激发了大众的兴趣，因为士兵们从战场上回来时都会讲故事。二人的许多素材取自早前的希腊作家，如卡利斯提尼，他在公元前4世纪陪同亚历山大大帝远征，但比后者先死，他留下的著述已不复存在，但据信应当是避免了后见之明。斯特拉博从亦曾在亚历山大麾下征战的一个叫奥尼西克里图斯的人那里获取资料。迪奥多鲁斯在描述巴比伦城墙时，引用了希腊人克特西亚斯写的一篇已散佚的记述，后者据说在波斯宫廷担任御医，生活的时代比亚历山大东征要早不少。但是，如今学者们普遍认为，迪奥多鲁斯对空中花园的记录主要依赖克雷塔库斯撰写的一部关于亚历山大大帝的历史，此书今已散佚。[2]另一个可能影响迪奥多鲁斯写作的是与他同时代的庞培乌斯·特罗古斯，根据现存的序章，后者的世界历史以尼诺斯和塞米拉米斯开篇，这些传说人物在本故事中的角色将在后面的章节中讲述。[3]

西西里的迪奥多鲁斯与恺撒生活在同一时代，在其伟大的《历史集成》第二卷中他写下了对这座花园的描述，落笔时间大约在公元前60年至公元前30年之间，即尼布甲尼撒二世时代的五个世纪之后。许多学者认定，他不加批判地依赖在罗马可见到的早期史料。

在卫城旁边还有一个被称为空中花园的地方，它不是由塞米拉米斯建造的，而是由后来的一位叙利亚国王为了取悦他的一个妃子而建造的；因为据说她是波斯人，思念山间草甸，所以请求国王通过植物园的人造景观，模仿波斯的独特风光。花园每边长4普勒戎*，由于通往花园的道路像山坡一样倾斜，结构的几个部分层层升高，整个外观就像一座剧场。上升的层级建成后，在平台下面建造游廊[4]，它们承载着植物园的全部重量，沿着步道可以一阶一阶向上走；顶层的游廊高50肘尺，托举着公园的最顶层，它的高度与城墙的城垛相捋。此外，城墙的修造不惜工本，墙壁厚达22希腊尺，而每两堵墙之间的通道有10希腊尺宽。游廊的屋顶是用16希腊尺长（包括重叠部分）和4希腊尺宽的石梁覆盖的。在这些石梁之上的屋顶首先铺有一层芦苇，其中浇灌了大量沥青，其上有两道用黏固剂黏合的烤砖，第三层覆盖了一层铅板，目的是防止土壤中的水分渗漏下来。在所有这些各层上方，泥土被堆积到足够容纳最发达根系的深度；平整后的地面上，密密麻麻地种植着各种树木，这些树木因其巨大尺寸或其他魅力，可以给观者带来愉悦。由于游廊间互不

---

* Plethra，一译"希腊引"，本章各段引文涉及的古代长度单位（普勒戎、希腊尺、肘尺、斯塔德）与现代长度单位的换算参见原书本章注释9。

遮挡，都能接受光照，它们容纳了许多各种类型的王室寓所；有一间游廊容纳有通往最顶层的孔道，以及为花园供水的机器，这些机器从河里扬升大量河水，尽管外面的人看不到它如何工作。[5]

从迪奥多鲁斯叙述的开头可见，显然存在一个传说版本，称空中花园是由塞米拉米斯建造的，他觉得有必要否定这个版本，提出了自己对奇观缘起的见解。在本书第8章塞米拉米斯的史实性和传奇性来源中，叙述了将花园归于她名下的若干原因：她不是一位郁郁寡欢、思乡心切的王后，而是一位充满活力的建造者。

迪奥多鲁斯的记叙中尤其关键的是他声称扬水装置是不可见的。这就排除了水车或任何类型桔槔的可能性，这两者都放在露天（见图7）。[6]一件亚述雕塑描绘过桔槔，但亚述文献中从未刻画或提及水车，没有理由认为尼布甲尼撒时期的情况有所不同。迪奥多鲁斯称最顶层的游廊是有顶的，上面种有树木，与一件尼尼微宫殿浮雕中的描绘（将在下一章详细讨论）颇为吻合，尽管他没有提到列柱。一些细节与斐洛的描述有差异，斐洛没有述及铅板、沥青或芦苇垫，而是讲到了棕榈树的树干。芦苇垫通常被用于各层泥砖之间，以帮助粘合结构。迪奥多鲁斯将整座花园与剧场做比较，提供了整体的视觉效果，我们在复原图中对此有所借鉴。

至于判定"叙利亚"一词是否等同于"亚述"，长期以来一直是学者们怀疑的理由，但最近在奇里乞亚*发现的一篇双语铭文解决了这个问题。一种语言用词是"叙利亚"，而另一种语言是"亚述"，证明这两个词在公元前8世纪是同一个词的变体，当时亚述帝国正在向该地区扩

---

* 古代地名，大致位于今土耳其共和国东南部的临海区域。

图7　线摹图描绘一个男子用桔槔汲水，取自辛纳赫里布西南宫的一块浅浮雕

张。[7]因此，必须抛弃先前的推论，即叙利亚和亚述在当时的希腊文献中是指两个不同的地区，迪奥多鲁斯笔下的"叙利亚国王"可以稳妥地理解为"亚述国王"。[8]

　　斯特拉博是一个来自本都地区的安纳托利亚人，本都濒临黑海，毗邻亚美尼亚，尽管他成年后的大部分时间都在罗马度过。他长达十七卷的巨著《地理学》于公元前7年完成，因此在他生前，公元前69年亚美尼亚势力退出叙利亚，公元前53年克拉苏在卡雷令人震惊的覆亡，以及公元前51年和前41年帕提亚人对罗马叙利亚行省的入侵都对他有所触动。尽管他是伟大的旅行家，但他可能夸大了自己的旅行范围，而且他吸纳了早前的伟大学者、曾任亚历山大里亚图书馆馆长的埃拉托色尼的部分作品。虽然斯特拉博特别提到了七大奇观，但他只描述了其中的五个。根据他的记述，巴比伦拥有两项世界奇观：它的城墙和它的宫殿花园。

（巴比伦）城墙的周长是385斯塔德。[9]城墙的宽度是32希腊尺。城楼之间的墙体高度是50肘尺，城楼的高度是60肘尺。墙头的道路很宽，足以让两辆四匹马拉的战车轻易地错行。由于这个原因，这座城墙和空中花园被称为世界七大奇观之一。它（空中花园）是四边形的，每边都有4普勒戎长。它由多个拱形穹顶支撑，穹顶一个接一个，位于棋盘般的立方体台基上。中空的棋盘形地基上覆盖着泥土，其厚度足以栽种最大的树木，因为它们——地基和拱以及穹顶——是由烤砖和沥青建造的。通过楼梯到达最上层平台，沿着这些楼梯设有螺旋泵，通过这些装置，那些负责此工作的人不断地将水从幼发拉底河汲到花园。[10]因为这条宽1斯塔德的河流穿城而过，而花园就在河岸边。[11]

斯特拉博并不是唯一一位直接提到用于浇水的螺旋扬水泵的作者，年代晚很多的斐洛同样提到过这点，而且他的描述与斯特拉博有差异，所以其资料来源估计是独立于斯特拉博的。至于通常被认为发明了螺旋扬水泵的阿基米德（约公元前287—前212），斯特拉博肯定知道阿基米德生活的时代比空中花园建造的时间晚得多，因为二人只相差几个世纪（见图8）。

帖撒罗尼迦的安提帕特大约在公元前11年之后不久创作的一首希腊文警铭诗，内容特别有趣。[12]

我见过巨岩般的巴比伦城墙，战车飞驰其上，还有脚踩河神的宙斯；亦有空中花园，太阳神的宏伟雕像（罗得岛巨像），以及巍峨金字塔的惊人工程量，还有摩索拉斯的恢宏王陵。

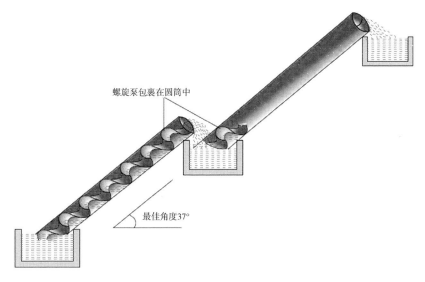

图8 显示扬水（阿基米德式）螺旋泵工作原理的简图

接下来他赞美以弗所的阿耳忒弥斯雕像。如果身份辨识无误，[13]他确实有机会参观罗得岛、以弗所和位于哈利卡纳苏斯的摩索拉斯王陵，因此在去拜访他的恩主卢基乌斯·卡普尼乌斯·皮索的路上，他就造访了三座世界奇观，他被皮索委托用诗句来纪念后者于公元前13至公元前11年的军事胜利，皮索大约在这次凯旋前后，担任罗马加拉提亚-潘菲利亚行省总督。[14]安提帕特还写了一首警铭诗，恳求光芒万丈的阿波罗赐予他前往"亚细亚之地"的安全旅程，[15]因此他可能是第一个以旅行者的身份罗列奇观的作家，他至少对自己名录中的若干地点有第一手的了解。虽然他可能继续访问美索不达米亚，并通过对比希腊城塞突出的岩面，描述那里令人印象深刻的高大城堡，但他更有可能通过破格修辞声称亲眼得见巴比伦。他还讲到罗得岛巨像至公元前225年垮塌时，仅存世六十六年，所以他只能看到它的底座，以及依旧可见的各类散落碎片。

约瑟夫斯生于公元37或38年，与罗马皇帝尼禄正好是同代人，他写下了一段对巴比伦空中花园的简短描述，并将同一段文字插入两部不同的作品：《犹太古史》第10章第11节和《驳阿庇安》第1章第19节——一个绝佳的例子，展示如何把一个段落粘贴复制进不止一篇论述中。[16]在希腊、希伯来和美索不达米亚诸位作家中，唯独他将花园与尼布甲尼撒联系起来，他声称自己引用的是贝罗索斯，塞琉古王朝初期一位居住在巴比伦的马尔杜克祭司。贝罗索斯与昔兰尼的卡利马库斯生活在同一时代，正如我们在引言章节看到的，后者是已知最早列出七大世界奇观的作家。

约瑟夫斯生活在耶路撒冷，所以他的主要读者群是犹太人或对犹太历史感兴趣的人。对他们来说，尼布甲尼撒的名字和名声主要来自《圣经》中的两段文字：作为征服者洗劫了耶路撒冷圣殿（《列王纪下》第24章和《历代记下》第36章），以及作为凶残的暴君将虔诚的但以理扔进可怕的狮子坑（《但以理书》）。约瑟夫斯的记述被一些学者优先取信。[17]以下对同一段落给出了两版不同的译本，以展现两位译者是如何理解这段描述的：

> 在他（尼布甲尼撒）的官殿（位于巴比伦）里，他用石头垒成丘阜，令其看起来像山峦，并种植各种树木，他还建造了"空中花园"；因为他的妻子来自米底，思念她多山的故乡。[18]
>
> 在这座（尼布甲尼撒的）官殿里，他建造和布置了所谓的空中花园，搭建高耸的石质露台，他把这些露台装扮得酷似山峦，种植各种树木。他这样做是因为他的妻子是在米底长大的，思念那里山峦环抱的景致。[19]

约瑟夫斯所写的内容需要根据对归于贝罗索斯名下著作的最新研究进行评估。贝罗索斯本人可能没有提到尼布甲尼撒与花园的关联，这段话更可能是在贝罗索斯与约瑟夫斯相隔的两个世纪中，由援引贝罗索斯的某位作者添加到其原始文本中去的；而约瑟夫斯正是引用了这位二手作者的话。[20] 存在这种可能性是因为希腊文献没有标示引文起讫的方法，所以作者能将其他作家的段落无缝插入自己的文章中。

如果是约瑟夫斯本人插入了尼布甲尼撒的名字，那他的动机就很难理解了，因为在约瑟夫斯的耶路撒冷城读者心目中，尼布甲尼撒是一个恶名昭彰的国王，他的名字是作为第一圣殿的邪恶破坏者而存在的。约瑟夫斯希望赋予巴比伦恶名可以从他重新阐释《圣经》巴别塔故事的一段话中看出。在《圣经》文本中[21]，上帝引入了语言的混乱来阻碍人类的力量，因为讲一种语言的人们建造巨塔显示出越轨的成就，而约瑟夫斯篡改了动机，以展现上帝因巴比伦的傲慢而惩罚该城。[22] 考虑到约瑟夫斯描述空中花园的段落并没有损害尼布甲尼撒的声誉，而是将其当作一个杰出例证，为他，一个富有想象力的建设者增光添彩，可能是贝罗索斯文本的早期传播者插入了这个段落。但是约瑟夫斯在耶路撒冷的受众会有兴趣读到这座著名的花园，因为正如第8章将要讨论的，希律在犹地亚的冬宫和花园，以及尼禄在罗马的金宫，可能都是受到空中花园的启发。

约瑟夫斯文本中提到的思乡主题显然不是巴比伦和亚述文学中已知的，也不像二者的风格，亦不符合我们所知的贝罗索斯的风格。然而，它是希腊小说中一些女主角的典型形象，特别是出现在《喀雷阿斯与卡利尔霍》中，这是一个关于真爱战胜一系列可怕对手的故事，作者喀里通来自阿佛洛狄西亚，一座位于土耳其西南部梅安德河畔的风景如画的城市。喀里通的生平现在被推定为公元前1世纪至公元50年之间，[23] 因此他的小说有可能被约瑟夫斯读到，书中包含了一个女子背井离乡的主题，她从西方来，渡过幼发拉底河，思念她的故土。

最远到叙利亚和奇里乞亚时，卡利尔霍尚能忍受旅行，因为她

41

还能听到希腊语，还能眺望大海……但当她到达幼发拉底河时……那里深居内陆腹地，此时她对故乡和家人充满了思念。[24]

于是这篇小说，或某部类似的作品，是启发约瑟夫斯在书中加入思乡段落的一个可能来源。

贝罗索斯是一位最高级别的神庙官员，他用希腊语为刚刚建立的塞琉古王朝的诸王——亚历山大大帝在近东的继承者——写作。巴比伦对塞琉古王朝的重要性是显而易见的，特别是他们保留了这座城市的名字，以及他们对尼布甲尼撒声名的尊崇。我们现在确认，贝罗索斯在撰写其著作的历史部分时忠实地使用了楔形文字文献；他的部分叙述直接照应一系列巴比伦编年史，这些编年史记录了伟大的新巴比伦诸王统治时期的主要事件，包括王位继承问题。[25]在贝罗索斯描述尼布甲尼撒的建筑工程时，他转述了国王完整的鸿篇巨制——"东印度公司大楼铭文"（见图2）。这并非一篇罕见的文献：写在黏土上的数个版本均保存至今。巴比伦原文和贝罗索斯的希腊文文本在情节和顺序上可以一一匹配，但涉及空中花园的希腊语段落却没有任何对应。[26]这几乎可以肯定是一位后世作家添加的，在奇观特别受希腊读者欢迎的时代，为他们提供了一点额外的惊喜。

由于现在对贝罗索斯作品的理解比以前有很大进展，他曾提及空中花园的假说可以被否定了。我们也可以抛弃关于塞琉古国王对其所继承的古代文明之态度的错误观点，即塞琉古一世执行"故意贬低巴比伦及其神庙的政策"。[27]事实上，正如同时期楔形文字记录所显示的那样，塞琉古诸王对巴比伦的传统、其神庙和学术有着持久的兴趣。[28]

虽然希腊的惯例是重新奠基一座古老的城市，并为其指名一位神话中的创始人，诸如赫拉克勒斯或埃涅阿斯，或一位与城市同名的人，如尼努斯或亚历山大，由此确立城市的希腊身份，但在巴比伦，塞琉古一世和他的儿子安提奥库斯及王后斯特拉托尼克，渴望将自己融入伟大的古代巴比伦，他们所采取的政策与人们预期的大相径庭。巴比伦没有更名为塞琉西亚——这个名字被赋予在底格里斯河畔建立的一座新城。它也没有改名为亚历山大里亚，尽管人们可能因亚历山大在该地去世而如此期望。巴比伦仍然是巴比伦。它最著名的本土国王是尼布甲尼撒二世，他辉煌的统治和宏伟的建筑工程已经过去两个多世纪了。

尼布甲尼撒的遗产在两百多年来的波斯统治和亚历山大死后的长期内战中都得到了保护。他的王袍可用于后来塞琉古国王安提奥库斯三世的加冕仪式，后者希望与这位传奇的巴比伦国王建立密切的联系。在这样一个重要的场合穿上尼布甲尼撒的王袍，塞琉古国王正在演绎一个具有深刻象征意义的行为。国王脱掉日常的服饰，是为死亡做准备；穿上别样的衣袍，是在转变自己，获得新生。[29] 这种象征意义在巴比伦神话《伊什塔尔下地府》中有清晰呈现，那是巴比伦文学中最著名和最悠久的文本之一：伟大的女神在通过七重门进入冥界时被剥去各种服装和珠饰，然后她赤身裸体地躺在那里，失去气息，直到她复活并回到活人的世界，离开时在每个门前穿戴上衣物和珠饰。

那些配套行为——修葺古代神庙，以及为古老仪式穿上最尊贵的王袍——属于一个更宏观的政策，旨在使新王朝融入巴比伦传统，以赢得民众支持。[30] 因此，贝罗索斯撰写《巴比伦尼亚志》的目的之一便是将新政权整合进过去的历史，显示新国王是巴比伦王位的合法继承人。[31] 因此值得注意的是，我们现在认为，贝罗索斯没有将空中花园视作巴比伦的荣耀之一加以提及。对约瑟夫斯书中这一段落的分析产生这样一种可能性，即尼布甲尼撒并非空中花园的建造者，而迪奥多鲁斯和鲁福斯声称空中花园是由亚述国王建造的，他们才是对的。

昆图斯·库尔提乌斯·鲁福斯大约在公元1世纪中后期用拉丁文写

作，文风极其浮夸，主要关注亚历山大大帝的个性和动机。为了追求夺人眼球的娱乐性，他对某些细节确实不怎么上心，他将对花园的描述插入亚历山大抵达巴比伦时的段落中。[32]他描述的建筑细节似乎并非写意性的，仿佛依据的是一篇实用性叙述。在介绍了幼发拉底河巴比伦段、为防止洪水破坏而修建的堤坝以及一座石桥之后，他继续写道：

> 在城堡的顶部是空中花园[33]，这是希腊人故事中的一个奇迹，它与城墙的最高点平齐，并因许多高大树木的阴凉而宜人。竖起的石列柱支撑整个工程，在这些石柱上架设了一层方石块，强度足以承载压在上面的厚厚泥土以及灌溉土壤的水分；这个结构支撑着如此巨大的树木，其树干的直径相当于8肘尺。树木高达50肘尺，所产的果实就像它们生长在原生土壤上时一样多。尽管时间的流逝不仅逐渐破坏和摧毁了人类的作品，还有大自然本身的作品，但这个巨大的建筑，尽管被如此多的树木根系压着，并承受着这么大一片森林的重量，仍然屹立不倒；因为它被宽20肘尺、间隔11肘尺的交叉墙体支撑着，所以对那些从远处眺望它们的人来说，实际的树林似乎是悬在他们当地的山峦上。有一个传说讲到，在巴比伦统治的叙利亚国王出于对他妻子的爱，承担了这项艰巨的工程，他的妻子因为思念森林和灌木而说服她的丈夫在平坦的国度通过这种工程模仿大自然的魅力。[34]

这段描述证实了位于城堡顶部的花园高度与城墙相当。它强调了树木的茁壮生长，似乎还描述了种植在列柱支撑的步道之上的树木。库尔提乌斯几乎没有提及灌溉途径，但转述了一个浪漫的故事，即花园是为了取悦王后而建造的。他声称花园在建成几个世纪后仍繁荣兴盛，这应理解为迄至亚历山大时代，而非库尔提乌斯本人生活的时代，也可能这仅仅是为了使这段话生动的修辞手法。[35]或者，他的描述可能依据的是依然可见的浮雕，以及仍可以参观的部分坍圮的宫殿。

由拜占庭的斐洛撰写的《世界七大奇观指南》，是迄今为止所有古典资料中年代最晚的。有两位叫斐洛的候选作者，这在过去造成混淆。[36]两人都获得了"拜占庭的"绰号，这造成了进一步的困扰。[37]我们讨论的这位不是公元前3世纪的那位工程师，而是年代晚得多的斐洛，即生活在公元4至5世纪的所谓悖论作家。悖论作家可以被定义为"对当代奇妙事物的起源和动因进行半科学研究"的作家。[38]年代靠后的这位拜占庭的斐洛不是工程师，而是一位记叙整个已知世界各种奇观的作家，但他对建筑和材料有相当的学识。这便导致了与早期同名作家的张冠李戴。另一方面，他使用的语言相当花哨，这一特点使部分学者斥他为不可靠的来源。他的记叙是用希腊文写的，但也有早期的拉丁文译本流传，似乎独立于更早的希腊文文本，尽管他重复了库尔提乌斯花园仍然繁荣的断言。正如我们已讲到的，这种说辞未必是字面上的意思，而可能是一种修辞手法，或者是对某位年代早得多的作家的引用，也可能是根据现存的浮雕饰板而演绎的艺格敷词。真实的花园保存到公元4世纪似乎不太可能，因为这意味着它的存续是不间断的，伴随多次断断续续的修复。特别是种植在列柱支撑的步道顶上的树木，必须定期更换。

斐洛还对另一座世界奇观——罗得岛巨像——的制作过程提供了技术角度的、颇具写意性的描述。尽管过去的学者们对他的记叙持怀疑态度，质疑他是否真正了解如此巨大的作品的铸造过程，但经过仔细分析表明，他的描述确实具有实际价值，并准确记录了一个不寻常的技术流程。[39]

斐洛的文本自1858年以来就没有再得到编校，当时掌握的抄本比现在少。[40]吸纳新版本的挑战是由凯·布罗德森承担的，他在1992年出版了一个附有德语译文的版本。[41]即便那样，他也无法利用本书下一章对楔形文字铭文的解读。借鉴布罗德森的编校，下面给出希腊文本的英译。[42]

所谓的空中花园生长在地面之上，培植在空中，树木的根系在（普通）耕地之上，构成一个屋顶。[43]其下方设有四根石柱，所以刻有纹饰的列柱形成的整个空间都在（人造的）地面之下。棕榈树植在柱头之上，彼此并排宛如（横）梁，只留下很小的间距。这些树木不会腐烂，与其他树种不同；当它们被浸泡并置于压力之下时，它们会膨胀并从根部滋养生长，因为它们把从周围种植的东西纳入自己的间隙中。许多深层土壤被堆积起来，然后种植了许多品种的阔叶树，特别是园艺树木，还有各种开花植物，总之，一切都让观者感受到无比宜人和舒适。这个地方就像（普通）耕地一样被耕耘，新苗的生长几乎要像在普通土地一样频繁得到修剪。[44]这片（人造）可耕地悬在沿列柱漫步之人的头顶上。当最上层的表面被踩踏时，屋顶上的泥土就像有深层土的（普通）地方一样，保持稳固，不受干扰。渡渠[45]内流淌着从高处引来的水；将一部分水流直接泄下山脚，将一部分水流通过螺旋泵迫使其抬升，向高处流淌[46]；通过机械压力迫使水流在机器的螺旋线上一圈又一圈地旋转。[47]它们被汇入密集排布的大蓄水池中，全部用来灌溉整个花园，渗透进深埋地下的植物根部，并保持耕地的湿润，所以它就像一块常青的草甸，在新长出的嫩芽上生发的树叶，啜饮露水，有一种随风摇曳的景致。至于根系，免于缺水，不断生长扩张，受益于流经水流的蒸发，任意延伸，沿着浅表土层盘结交织到集水点，可靠地保护已栽种的树木生长。苗壮生长，以及与国王匹配是其独创性所在，最重要的是改造自然，因为培育者的辛勤工作悬浮在观众的头上。

当这一记录写就时，美索不达米亚已遭帕提亚人、罗马人和拉赫米德人先后入侵，控制权数度易手，那时的军事和商贸旅行会给第一手报告的生成提供更多机会。斐洛对水源扬升手段的描述与斯特拉博明确声称的螺旋泵一致（但表述方式判然有别），而与其他任何文献中的扬水途径都不相符。他笔下石柱顶上植有树木的独特细节与19世纪中期在尼尼微发现的一组浮雕饰板——已佚失，现存线摹图——吻合，下一章将对此展开讨论。

单是我们从古典文献中了解到的信息，对于这座名列世界奇迹的花园便已是极具价值的描述。它设置在城堡高处，紧邻王宫，通过人工层级模仿天然山坡，并种植森林树种；通过使用螺旋泵的机械提升，水源可以流向上部层级。花园的形状像一座希腊剧场，每边大约120米长——约相当于两个并排的足球场大小——顶层平台上有列柱支撑起的一条步道，步道的屋顶上植有树木。一位思乡的王后激发了设计的灵感。

注　释

　　1　See e.g. A. S. Becker, *The Shield of Achilles and the Poetics of Ekphrasis* (1995), 42—43.

　　2　See Brodersen, *Die Sieben Weltwunder* (1996), 51; I. Finkel, 'The Hanging Gardens of Babylon', eds. Clayton and Price, *The Seven Wonders of the Ancient World* (1988), 44. 但R. Koldewey, *Das wiedererstehende Babylon* (1914), 95 and Boiy, *Late Achaemenid and Hellenistic Babylon* (2004), 71—22, 将迪奥多鲁斯书中第二卷第10章关于空中花园的段落归名于克特西亚斯所作；显然绝无可能。考虑到克特西亚斯蓄

意替换人物和事件，对其著作的评估见本书第6章及该章注释5。

3　K. Clarke, 'Universal perspectives in historiography', ed. C. S. Kraus, *The Limits of Historiography: Genre and Narrative in Ancient Historical Texts* (1999), 253.

4　希腊文献使用了 *syringges*，"管乐器"一词。形象地说，长墙上的拱看起来就像管乐器上的一排指孔。

5　Diodorus Siculus, *Library of History* II.10. Translation of C. H. Oldfather, Loeb edition (1933).

6　水轮的出现不早于公元前3世纪，see A. Wilson, 'Machines in Greek and Roman technology', ed. J. P. Oleson, *Oxford Handbook of Engineering and Technology in the Classical World* (2008), 351—352。

7　出自土耳其东南部阿达纳附近的Cineköy。语言是卢维语（以赫梯象形体书写）和腓尼基语（以线性字母体书写）。See R. Rollinger, 'The terms "Assyria" and "Syria" Again', *Journal of Near Eastern Studies 65* (2006), 283—287.

8　此处"叙利亚"不大可能囊括巴比伦尼亚。

9　与现代度量衡的换算据M. J. T. Lewis, *Surveying Instruments of Greece and Rome* (2001)：1斯塔德≈185米，1普勒戎=1/6斯塔德，即≈30.8米，1肘尺=1™英尺≈31厘米。（此处作者笔误，查所援引图书，4肘尺=6英尺，据此，1肘尺≈46厘米，而1希腊尺=1英尺≈31厘米。——译注）

10　此处暗示人力，而非畜力。

11　Strabo, *Geography* XVI.1.5, 译文据H. L. Jones, Loeb edn. (1961)，有调整。

12　A. Gow and D. L. Page, *The Greek Anthology: The Garland of Philip* (1968) vol. 1, 68—69. no. xci.

13　Gow and Page, *Greek Anthology*, vol. 2, 18. 可能会与年代更早的诗人西顿的安提帕特混淆；Brodersen, *Die Sieben Weltwunder* (1996), 10, 选择年代更早的那位。

14　他的驻地可能在奇里乞亚的希拉波利斯－卡斯塔巴拉（Hierapolis-Castabala），那里发现了一篇提及他的碑铭。See R. Syme, 'Galatia and Pamphylia under Augustus: the governorships of Piso, Quirinus and Silvanus', *Klio 27* (1934), 127—131.

15　Gow and Page, *Greek Anthology*, vol. 1, 37 no. xl.

16　Finkel, eds. Clayton and Price, *Seven Wonders* (1988) 没有意识到约瑟夫斯复制了同一段话，因为两书的译者非同一人，他们的译文令该段落像是出自两篇不同的希腊文本。

17　Finkel, 'The Hanging Gardens of Babylon', eds. Clayton and *Price, Seven Wonders* (1988), 41, and Reade, 'Alexander the Great and the Hanging Gardens of Babylon', *Iraq 62* (2000), 199.

18　Finkel, eds. Clayton and Price (1988).

19　Burstein, *Babyloniaca of Berossus* (1978), 27.

20　Van der Spek, 'Berossus as Babylonian chronicler and Greek historian', eds. Van der Spek et al., *Studies in Ancient Near Eastern World View and Society* (2008), 300—302.

21 *Genesis* 11: 1—9.

22 Josephus, *Jewish Antiquities* I.113—119.

23 T. Hägg, *The Novel in Antiquity* (1983), 5—6; G. P. Goold, *Chariton, Callirhoe* (1995), 1—3.

24 Translation of Goold, Chariton (1995).

25 Van der Spek, 'Berossus as Babylonian chronicler and Greek historian' (2008), 280—283. 对照现藏伊斯坦布尔的纳波尼杜石碑，表明贝罗索斯也使用了这段文本，see W. Gallagher, 'The Istanbul stela of Nabonidus', *Wiener Zeitschrift für die Kunde des Morgenlandes 86, Festschrift for H. Hirsch* (1996), 119—126。

26 Van der Spek, 'The size and significance', ed. Briant, *La Transition* (2006), 275; 'Berossus as a Babylonian chronicler and Greek historian', ed. Van der Spek (2008), 296—302.

27 Burstein, *The Babyloniaca of Berossus* (1978), 5.

28 See e.g. Boiy, *Late Achaemenid and Hellenistic Babylon* (2004), 137—165; P. van Nuffelen, 'Le Culte royal de l'empire des Séleucides: une réinterprétation', Historia 53 (2004), 278—301.

29 A. Annus, 'The survivals of the ancient Syrian and Mesopotamian intellectual traditions in the writings of Ephrem Syrus', *Ugarit Forschungen 38* (2006, published 2007), 17—23.

30 See P.-A. Beaulieu, 'The historical background of the Uruk prophecy', eds. M. E. Cohen, D. Snell and D. Weisberg, *The Tablet and the Scroll, Festschrift for W. Hallo* (1993), 41—52.

31 Reade, 'Alexander the Great and the Hanging Gardens of Babylon', Iraq 62 (2000), 200, 坚持认为约瑟夫斯照搬了贝罗索斯的原文，因此贝罗索斯特别被抨击 "未能认识到尼布甲尼撒的功业"。他所指为何令人费解。

32 See *The Oxford Classical Dictionary* (3rd edn. 1996), s.v. Curtius Rufus; and E. Baynham, *Alexander the Great: The Unique History of Quintus Curtius* (1998).

33 他使用了复数形式 *pensiles horti*，而非单数形式 *kremastos kēpos*，后者被除安提帕特之外的所有希腊文献采纳。

34 Q. Curtius Rufus, *History of Alexander* V.1.10—45. Loeb edn., translation of J. C. Rolfe (1946).

35 See e.g. R. Thomas, *Herodotus in Context: Ethnography, Science and the Art of Persuasion* (2000), 200—210.

36 Finkel, 'The Hanging Gardens of Babylon', eds. Clayton and Price, *Seven Wonders* (1988), 45—46 和 R. Bichler and R. Rollinger, 'Die Hängenden Gärten zu Ninive: Die Lösung eines Rätsels?', ed. R. Rollinger, Von Sumer bis Homer, *Festschrift für Manfred Schretter* (2005), 172—198, 以 及 Reade, 'Alexander the Great and the Hanging Gardens of Babylon', *Iraq* 62 (2000), 199 都 认 错 了 人， 年 代 也 有 误；I. Finkel and M. Seymour, *Babylon Myth and Reality*, British Museum Exhibition catalogue 2008, 185 n. 162 已更正。

37 *The Oxford Classical Dictionary* (3rd edn. 1996) 没有为二人中年代靠后的这位设立词条。

38 K. Gutzwiller, *A Guide to Hellenistic Literature* (2009), 166.

39 See D. Haynes, *The Technique of Greek Bronze Statuary* (1992), 121—128.

40 R. Hercher, *Aeliani de natura animalium, ... Porphyrii philosophi ... Philonis Byzantii* (1858), 101—102.

41 K. Brodersen, *Reiseführer zu den Sieben Weltwundern: Philon von Byzanz und andere antike Texte* (1992).

42 Finkel, eds. Clayton and Price, *Seven Wonders* (1988), 45—46, 提供的 Oates 译本大部分根据 Hercher 的拉丁文译本——部分采用意译——转译；Oates 的几处用词在随后的注释中给出，以提示差异。J. and E. Romer, *The Seven Wonders of the World* (2000), appendix 230—231 的 Hugh Johnstone 译本，包含了一些出色的见解；但在 p. ix 他对斐洛的年代判定有误，由此推断他的译文没有参考 Brodersen 1999 年的编校版。

43 Oates 译本中出现的"这是其建造使用的技术"出自 Hercher 的拉丁文本，不见于原始希腊文本。

44 Oates 译作："嫁接和扦插"。不确定公元前 7 世纪是否已实践嫁接工艺。

45 此处使用了渡渠这一常见词。Oates 译作"抬高的水源"，以避免译作"渡渠"，Johnstone 的译本和多部词典都使用了后者。

46 Oates 译本："弯曲和扭转"，Johnstone 译本："在一个螺旋泵中"。

47 Oates 译本："这些装置的扭转"，Johnstone 译本："在螺旋线上旋转"。

3 三幅图像与阿基米德

当事实改变时，我会改变我的想法。你会怎样呢，先生？

——梅纳德·凯恩斯

1854年，在亚述国王辛纳赫里布之孙阿舒尔巴尼拔位于尼尼微的北宫发现了一块如今闻名遐迩的浮雕饰板，它描绘了一座花园。亨利·克雷斯维克·罗林森爵士在那里亲眼看到了它，并惊呼它一定展现了传奇的巴比伦空中花园，因为它有几处特征与古典作家的描述一致（见图12）。[1]罗林森的最初反应让位于这样一个观点：此处描绘的花园为年代更晚的巴比伦那座提供了原型。

罗林森的惊叹源于他对曾描述巴比伦空中花园的那些古典作家的熟悉。他们中的一些人，特别是约瑟夫斯和迪奥多鲁斯，将该花园描述为模仿山林景致，这一描述在大多数复原中被忽略，并且与在巴比伦发现的花园形制不符。然而，它确与亚述已知的类型一致，包括辛纳赫里布的父亲萨尔贡二世在霍尔萨巴德建造的花园（见图9）。

> 一座高耸的花园，模仿阿马努斯山，里面种植了叙利亚北部所有的芳香树木，以及各种山地水果，我把它建在（霍尔萨巴德）旁边。[2]

图9　在霍尔萨巴德的萨尔贡宫殿中发现的一块浮雕饰板的线摹图，描绘了萨尔贡的花园。高98厘米

辛纳赫里布对他本人在尼尼微的宫殿花园使用了一个相同的比喻。这种与叙利亚西北部和土耳其南部的葱郁山脉的比附在当时的亚述铭文中颇为常见，因为亚述军队在将帝国扩张到奇里乞亚时要穿越这类地形。南北走向的阿马努斯山脉，形成现代叙利亚和土耳其之间的天然屏障；这条山脉阻隔地中海和亚洲之间的降雨，山坡上长满了优良树种，有许多香松、雪松和刺柏，溪流潺潺，有适合野餐的宜人林间草地。疲惫并忍受酷热的士兵一定很乐意在那里休整。萨尔贡宫殿里发现的一块浮雕饰板描绘了他位于霍尔萨巴德的花园，并呈现了若干那样的特征。因此，一些学者认为后来巴比伦城空中花园的原型是在亚述设计的，包括霍尔萨巴德和尼尼微两地。

用希腊语和拉丁语记叙花园的诸位作家，他们的信息在某些重要方面是一致的，但在词汇和短语方面彼此之间没有密切的匹配——反之，则可能招致对一个共同来源的怀疑。我们的障碍是不能确定他们写作时花园是否仍然存在，以及他们是否依赖亚历山大时代以降或一个更早年代的书面信息来源。但我们可以断定，他们描述的是美索不达米亚北部已知的花园类型，这与巴比伦所在的美索不达米亚南部的类型大相径庭。

他们之中的约瑟夫斯将花园描述为对自然景观的模拟。这是一个关键点，因为巴比伦花园的设计风格与亚述花园截然不同。从巴比伦和亚述国王各自写下的楔形文字铭文以及地理景观的差异中可以识别出两个不同的花园传统：一个是南方的，一个是北方的。由于伊拉克南部的地形特征，巴比伦的花园设置在平坦的冲积平原上，那里的小型灌溉沟渠网络方便将土地划分为长方形区块。它们通常以平行排列的枣椰*树为特色，这些枣椰树不仅本身美观，而且产果量高，还能为低矮的植物提供荫蔽。它们是通过桔槔从河里汲水浇灌的。在来自地中海东部的旅行者眼里，这片土地一望无垠，完全缺乏特点。因此，贯穿巴比伦中部的幼发拉底河没有支流，而是分成多股汊泓，不时地改变它们的河道，而且附近没有丘陵或山脉，因此无法通过某种渡渠借助重力从更高的地方将水引入城市（见图1）。天然河岸普遍低矮，当春天的温暖将冰雪融水从土耳其东部的山区带下来时，河岸很容易被冲溃——因此需要建造西外堤，以保护南宫殿免遭水患（见图3）。巴比伦几乎完全是用泥砖建造的，因为那是传统的建筑材料，原料俯拾即是；但泥砖很容易损坏，经常需要更换。随着时间的推移，反复的拆除和重建大大抬高了整个城区的地基，超出最初的建筑可能奠基的平原。

到了尼布甲尼撒在巴比伦建造宫殿的时代，城堡上的巡游大道比河水流经的平原地平面高出13米。这样的高程使得很难从河里把足够的水汲到城堡，以补充从深井里打上来的水。因此，为了供水满足城堡的高度，部分是通过不懈地使用一排排从河里汲水的桔槔，它们在河岸上往复工作并吱吱作响；部分是通过在建筑物及其庭院内用滑轮打井水。在

＊　又名海枣，棕榈科海枣属植物。

宫殿的北部发现一座巨大的高台蓄水池，估计储备部分来自精心收集的冬季雨水，部分来自桔槔打起的水。一个用赤陶和沥青坚固打造的管道系统，设计精湛，用于分配水源。[3] 由此可见，巴比伦及其周边的地形不适合古典作家描述的那种地景花园。

从楔形文字文献可以推断出南方花园设计的一种形制，其中外观相近的植物群组在行列线分割出的单元中标注了名称（见图10）。那块泥板是古代制作的一件副本，年代距离原件不远，上面记载了拥有花园的国王的名字：他是马尔杜克-阿普莱迪纳二世，在公元前7世纪初也被称为梅罗达克·巴拉丹。他的花园可能是一座常规的菜畦，其中苗床被灌溉渠纵横分割，形成一种园圃。文献还暗示有一座草药园，其中一个苗床包含各种薄荷，另一个苗床种了各种洋葱、大蒜和韭菜，还有一个苗床莳有不同种类的百里香和牛膝草，等等。这样的布局需要一块带有小型水渠网的平坦土地，通过打开和关闭水渠的隔断，对植物进行水平灌溉。

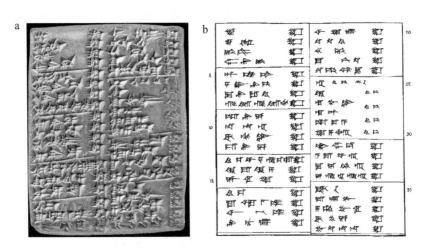

图10　a：楔形泥板的正面，上面列有辛纳赫里布时代巴比伦国王梅罗达克·巴拉丹花园中的植物。分隔文本各单元的行列线可能对应植物在园圃中的布局（© The Trustees of the British Museum）。b：泥板正面的手抄本。6.5厘米×4.0厘米

另一方面，北方的亚述花园是在城市中或城市近郊建造的，其设计更具活力，专门模仿天然山地景观，通过堆砌人工山丘，在山坡上种植芳香的山地树种，并依靠机械灌溉来降温，保持草木常青，并带来潺潺溪流的舒缓水声。底格里斯河流过崎岖不平的地貌，位于那里的尼尼微、尼姆鲁德和霍尔萨巴德王宫是为伟大的亚述诸王建造的。往东是阻挡视线的壮观山脉，因此汇入底格里斯河的支流带来了清澈的山泉，尽管底格里斯河的河床本身远远低于城堡，但可以通过运河和渡渠引水，满足高耸的城堡及其宫殿所需。科斯尔河是一条将山地水源带到尼尼微的湍急支流，与之类似，上扎布河则流向尼姆鲁德（见图1和图62）。

来自支流科斯尔河和汇入该河的溪流的水量如此丰沛，以至于当春天水流量过大时，正如一些亚述建筑铭文所记录的那样，它们对尼尼微城堡上的建筑造成了破坏。

> 这条易发洪水的河流，是一条汹涌澎湃的害河，它在奔涌中摧毁了城中心的圣祠（*gegunnu*），日光下净是洪水溺毙者连绵的坟头，从很久以前它就流经宫殿附近，以其强劲的水流冲毁了宫殿的地基……[4]

通过控制几条山间溪流，明智地使用运河、水闸、水坝和渡渠，尼尼微人可以避免灾害，并获益于以适当高度到达城堡的水流，为宫殿和神庙供给新鲜的山泉，并为周围的农田和花园提供灌溉。因此，自然环境使得在城堡内——像巴比伦一样，即便后者地基远高于平原——设立景观花园成为可能，而且在规划中纳入斜坡，如此一来流水可以不断地洗刷植物，亦满足追求休闲之人的感官。在亚述，目的是在王宫旁重新创造出美丽景致、天然丛林和绿树成荫的山丘，有流水和宁谧的享受。

这就是希腊作家描述的花园类型。亚述的尼姆鲁德、霍尔萨巴德和尼尼微已知的王家花园类型不应简单地视为最终在巴比伦创建的花园的原型，因为南方的环境与此迥异。

萨尔贡和辛纳赫里布都创造出了非凡的宫殿花园，他们身处亚述传统的长河中。公元前9世纪，阿舒尔纳西尔帕二世（公元前883—前859在位）在尼姆鲁德建造了这种类型的花园及其附属设施。他在扎布河汇入底格里斯河的河口上游，通过著名的内古布隧洞分配水流，隧洞中的水流可由水闸调节（见图版2）。从地表向下贯通的竖井设有阶梯，为维护提供了便利。他对花园的描述被插入到一部长篇铭文中，后者记录了国王的征战、新宫殿的建造、尼姆鲁德神庙的修缮、他的狩猎活动以及为宫殿落成典礼提供的丰盛食物。他欣喜地提到了在种植的水果和坚果树中潺潺流淌的水流。

> 我从上扎布河挖出一条运河，纵切一座山峰，我称它为"丰饶运河"。我浇灌底格里斯河的草场，并在附近开发果园，种植各种果树。我栽培在我行军经过的国家和我所穿越的高原上发现的种子和植物：各类松树、各类柏树和刺柏、杏仁、椰枣、乌木、花梨木、橄榄、橡树、柽柳、核桃、蒺藜和白蜡、冷杉、石榴、梨、榅桲、无花果、葡萄树……运河水流从高处泻入花园；芬芳弥漫在步道上，像天上的星星一样多的溪流在怡乐园里流淌……我像一只松鼠在这怡人的花园中摘水果……

这段清晰的描述展现出在亚述受青睐的花园类型，每位国王都试图在那里创造自己的园艺天堂，甚至比先王们的更精致。

阿舒尔纳西尔帕时代建造的"快乐的宫殿，充满智慧的宫殿"是位于尼姆鲁德的富丽堂皇的西北宫，它已被发掘出来，其内部的许多浮雕饰板都保存完好。国王称其为"永恒的王居"，并嘱咐未来的国王要维护和保护它。就像一个多世纪后的萨尔贡和辛纳赫里布一样，阿舒尔纳西尔帕的不朽成就将一个大型水资源管理项目与一座花园以及一座辉煌的宫殿结合起来。

公元前9至公元前7世纪的大型亚述宫殿都有使用石镶板装饰的国务大厅。石料的种类经过精心挑选，主要是不同种类的石灰石，并以浅浮雕场景展示国王在征服、接受朝贡和建筑工程中的权威。其中许多在19世纪被挖掘出来并带回西方博物馆，但毫无疑问，其他石板要么已经被侵蚀得面目全非，或者早已被附近建筑视为可用建材而挪用。有些饰板被打包运走，但未能抵达西方。[5]尼姆鲁德的阿舒尔纳西尔帕宫殿中没有一块现存饰板描绘他的花园，或许当时认为这个主题不适合在宫殿雕塑中展示。然而，后来，纳入一幅花园场景成为时尚。霍尔萨巴德的萨尔贡二世宫殿被发现时，人们临摹了一幅侵蚀严重的花园场景，这幅线摹图比原石更易于检视，原石现保存在芝加哥大学东方研究所的博物馆里。它描绘了一个湖泊，湖中有一条船，一间船屋或水榭，以及一座看起来像人工垒砌的山丘，山顶上有一座祭坛；地面植满树木（见图9）。这幅雕塑是在20世纪初的发掘中发现的，比在尼尼微惊艳到罗林森的发现要晚很多，而且显示出许多相似的设计。晚近发现的这块饰板保存状况较好，尽管顶部已经被侵蚀残损。另一组饰板是在辛纳赫里布的西南宫发现的；虽然它们没能保存下来，但幸运的是，它们在被发现的时候就得到摹写，这幅线摹图现藏大英博物馆，被称为原始摹本IV 77（见图11）。由此，宫殿花园的三幅图像记录补充了楔形文字的描述。

在尼尼微进行的发掘，主要是通过隧道挖掘，对许多雕塑进行绘图。当原件保存在博物馆时，可径行对比以核验可靠性。发掘负责人莱

图11　尼尼微的一座花园，据残损的石浮雕饰板绘制，原石现已佚失，它们原本排列在西南宫一个房间的墙壁上。右上角描绘的列柱支撑的步道之上植有树木

亚德自己绘制了很多，库珀也画了一些；当比较线摹图与原作时，二人都被评为"非常忠实于"原作。[6]两人都使用了投影绘图仪，仪器是莱亚德从英国带到尼尼微的，为的是在光线不佳和缺乏可靠校正空间的情况下提供清晰图像。[7]几十年前，为拿破仑效力的艺术家们在记录埃及大型纪念建筑时，使用该仪器颇为成功。有一段时间，没有人能确定这一花园场景饰板应该布置在宫殿的哪个位置，但最近的研究表明，这些饰板属于一个展示尼尼微诸多景致的房间，用于颂扬辛纳赫里布在和平时期的成就，它是在他的孙子阿舒尔巴尼拔的时代雕刻的。[8]

　　古典作家对空中花园的描述在几个关键方面与原始摹本IV 77中反映的尼尼微饰板以及在阿舒尔巴尼拔北宫发现的石浮雕饰板一致。这些亚述遗迹比尼布甲尼撒二世的时代早了一个多世纪。

原始摹本 IV 77 显示了三幅受损非常严重的饰板，它们刻画的是一座苑囿，其中有一片湖泊，湖面上在进行某些军事风格的活动。它们布置在西南宫，估计代表了花园的早期阶段：树木种植不久，尚未成熟。在主饰板的左半部，一对男子划着载有马匹的小船；几个裸体男子抱着充气的皮囊游泳，也许是在竞速。一个人似乎在水面上用绳子荡来荡去，也许正准备跳入水中。右上方的山坡上有两股水流，注入一条水平的溪流。溪流下面至少有四层阶地，用水平线表示；溪流上方还有两层阶地，呈现得不太清晰。右手边的饰板不能与主饰板的边缘直接相连，所以部分场景在缝隙中缺失；这块饰板刻画了两根柱子，其中一根可能有原爱奥尼亚式的柱头，第三根柱子的柱头刚好保存了下来。在柱子上方，水平线显示了顶盖有4+4层覆盖物，其上交错种植着常绿树种与小灌木或幼树。柱子上有厚厚的顶盖材料，树木生长在上面，构成了花园的一个独特特征，与斐洛描述的空中花园特征吻合，莱亚德在发掘出饰板时意识到了这一点，他评论说，这幅图像展现了"一座空中花园，由列柱支撑……对观赏花园的这种呈现是非常有趣的"。[9]艺术家描绘的坡地和平地别无二致，没有角度差异，只用水流来反映二者的区别。在主饰板的中央，有一组三排、每排四株相同的树，可能是树苗，因为它们比邻近的树小得多。在它们下方和两侧的垂直线条可能是灌溉渠道。与阿舒尔巴尼拔宫殿的浮雕饰板一样，花园的前景被一条溪流和一队士兵隔开，这些士兵可能在沿着城堡的墙头巡行。[10]

湖水会投映出环绕它的阶地以及花园的附属建筑。树木生长在列柱支撑的步道顶盖上，构成了设计的一个非凡特征，再加上斐洛和斯特拉博对螺旋泵的提及，让人对这座花园成为世界奇迹的原因有了非常具体的印象。但在原始摹本 IV 77 上没有展示螺旋泵，在现存的阿舒尔巴尼拔宫殿饰板上也没有。

阿舒尔巴尼拔在其北宫布置的浮雕饰板显示了花园种植几十年后的景象[11]，这是花园——在更成熟的生长阶段——的另一个主要信息来源。要理解三维空间如何被化约为二维平面并不是一件简单的事情（见图12）。

为了阐释该场景，我们从画面中部偏右支撑渡渠的连续拱开始。这些顶端尖锐的桥拱类似在杰尔万渡渠遗迹中发现的那些连续拱。在拱顶上方以三至四个层次表示石构。考虑到桥拱的尺寸，以及亚述人的艺术惯例，它们应该是石砌的，因为砖砌工程通常不会被用层次凸显出来。从渡渠的左端开始，含有鱼类的水泓往下方流淌，并分流成几股小溪，暗示陡峭的坡地。画面中央三角形区块内树木的呈现方式突出了这种暗示，部分树木落在其他树木的侧后方。下文将描述原始摹本中显示的位于花园下方的湖泊，如果对它不在这幅画的视线范围内的推测无误，那么在溪流注入湖泊处可能有一个或多个小瀑布。在饰板的右上角，渡渠

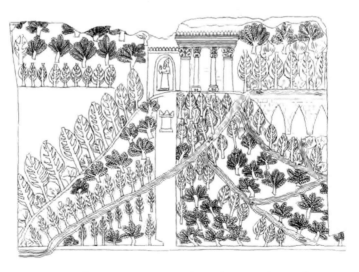

图12　尼尼微花园种植两代人时间（六十年）后的部分场景，阿舒尔巴尼拔宫殿内壁残损浮雕的线摹图。长208.3厘米

上方的阶地由一排排的树木标示，这表明至少有两层阶地高于水渠顶部的平面。[12]水流要到达那里，必须通过机械手段抬升，因为至少有一部分树木种植在穹顶支撑的平台上，所以它们的根系无法触及地下水位。画面中央顶部的亭阁在屋顶下有一个凹弧形上楣，屋顶饰有小雉堞（也叫城齿）。中间的两根柱子有原伊奥尼亚式柱头，柱身平滑，柱础上重复了原伊奥尼亚式图案。没有分离式底座的较重的壁柱标识出主体建筑的角落。在亭阁的左侧，是建筑的扩展部分和一条小路，后者通向一块展现立姿国王的石碑，可能遵循了在一个平面上显示一座建筑两个立面的惯例。[13]若如是，那么这应该是门廊、廊厅（*bīt hilāni*），它是亚述人从叙利亚引进的一种设有柱廊的住宅建筑。[14]也许石碑展现的是国王正站在前门外。沿着小路向下走到一半，矗立的那个物件可以理解为露天祭坛，或者一个支架，用来放置月下幽会和午夜宴饮的廊灯。在小路和建筑的左侧，又出现了上层阶地[15]，与亭阁右侧结构部分对应；往下，树木的行列是倾斜的，意味着又是陡峭的坡地。再往左，一个三角形的空间内空无一物：在饰板的左上角，一幢建筑物的檐角从残损的边缘微微显露。这便是西南宫边缘的全部遗迹，其墙体的线条可能在饰板残损的边缘处中断，这也清楚地证明了该花园并不像有人推测的那样是一座城郊公园。据此，这块三角形的空白区域可能代表了从宫殿大门出来的人在进入花园之前会经过的前庭区域。

如果把亭阁的左半边解读为通过回转叠合，显示的实际上是朝向宫殿和三角形前庭空间的那一面，若此说不误，那么溪水实际上并没有流经小路。

这些树木无法借助植物学识别，可能是落叶树和灌木或树苗的固定图式，其中夹杂着类似松树的常青树。图形的某些变化，主要是比例上的变化，可能是为了努力适应特定的空间而不遮挡构图中的任何其他元素。花园的前景被一条水带隔开，可能代表科斯尔河，还有一排人在行进。饰板顶部有很大一部分残损佚失。

相邻的饰板刻画了宫殿，其列柱安在狮形底座上（见图13）。这两块饰板之间似乎有一道空隙，也许是因为每幅浮雕的边缘都有几英寸的佚失。浮雕下部的水平基线位于花园下方，并延伸到宫殿下方，对接并不精准，其中两幅浮雕下部只留下了四足动物的后半身。

这块饰板的某些部分——如果不是全部的话——曾被上色。水应该是相当深的蓝色（在霍尔萨巴德，水体的线条上仍有深蓝色的痕迹），鱼可能是银色的。树干和树枝应该是棕色的，树叶可能有多种绿色和青绿色的色调。国王的冠冕和权杖会贴上金箔。背景可能没有上色。考虑

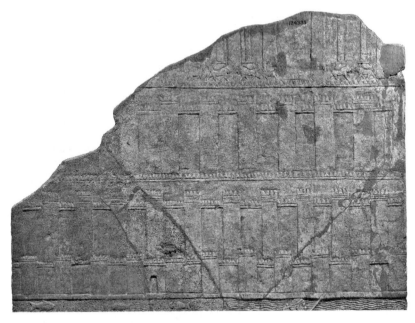

图13 列柱支撑的建筑立面，可能描绘的是辛纳赫里布西南宫的一部分，描绘在尼尼微阿舒尔巴尼拔宫殿的饰板上。透视规则尚不清楚（© The Trustees of the British Museum）

到在霍尔萨巴德发现的石饰板上有两种红色和三种蓝色，我们知道颜色的细微差别肯定被用来制造细腻的视觉效果。

古典文献对空中花园的描述与那些亚述宫殿中的雕塑场景有如此多吻合之处，显然值得仔细审视关于螺旋泵的细节是否也能在那个时期找到对应。斯特拉博和斐洛均没有把阿基米德的名字与螺旋泵联系在一起，这一遗漏可能暗示他们的读者不会把这个人与该项发明联系起来。两位作家都知道，如果这座花园是由尼布甲尼撒或某位统治巴比伦的亚述国王建造的，那么它在阿基米德所处时代之前很久便已落成，阿基米德是公元前3世纪的著名历史人物，生平比斯特拉博早两个世纪。

由于现在大多数人认为是阿基米德发明了扬水螺旋泵，我们需要从更宽泛的角度来审视关于发明者的传统、关于创新是如何产生的假设以及是什么经济和社会力量促进或抑制了技术进步。

在一些现代学者中，有一种根深蒂固的观念，那就是一旦城市出现，青铜铸造技术普及，古代近东便持续数个世纪——甚至千年——不再有任何变化或新的发明。这部分源于19和20世纪的旅行者持有的浪漫眼光，对他们来说，骆驼、驴子和牧人以及他们的牲畜似乎属于一个不变的连续体，可以一直追溯到遥远的《圣经》时代。此外，这也要部分地归于马克思主义理论流传的结果，即在一个奴隶制社会中，没有提高生产力的刺激因素。后一种观点包括对奴隶制的僵化理解，其基础是与美洲的棉花和蔗糖种植园以及非洲的殖民采矿业进行不准确的类比。静态停滞社会的观点得到两位极有影响力的学者推广：戈登·柴尔德，特别是在他1952年出版的《上古近东新论：欧洲史前史的东方序章》一书中，该书在考古学家和史前史学者中广为传阅；以及摩西·芬利，他在古典学家中追随者甚众。[16] 他们颇具说服力的文章表明，没有必要寻找发明家或发明，因为近东地区的前希腊文明是静态的。他们设想的社会中，精英阶层获取声望是宏伟工程和财富积累的唯一动力，因此，效率和生产力是陌生的概念。农业和灌溉占据了劳动力的全部精力，他们没有动力去提高技术技能，由此造成了一个金融信贷尚未发展的停滞社会。

现在，楔形文字文献清楚地提供了反证，显示不同时期的国王个人如何热衷于创新，无论是在葡萄种植、金属、玻璃合金、养蜂、天文学还是建筑领域；金融信贷的概念已经被付诸实践了。[17]王室资本和赞助为工艺改良和发展提供了必要的刺激。另一部分动力不可避免地来自战争，在战争中需要领先于敌人，或者至少将敌人最好的构想纳入自己的武器库中，这对胜利至关重要。亚述帝国晚期的知识环境以及王室对新机械的具体兴趣为寻找前希腊时期的发明开辟了道路。[18]

在希腊和罗马社会的某些阶层眼中，工程师实际上是被贬低的，诗人、剧作家和雕塑家得到更高的尊崇。根据普鲁塔克的说法，阿基米德因为拒绝将他的理论和数理科学投入实际运用而受到赞扬，尽管在西西里岛叙拉古围城战的极端压力下，他确实设计了实用机械。

> 他有如此伟大的精神，如此深邃的灵魂，以及如此丰富的理论，他因某种神圣而非凡俗的智慧收获声名，所以他不希望在身后留下任何关于这些问题的论文，而是把技工职业和每一种权贵所需求的艺术看作鄙陋或庸俗的，他只把自己的雄心放在那些没有被必要性污染的美丽和精妙的研究上。[19]

这段话或可视为佐证了阿基米德没有发明螺旋泵的观点，尽管普鲁塔克称他为一位"巨匠"（*Demiourgos*），这是一个适用于造物主神祇的谄媚术语。我们不一定要照单全收普鲁塔克的话，尽管很难完全否定他的说法，即阿基米德将实用工程学视为一种鄙陋和庸俗的活动。

西西里的迪奥多鲁斯写下的两段话通常被理解为证明了机器与冠名发明者阿基米德之间的联系，但语意模棱两可。[20]在后一段落中，他把它们描述为阿基米德去埃及旅行时"发现"的"埃及螺旋泵"：

> 最令人惊奇的事情是，他们通过所谓的"埃及螺旋泵"把遇到的溪水排出去，这是叙拉古人阿基米德在埃及旅行时发现的。通过使用这种装置，他们将水连续提升直到入口处……由于该机械是一种特别精妙的装置，人们惊奇地发现，只需付出少量的劳动，就能将大量的水排出。

他引用了波塞冬尼乌斯（约公元前135—前50）在西班牙矿场情景下的记叙。通过称它们为埃及螺旋泵，迪奥多鲁斯暗示阿基米德在埃及发现的螺旋泵在后者到达尼罗河之前就在那里了。在埃及，螺旋泵是将水从运河或尼罗河三角洲的支流岸边扬升到滨河农田的理想工具，它们至今仍然在那里得到广泛使用。

阿基米德在《机械定理的方法》一书的导言中写道，他经常用机械手段来运算他的定理，后来才发展出数理证明，这是他已出版作品的主题。[21]鉴于他对螺旋线特别感兴趣，人们很容易想象，他在造访埃及期间看到的机械螺旋泵的运行，是如何引发他的计算兴趣的。他在从埃及回来多年后写下了《螺线论》这篇论文，所以实际应用不太可能源于他在理论和数学原理方面的工作。"不无可能的是，该机械的年代要早得多，而阿基米德本人在埃及得以熟悉它。同样引人注目的是，无论是斯特拉博、拜占庭的斐洛还是维特鲁威*，他们三人都提到或描述了螺旋泵，

---

* 维特鲁威是活跃于公元前1世纪后半叶的罗马建筑师和工程师，著有《建筑十书》，该书广博地记录了彼时希腊罗马文明在建筑、工程、机械、水利等领域积累的技术成果。

却无一人将阿基米德的名字与它联系起来。"[22]

阿基米德没有发明螺旋泵的观点并不新鲜。早在1684年，克劳德·佩罗就写道，他认为螺旋泵装置的出现早于阿基米德生活的时代。[23]阿基米德本人著作的证据坐实了这样的观点，即他的兴趣在于研究数理及其抽象概念，而不是动手制作的日常事务。因此，我们有充分的理由接受一些学者认为阿基米德没有发明螺旋泵的判断。[24]

处理这个问题的另一种途径是将阿基米德放在文化英雄的广泛语境下。晚近的传统有一种难以抗拒的趋势，将过去简单化、混为一谈并发明"文化英雄"，它可能认为阿基米德是螺旋泵的唯一发明者，但在后者生活的时代，人们是否这样认为尚未可知。许多不同的文化都对本民族成员的发明提出了主张，虽然不能排除多人独立发明的可能，但有时可以通过可确定年代的实物证据来反驳。总的来说，这种现象是以或多或少的民族主义方式建立身份认同之过程的一部分。

在历史之初，对发明的主张不是由个人提出的。在美索不达米亚和早期希腊的传统中，发明和著作权都被理解为属于源自上天的一连串传统，而不是属于单个人类天才。匠人将他们的技艺归功于庇护神或造物主。[25]在巴比伦人和亚述人中，埃阿神被普遍认为扮演这一角色，但是与此同时，作为据信始于神话中大洪水之前的上古发明传统的一部分，传奇中的七贤将艺术、工艺和开化的城市生活制度的知识从埃阿神那里带到了美索不达米亚。在《吉尔伽美什史诗》中，打造一艘船并在大洪水中幸存下来的乌塔-纳皮什提，在大洪水来临前允许工匠和学者上船。[26]这些人享有超出凡人的寿命，肩负着在洪水之后延续文明生活的使命。据推测，他们有后人。他们在《吉尔伽美什史诗》的序章中被称为七大长老，在魔法文本中被称为七贤。

这些类型的知识被视为抽象的理念，在苏美尔语中被称为 *me*。他们是原型或理想形态在人间的个体代表。传说中的大洪水消退后，肉体凡胎的圣人与历史上著名的国王联系在一起，后者偶尔也被认为享有发明权。

在希腊的传统中，有与之类似的忒尔喀涅斯，意为七贤，神话中冶金技术的发明者，也与魔法和水利工程有关。在一个更具个体性但仍属传奇性质的传统中，普罗米修斯据信发明了建筑学、天文学和算术，而毕达哥拉斯这个扑朔迷离的人物据说演算出与直角三角形有关的定理，而这个定理通常以他的名字命名。事实上，至少在青铜时代中期，这个公式在美索不达米亚已为人所知。[27]传说中的音乐家特潘德据说发明了里拉琴，这一说法可以对照《圣经》声称该隐的后裔犹八发明了竖琴的说法。在《圣经》叙事中，为发明家保留了一个特殊的家谱：他们都是该隐的子嗣，其中包括建造第一座城市的以诺*，以及铜器和铁器的"发明者"土八该隐。[28]

一位希腊化时期的作家，比布洛斯的赫伦尼乌斯·斐洛，将若干此类发明归功于闪族半神，他在公元1世纪撰写的《腓尼基史》中有一个技术传说，英雄乔索尔与另一位未指名的英雄一道，据说发明了铁和铁器，以及咒语，占卜，鱼钩、钩线和饵这套渔具，木筏和航海。[29]他死后被奉为神祇，被视作赫菲斯托斯或宙斯。他的兄弟，"名副其实"的英雄泰克尼特斯†和另一位英雄，据说发明了用晒干的砖块建造房屋的方法。这些富有创造力的英雄和其他类似英雄的名字，有些是希腊语，有些是腓尼基语。

希腊人在揽夺发明权上令人惊叹。一些雅典人声称他们发明了陶器，据称雅典娜种植了第一株橄榄树并发明了纺织。爱琴海上的萨摩斯岛民自称发明了青铜铸像，该说法很容易被埃及和近东的考古研究证

---

* 此处作者误记，据《圣经·创世记》第4章第17节，建城者为该隐，城以其子以诺命名。
† 在希腊语中意为"技艺"。

伪。如果我们要相信他们的话，留给其他民族的发明就所剩无多了。当然，他们都是具有神性的或传说中的人物，不同于阿基米德；但人们可以理解他是如何在死后被嵌入这样的传统中的。人们普遍用"希波达莫斯式街道规划"指称棋盘式街道布局，以纪念公元前500年左右米利都的城市规划师希波达莫斯之名，尽管事实上考古学家已经发现了几个更早的例子。[30]

对独立的技术引进的主张有时可能看似是对首度发明的主张。一个被错误地解读为发明的技术引进，可以解释为什么有些例子不能从字面上理解，即使它们在当时或之后一段时间被信以为真。我们可以把养蜂作为一个明显的例子：公元前第3千纪埃及的墓室壁画中就有养蜂的记录，在公元前10世纪或前9世纪以色列雷霍夫土丘遗址中亦得到证实[31]；但幼发拉底河中游马瑞附近苏胡的统治者却声称是自己首次引进的，他在公元前8世纪写道：

> 我，沙马什-雷什-乌舒尔，苏胡之地和马里之地的统治者，从哈布人的山上带下来采蜜的蜜蜂，我的祖先中没有人见过它们，也没有人带到苏胡之地，我把它们安置在艾尔-贾巴里-巴尼城的花园里。它们现在在那里采集蜂蜜和蜂蜡。我知道如何通过融化来分离蜂蜜和蜂蜡，园丁们也知道如何做。未来出生的人们可能会问他家乡的长者："苏胡之地的统治者沙马什-雷什-乌舒尔把蜜蜂引入苏胡之地，这是真的吗？"[32]

当某个人取得一个发明或"首次做了什么"时，这类声名就会附在这个人和他的家乡身上，以至于有时会制造或暗示虚假的主张。

考虑到古代晚期宣称文化英雄的趋势，阿基米德的名字很可能因为他的数学作品《螺线论》而与螺旋泵机械的发明者联系在一起，亦可能是因为古代晚期盛行的将发明归于希腊人的趋势。

现在我们转向一篇亚述文献，它表明亚述国王辛纳赫里布在公元前700年左右用青铜铸造了扬水螺旋泵。

注　释

1　H. Rassam, *Asshur and the Land of Nimrod* (1897), 365.

2　Bull inscription lines 41—42, see A. Fuchs, *Die Inschriften Sargons II aus Khorsabad* (1994), 66—67.

3　Rassam, *Asshur and the Land of Nimrod* (1897), 352—325.

4　Bellino cylinder, see D. D. Luckenbill, *The Annals of Sennacherib* (1924), 99; E. Frahm, *Einleitung in die Sanherib-Inschriften* (1997), 46—47.

5　See M. T. Larsen, *The Conquest of Assyria: Excavations in an Antique Land* (1994), 190, and 346—349.

6　R. D. Barnett, E. Bleibtreu and G. Turner, *The Sculptures from the Southwest Palace of Sennacherib* (1998), 16.

7　J. E. Reade, 'Nineteenth-century Nimrud: motivation, orientation, conservation', eds. J. E. Curtis, H. McCall, D. Collon and L. Al-Gailani Werr, *New Light on Nimrud* (2008), 6. 关于该仪器，see M. Kemp, *The Science of Art: Optical Themes in Western Art from Brunelleschi to Seurat* (1992), 200—201, and plates 396 and 397。

8　J. E. Reade, 'Assyrian illustrations of Nineveh', *Iranica Antiqua* 33 (1998), 81—94; Barnett et al., *Sculptures from the Southwest Palace of Sennacherib*, vol. 1 (1998), 84—85.

9　A. H. Layard, *Discoveries in the Ruins of Nineveh and Babylon* (1853), 232.

10　Barnett et al., *Sculptures from the Southwest Palace of Sennacherib* (1998), plates 223—225.

11　BM 124939. See R. D. Barnett, *Sculptures from the North Palace of Assurbanipal at Nineveh* (1976), plate 23.

12　该饰板场景的若干当代线摹图没有绘出渡渠上方的阶地，由此提供一种误导性的印象。

13　这种绘图惯例通称回转叠合，see *Lexikon der Aegyptologie* s.v. Architekturdarstellung。

14 更多细节参见本书第7章。

15 该饰板的一些线摹图过于简略，以至于没有充分反映这些细节。

16 M. I. Finley, 'Technical innovation and economic progress in the ancient world', *Economic History Review 18* (1965), 29—45, with K. Greene, 'Technical innovation and economic progress in the ancient world: M. I. Finley re-considered', *Economic History Review 53* (2000), 29—59.

17 See e.g. D. Charpin, 'Archivage et classification: un récapitulatif de créances à Mari sous Zimri-Lim', *Proceedings of the 51st Rencontre Assyriologique Internationale 2005* (2008), 3–15, and bibliography in note on p. 3.

18 特别参看本书第4章援引的铭文。

19 Plutarch, *Life of Marcellus* XVII.3—4.

20 Diodorus Siculus, *Library of History* I.34.2 and V.37.3（援引阿帕梅亚的波塞冬尼乌斯）.

21 Gutzwiller, *A Guide to Hellenistic Literature* (2007), 157—158.

22 E. J. Dijksterhuis, *Archimedes* (1956), 22—23.

23 See e.g. D. L. Simms, 'Archimedes the engineer', *History of Technology 17* (1995), 45—111.

24 Dijksterhuis, Archimedes (1956), 21—22; B. Gille, 'Machines', eds. C. Singer, E. J. Holmyard, A. R. Hall and T. I. Williams, *A History of Technology, vol. ii* (1956), 631; R. J. Forbes, *Studies in Ancient Technology*, 2 (2nd edn. 1965), 40; B. Cotterell and J. Kamminga, *Mechanics of Pre-industrial Technology* (1990), 94.

25 A. Kleingünther, *Protos Heuretes* (1933).

26 George, *Babylonian Epic of Gilgamesh* (2003), vol. i, 708—709, tablet XI, line 86.

27 E. Robson, 'Three Old Babylonian methods for dealing with "Pythagorean" Triangles', *Journal of Cuneiform Studies 49* (1997), 51—52.

28 *Genesis* 4.

29 See J. Barr, 'Philo of Byblos and his "Phoenician History"', *Bulletin of the John Rylands University Library of Manchester 57* (1974), 17—68.

30 例如公元前2500年前后印度的拉曼·德里，公元前19世纪埃及的艾尔-拉罕，以及公元前7世纪伊朗西北部巴斯塔姆的城堡。后者见A. Sagona and P. Zimansky, *Ancient Turkey* (2009), 328—331。

31 A. Mazar and N. Panitz-Cohen, 'It is the land of honey: bee-keeping in Iron Age IIA Tel Rehov—culture, cult and economy', *Near Eastern Archaeology 70* (2007), 202—219.

32 G. Frame, *Rulers of Babylonia from the Second Dynasty of Isin to the End of Assyrian Domination (1157—612 BC), Royal Inscriptions of Mesopotamia Babylonian Periods, vol. 2* (1995), 281—282. See also E. Crane, *The World History of Bee-Keeping and Honey-Hunting* (1999), 170—172.

4 辛纳赫里布的伟大发明

> 辛纳赫里布，伟大的国王，强大的国王，世界之王，
>
> 亚述之王，无可匹敌的国王，侍奉诸大神的虔诚牧民者，
>
> 公正的守护者，正义的热爱者，援助弱者的行善者，寻求
>
> 好运之人，理想之人，英雄般的男性，所有统治者的领袖，
>
> 遏制不顺从者的笼头，像闪电一样打击敌人：阿舒尔大神
>
> 在我身上完善了无与伦比的王权……
>
> ——拉萨姆圆柱铭文第1—4行

为了令他的新宫殿和花园尽善尽美，辛纳赫里布使用了一种全新的青铜铸造方法[1]，他对此非常自豪，并详细描述了它。该铸造法是为两种类型的物件设计的：巨大的狮子及其他生物形状的建筑饰件，以及"替代桔槔"的扬水机械。这篇文献有两份副本，均用楔形文字写在黏土棱柱上并保存至今，学者们由此可以核对晦涩的细节。[2]

为了撰写棱柱铭文，辛纳赫里布的学者们出色地使用了一种被称为标准巴比伦语的高级文学方言。由于其规则的笔画长度、比喻、偶尔出现的古老词汇和语法结构，该文本更接近诗歌而非散文。在如此语境中，描述机械部件所需的技术词汇时，使用依据自然形态的隐喻是非常合适的。针对新的机械和发明，往往借用贴切的知名动物或植物的名

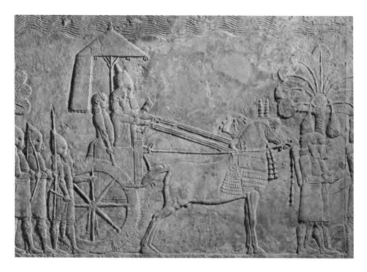

图 14　站在战车上的辛纳赫里布。这是为数不多的国王面部没有被蓄意毁坏的浮雕之一

称，如罗马人的"龟甲/盾牌"、铁路的"支线"、万维"网"、电脑的"鼠标"。正如斯特拉博用"蜗牛"这个词来指代螺旋泵（以及在另一语境中指代旋梯[3]），亚述人也从自然界中他们最熟悉的事物提取表示圆柱体和螺旋线的词。辨识出这些词汇的隐喻，对于理解铭文中的一个技术性段落至为关键（见图15和图版3）。

　　主要得益于德国和芝加哥的杰出字典编纂学者取得的进展，整篇铭文的文意才逐渐变得明晰。因此，我们有望将辛纳赫里布文本中的技术部分与斯特拉博和斐洛的描述结合起来，后二人指出螺旋泵是把水提升到空中花园顶层的机械。

　　由于理解了所涉及的关键术语，并受益于另一方内容一致的棱柱，现在可以给出一个新译本：

　　　　在过往时代，我的先王们塑造铜像以模仿真实的形态，放在神

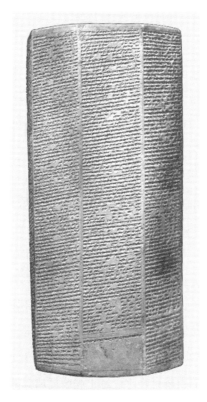

图 15　大英博物馆藏黏土棱柱，详细
　　　 记述辛纳赫里布如何建造宫殿
　　　 花园

庙里展示，在他们的制造方法中，由于缺乏技艺和未能掌握原理，
他们令所有工匠精疲力竭；他们需要如此多的油料、蜡（*iškuru*）
和酥油（*nalbaš ṣēni*）来完成工作，以至于他们在自己的土地上
造成一场短缺——我，辛纳赫里布，所有王侯的领袖，熟识各种
技艺，采纳很多建议并深思熟虑以着手这项工作……宛如神的智
慧附体，我创造了圆柱体（*gišmahhu*——高大的树干）和螺旋泵
（*alamittu*——枣椰树），财富之树的泥土模具[4]……为了终日汲水，

我让人制作绳索、铜缆和铜链[5]，我在蓄水池上设置了"大圆柱"和铜制"螺旋泵"，而非桔槔。我使那些王家亭阁看起来恰到好处。[6]我抬高了宫殿周围的高度，使之成为所有民族的奇迹。我将它命名为"无双宫"。我在它旁边布置了一个模仿阿马努斯山的高峻花园（*kirimāhu*），各种芳香植物、木本果树、生长在山区和迦勒底（即巴比伦尼亚）的树木，以及产羊毛的树木，都种植在园内。

在公元前7世纪，提升水源的方法不多，但我们需要区分两种类型的行动：通过井将水从地下很深的地方汲上来，以及将水从一个平面传输到另一个平面。对于后一种类型，辛纳赫里布在明确指出"替代桔槔"时，提到了用于在不同平面之间传输的最常见机械。桔槔包括一根立在地面的垂直杆子，另一根横杆固定在前者上宛如手臂，通过横杆一端绑缚的重物上下摆动，另一端系一根绳索，人可以通过绳索撬动水桶上下，如第2章图7所示。该装置会发出特有的嘎吱声，在户外出现频率很高；它最有效的用途是将水运过土堤或低墙，例如从运河汲水到田间。这种装置不用于从井中提水。许多古代口粮配给文献包括对桔槔工人的分配，他们在美索不达米亚南部平坦冲积平原的运河网络中人数众多。据我们所知，当时既没有水车，也没有任何类型的箱式泵。

要理解为何花了如此长的时间才认识到辛纳赫里布文本的重要性，我们必须回顾一下早期学者们为解读该文本所做的努力。第一版译文不可避免地是在没有优秀字典可用的情况下完成的，因为当时还没有编纂完成的字典。译者只得根据他对上下文的理解来猜测词语的含义。因此毫不奇怪，译文没有弄懂技术性段落，而这段不明所以的翻译对后来破译其含义的尝试是一种激励。1924年，丹尼尔·勒肯比尔在芝加哥进行的初次翻译尝试出版了：

在过去的时代，当我的祖先们按照他们成员的模样铸造铜像，放置在他们的神庙中时，为铜像付出的劳动耗尽了每一个工人；在无知和缺乏知识的情况下，他们饮用（*iškuru*）油，身穿羊皮（*nalbaš šēni*）来进行他们想在山中进行的工作。……我用青铜铸成作品，巧妙地修饰它。在大柱子（*gišmahhu*）和木梁（*alamittu*）上，有十二尊凶猛的狮子巨像和十二尊健硕的公牛巨像，形象完整……在神的命令下，我用黏土造了一个模具，把铜液倒进去，像铸造半舍客勒钱币一样[7]，完成了它们的建造。（棱柱铭文第六栏第80行至第七栏第19行）

为了使水桶的水每天都有充足的流量，我让人制作了铜缆（？）和水桶，并在水井（*būrtu*）上设置了大柱子和横梁，以取代（泥砖）柱础（柱子）。那些宫殿，在（大）宫殿的周围，我都进行了美化；让所有民族惊讶的是，我把它的顶部高高抬升。（棱柱铭文第七栏第45—51行）

三十年后，丹麦学者尤尔根·莱索在重新尝试翻译某些晦涩的句子时做了一些改进，用锁链代替了"桶"，用桔槔代替了"柱础"，用枣椰树代替了"横梁/杆"，但他信从勒肯比尔，认为辛纳赫里布重新使用井里打上来的水源，这不是一个值得夸耀的创新，而且，替换桔槔的词也不合适。他没有解释为什么要在所谓的水井上放置一株枣椰树，也没有解释枣椰树一词为何使用罕见的*alamittu*，而不是常见的*gišimmaru*。[8]他翻译了棱柱铭文的一小节：

为了让你每天都能打到（？）（井）水，我让人制作了绳索、铜"缆绳"和铜"链"，替代桔槔，我把……横木（*gišmahhu*）和枣椰树（*alamittu*）⁹立在水井（*būrtu*）上。¹⁰（第7栏第45—49行）

在摒弃勒肯比尔涉及水桶和水罐的错误翻译时，值得注意的是，放弃使用"水桶"一词来描述该装置，这就排除了原文描述波斯水车（*saqia*）或辘轳（*cerd*）的可能性。¹¹

莱索对该小节的翻译是在亚历山大·海德尔公布棱柱复本前夕进行的，海德尔意识到*iškuru*这个词并不是勒肯比尔所翻译的动词含义，即"他们喝了"，而是一个名词，意为"蜡"——这个词的名词和动词形态是相同的。另一个歧义来自*būrtu*这个词，勒肯比尔和莱索都赋予它"水井"的含义：我们现在知道"蓄水池"的义项也适用——还有"水坑"，甚至"鱼塘"：这个词的语义范围比预期的要广得多，当然，译者会根据假定的语境进行选择。"蓄水池"是比"水井"更好的选择，因为"取代桔槔"这句短语所暗示的是平面类型的提水。

用词上的另一个歧义是*nalbaš ṣēni*，勒肯比尔将其翻译为"羊皮"；海德尔将其翻译为"羊毛"，尽管与上下文龃龉。这个表达方式的字面意思是"羊群的衣服/斗篷"，不见于其他任何文本。既然羊皮或羊毛的常用词是*itqu*，那么*nalbaš ṣēni*可能有不同的隐喻含义，应该符合铸造纯铜或青铜的背景。如果一个人给羊剥皮，他就会从像衣物一样粘在羊肉上的白色脂肪层上剥离待加工的皮革。把它刮下来并在锅里熔化，就可以把它炼成羊油，这是蜂蜡在铸造过程中的一种实用而数量充裕的替代品。

棱柱的复制品显示出一个定符[*]——它在第一件棱柱上漫漶严重——足够清楚地表明"大树干"和"枣椰树"是由铜或青铜制成的，

---

* 定符即限定性符号，置于所修饰名词之前或之后，旨在标明该名词所代表意义的种类或属性，以克服同音异义词或同义异音词造成的混淆。这类符号一般不发音，在转写为字母时，不与所修饰的名词并列，而是放在名词的左上角或右上角，例如苏美尔语中表示铜和铜制品的定符为*urudu*（转写后）。

因此它们是金属铸件，而不是活的树木或取自真实树木的木材。但海德尔仍然未能抓住对铜制品 *gišmahhu* 和 *alamittu* 含义的关键理解。他认为这两个词应从字面上理解为"大树"和"（某类）棕榈树"，并假设这些铸件是纯粹的装饰，旨在以某种方式点缀所涉及的任何扬水装置。很可能他依赖当时的理解，认为 *alamittu* 是欧洲棕（*Chamaerops humilis*），即装饰性的扇叶棕榈树（现在经常在地中海沿岸的酒店和机场旁种植）。对阿卡德语物种的这项鉴定是1924年的一项古代植物研究得出的[12]，40年后，《芝加哥亚述语词典》仍然倾向于这一理解。选择这些词汇想必出于某种特定的理由。*gišmahhu* 和 *alamittu* 并不是一组对应的事物——一个用于大树干的通称，另一个用于特定的棕榈树类型。由于这些原因，它们极不可能是指栽种在供水系统之上的纯粹的装饰性上层结构。

对 *gišmahhu*——字面意思是"高大的树干"——和 *alamittu*（棕榈树）的理解仍然需要根据每个词的隐喻用法来解释。*gišmahhu* 是一个复合名词，是阿卡德语中的苏美尔借词，根据其组成部分 *GIŠ* "木头，树"和 *MAH* "大，高"，字面意思是"大木头，高树干"。这是一个罕见词汇，在他处指代一株坚实的树干，并冠以木材的类型，如雪松，以限定它。在棱柱铭文中，*gišmahhu* 这个词缺乏这样的限定。它的第一个部件 *iṣu*（与苏美尔语 *GIŠ* 对应）曾用于一篇早得多的文献，后者给出了一个计算圆柱体容器容积的数学问题，作为"原木"使用时，带有"圆柱体"的含义。[13]

由于"圆柱体"是扬水螺旋泵的两个组件之一，我决定调查"*alamittu*——棕榈树"是否可以被理解为一件螺旋泵。在发现"*alamittu*——棕榈树"被鉴定为扇叶棕榈树后，我在牛津植物园里找到两株成熟的扇叶棕榈树，令我欣喜的是，它们的树干呈现螺旋状的纹路，随着树的生长，叶片已经脱落了（见图版4）。这似乎便是答案。[14]然而，稍后一位严厉的评论家写信告诉我，欧洲棕并非伊拉克原生植物；事实上，它的分布主要局限于地中海西部。《芝加哥亚述语词典》的编者在接受该鉴定时并没有注意到这一点。大约在同一时间，我开始明白林奈的分类法与古代的分类法差异何等之大——这是自然的，因为林奈是沿着不同以往的、更具分析性的路线来改革旧系统的。我从其他楔形文字文献中确定alamittu生长在荒地上，结着坚硬的、不能食用的黑色果实，于是我再次尝试，并在伦敦邱园的约翰·德兰斯菲尔德——一位研究各类棕榈树的世界级专家——的帮助下，以极大把握确定它是野生的、雄性的枣椰树。[15]枣椰树是雌雄异体的：为了给结果的雌树授粉，人们有时会把雄树的苞片绑在雌树上，以获得最大的产果量。巴比伦人和亚述人用动词rakābu"骑"来描述这一授粉过程，该词也用于指代人类或动物的交媾。[16]枣椰树性别的意义将在下文揭示。

没有在过往的研究中发现这种语境下对使用alamittu一词的解释；《芝加哥亚述语词典》G卷（1956）中给出了"横木"的翻译，没有任何说明，完全基于想象的结构，但这个释义在十年后出版的A/1卷中被抛弃。[17]

将一种柱子与一株有性别的树联系起来的判定，有一个意想不到的应用，它将早期美索不达米亚建筑的一个特点与一种希腊-罗马概念关联在一起。青铜时代中期美索不达米亚的几座砖砌神庙，在其泥砖正立面上，螺旋形和扇形图案的树干交替出现，类似半壁柱。考古学家很少发现泥砖建筑保存状况好到足以显示立面外部装饰。但有几座保存完好的公元前第2千纪早期神庙外墙的例子显示了这种特征。这两种图案都是由树干生长后棕榈叶片凋谢时留下的叶痕造成的（见图版4）。在美索不达米亚南部和北部都发现了这种图案的建筑立面：在乌尔所谓的瓦拉德-辛堡[18]，在拉尔萨的太阳神庙，在伊拉克东北部的巴斯穆西安土丘[19]，在伊拉克西北部的阿尔里马赫土丘以及叙利亚东北部的莱兰土丘（见图16和图17）。这一地理分布格外有趣，因为它表明，即使在枣椰树

图16 伊拉克西北部阿尔里马赫土丘神庙立面的270根螺旋纹泥砖壁柱中的一组，公元前第2千纪早期。类似的柱子在古代美索不达米亚城市的其他庙宇中也有出土（© British Institute for the Study of Iraq）

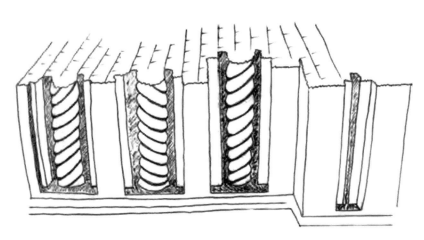

图17 叙利亚东北部莱兰土丘一座神庙立面的螺旋纹泥砖壁柱

果质不佳的北方，神庙也被设想为一块被棕榈树林环绕的圣地。

如果野生的雄性棕榈树*alamittu*用螺旋纹表示，而人工栽培的雌性棕榈树*gišimmaru*用扇贝纹表示，那么这类建筑立面就代表了野生和人工栽培的共生关系。由于棕榈树有独立的雄性和雌性形态，这两种类型也可能代表了男性和女性的观念，是被维特鲁威称为男性柱和女性柱的古典柱型的先驱，他是生活在恺撒时代的罗马建筑师和工程师。他写道，以科林斯柱式建造的神庙最适合供奉温柔的女神，因为科林斯柱式"模仿了少女的苗条身段……其装饰物应该是含蓄的"，是供奉狄安娜女神的神庙的理想选择；而多立克柱式"从男性形象中获得其比例、力量和美感"，适合威严的神祇，例如玛尔斯和赫拉克勒斯。他把伊奥尼亚柱式上的凹槽比作女性衣服的褶皱，把柱头两边下垂的涡卷比作"垂在双肩的优雅发结"。[20]这种对柱式的性别划分早在两千年前的美索不达米亚神庙上已见端倪。在伊拉克北部的阿尔里马赫土丘，发现了两尊石雕，一尊雕刻了一位长满胡须的男神，身体两侧是螺旋形图案的树干，另一尊雕刻着一位女神，身体两侧是扇贝形图案的树干（见图18）。两尊雕塑的年代约在公元第2千纪早期。[21]早期石质滚印上镌刻的某些图形似乎也显示出同样的性别区分。[22]辛纳赫里布的孙子在一首颂诗的开篇称赞尼尼微的伊什塔尔："啊，棕榈树啊，尼尼微的强者！"[23]这些细节表明，两种类型的棕榈树干与作为神灵的男性和女性的性别有关。在古代其他对棕榈树自然栖息地的图像表现中——例如刻画巴比伦尼亚南部景观的晚期亚述雕塑——棕榈树的树干上有螺旋状或扇贝状的图案（见图19）。[24]

在整个黎凡特地区的许多考古遗址中都发现了"原伊奥尼亚式"或"爱奥尼亚式"的柱头和柱础，萨尔贡和辛纳赫里布都有一座采用这种柱式的花园亭阁，见于宫殿的浮雕饰板上。对细节的仔细研究表明，该

地区的涡旋图案是基于枣椰树基部的枝以及上部叶的出条。[25]这种理解
显然属于近东，并不排斥将这种形式重新解释为希腊建筑中的公羊角*。
但它符合维特鲁威对柱式性别区分的描述，因为枣椰树有独立的雄性和
雌性形态。

　　由此似乎可以相信，辛纳赫里布为终日不停扬水而设计的奇妙新铸
件，是某种形制的螺旋泵，被他用一个隐喻性术语来命名。然而，批评
家们指出了几个问题。正如我对铭文的理解，将螺旋泵与圆柱体分开铸
造，然后安装在圆柱体内，是不可行的，因为水和杂质会从它们之间的
缝隙溜走。直到1999年，我参与录制BBC的一档电视节目《古人的秘

---

　　*　即爱奥尼亚柱式的柱头形状。

图19 a：石灰岩材质滚印印文，显示太阳神神庙周围的螺旋纹立柱。这枚印章可能比发掘揭露的设有螺旋纹立柱的泥砖神庙早几个世纪。高2.5厘米（© Oriental Institute Museum, University of Chicago）

b：一件象牙罐上的刻绘图案的线摹图局部，出土于阿舒尔城，显示一棵有螺旋纹树干的树，被栖息的公鸡标记为雄性。年代为约公元前1400年。（整个象牙罐）高9厘米

密》，该节目尝试用青铜铸造一件螺旋泵，复制辛纳赫里布的作品，有赖于与青铜铸造师安德鲁·莱西的讨论，答案才豁然开朗。莱西完全理解不同的可能选项的实际优势和障碍。对他来说很清楚的是：一个铸件被分成两块模具，但铸造出来的是一个整体，螺旋泵是圆柱体的一个组成部分。使用的是黏土而不是蜡，在烧制后通过打碎土模来提取。[26]没有必要将两块分离的铸件组装在一起，因为这样的设计会带来咬合、磨

损和缝隙的问题。整台机械有一个中空的中心，里面插入一根可能是木制的杆子，它可以承受旋转的磨损，而且很容易得到替换。我们的青铜匠师在非常原始的条件下用这种方法铸造了一件小螺旋泵——长度为1米左右的小型号——而且它运转了起来（见图版5—7）。

　　但是，批评者辩称，以这种方式铸造一件足尺寸的螺旋泵将是一个完全不同的问题，他们认为这样一件铸件在那个时期是不可能的。幸运的是，在巴黎卢浮宫可以找到对该反对意见的回答，那里陈列了一对巨大的青铜铸造的圆柱形空心"护栏"，颇像现代路障和停车场的栏木（见图20）。它们出土于伊朗西部的苏撒，根据刻在上面的铭文，可以确定是公元前12世纪的作品，比辛纳赫里布批准的铸件年代早了大约420

图20　青铜铸造的"护栏"，出土于苏撒，根据上面的王室铭文，年代为公元前12世纪

年。[27]每根青铜"护栏"长4.36米，直径0.18米，外壁厚度在1.5厘米左右，重量估计在125—130千克之间。[28]这表明早在辛纳赫里布时代之前很久，便已经成功制造大型铸件了，而且一次性铸造一件巨大的空心圆柱体是可行的。[29]

还有人对承座的困难提出异议，但当我们指出亚述宫殿的巨大门扇没有合叶，而是接在一根垂直的杆子上，杆子在插座中旋转时，这些异议就烟消云散了。行政档案显示，看门人定期分配到油料，以保持插座的润滑，使门能够轻松开合。

技术细节与各种文献资料的紧密匹配回应了反对意见，因此，坚持质疑的立场变得更加困难。电视节目显示，螺旋泵扬水的效率远超桔槔。与其他机械相比，螺旋泵扬水难以察觉，与之一致，西西里的狄奥多鲁斯在公元前1世纪写道："有机械在提升大量的水……尽管外面的人看不到它在做什么"[30]，斯特拉博在同一世纪写道，花园的斜坡上设有台阶，一如在希腊剧院，"沿着这些台阶安装有螺旋泵，水源源不断地通过它们被向上输送至花园"[31]，斐洛也以更加诗意化的方式描述了螺旋泵：

> 渡渠内流淌着从高处引来的水；将一部分水流直接泄下山脚，将一部分水流通过螺旋泵迫使其抬升，向高处流淌；通过机械压力迫使水流在机器的螺旋线上一圈又一圈地旋转。

辛纳赫里布新的青铜铸造工艺改进了失蜡法，该方法至少在两千年前就已经适用于各种尺寸物品的铸造，并将在接下来几个世纪中继续得到普遍应用。在这种传统方法中，用蜡或酥油为所需物品塑造一个模具，然后包裹一层黏土，再进行烘烤，随后蜡液从黏土上预留的一个或多个孔隙排出。如此一来，模具就从黏土变成了赤陶。在第二道工序中，模具被注入熔化的金属，金属液冷却后，通常通过打碎模具使之与铸件分离。有时，一个由石料制成的合范可以被完整地回收并再次使用；这样的模具已经被发现用于制作珠饰和箭镞等小物件。[32] 然而，在新工艺中，所需物品的内部轮廓是在黏土中翻转建模的，第二个黏土模具塑造的则是外表面，两个模具之间有一个间隙，通过精心放置的泥芯连接。在表面涂上薄薄的油，可以帮助熔化的金属顺畅流动，而不会滞留在模具的边沿或形成气泡。这个工序有两个主要的优点：只需一次过火；不需要大量的蜡或酥油。

这种方法与中国各地的人们自商代（约公元前1500—前1200或更早）[*] 以来所采用的工艺极为相似，尽管没有迹象表明中国铸件精心制备的陶范在亚述得到仿制。但是若非独立发明，铸造方法的新资讯，也可能在辛纳赫里布时期——至少是间接的——传播到亚述，因为在中国历史上的西周时期（约公元前1150—前770）之后不久，战车和箭术在中国已经普及。[33] 这可能是与中亚居民密切交流的结果，后者——推测是游牧族群——居住在黄河流域的北部和西部，其活动范围横跨中亚直抵伊朗和高加索。这些影响的可能性使得亚述的新铸造工艺不太可能是一个名副其实的独立发现。辛纳赫里布接受一项异域的铸造技术可视为一个例证，表明亚述人对新的想法和技术是多么的开放，特别是当国王可以在他自己创制的工艺品的尺寸、重量和性能上超过他的前辈时。萨尔贡二世铸造的狮子每尊都重达17吨，而他的儿子辛纳赫里布更胜一筹，铸造的狮子重达43吨。[34] 那个时代王室铭文的一大显著特点便是声称新王比先王更成功。

---

[*]　根据《夏商周断代工程1996—2000年阶段成果报告（简本）》，商代纪年为公元前1600年至公元前1046年，西周纪年为公元前1046年至公元前771年。

顺便提一下，被勒肯比尔译为"我用黏土造了一个模具，把铜液倒进去，像铸造半舍客勒钱币一样"的这段话，曾被视为钱币在此时已经发明的证据。但正如铭文的下一部分所表明的，这段话旨在吹嘘国王可以完美地铸造金属，无论铸件是巨大的还是细微的。尽管对辛纳赫里布措辞的错误理解仍然有人信从，但正如现在普遍接受的那样，钱币发明的时间要晚得多。[35]

无论如何，我们没有必要推断辛纳赫里布的工程师发明了扬水螺旋泵，并在不久之后用青铜铸造它。更有可能的是，该机械最初是用木料制造的，这件原型机经过调试和完善，直到用青铜铸造一件类似的机械，它被视为对原始木质机械的大胆而成功的仿制。直到此时，辛纳赫里布的铜匠才会用青铜铸造一件足尺寸的机械。

在亚述，对螺旋形新用途的兴奋可能已经拓展到其他用途。最明显的可能性是为萨尔贡在霍尔萨巴德建造的塔庙设计一条螺旋形楼梯或坡道（见图21）。所有其他已知的塔庙都设置笔直的楼梯，在一个大体矩形的砖构建筑中部逐级升高。而霍尔萨巴德塔庙则是一道螺旋形坡道环绕方形建筑主体。[36]在伊拉克中部的萨马拉，阿拔斯王朝时期*建造了两座宣礼塔，其外部的螺旋形坡道环绕着一个圆柱形主体，那时霍尔萨巴德的塔庙应有更多的遗存，所以宣礼塔模仿它的可能性颇大。

在另一语境下，辛纳赫里布个人对青铜铸造工艺的热情显而易见，这记录在他在阿舒尔城建造新年庆典神庙的铭文中。在一个罕见的段落，他吹嘘自己的技术和参与：

---

* 阿拔斯王朝（750—1258），阿拉伯帝国王朝，以伊拉克（特别是巴格达）为统治中心。萨马拉大清真寺宣礼塔建于848—851年间。

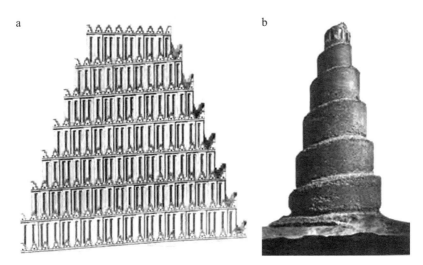

图21　a：霍尔萨巴德塔庙复原图，外部设螺旋形楼梯。b：巴格达附近萨马拉的宣礼塔，外部设有螺旋形楼梯

　　我有能力进行银、金、铜器的铸造……从一千多塔兰同到（小到）一舍客勒的熔化，将它们熔炼在一起，巧妙地塑造它们。如果你不相信我熔炼青铜器（的说法），我向众神之王安沙尔、我的创造者发誓，我亲手熔炼了写有这篇铭文的铸件，以及描绘安沙尔和与他同在的众神——他们进发与提亚马特*交战——的基座。为了达到（诸神的）标准，让人们知道我通过添加更多的锡来冶炼那个铸件。由此可以明白，我亲自熔炼了那个铸件。[37]

这段话让人不再怀疑国王对青铜铸造技术的个人热情和投入。

古代近东地区（不包括埃及）晚期运用扬水螺旋泵的案例见于幼发拉底河上游地区的艾尼，该地位于卡切米什和萨姆萨特之间，这个地区

---

*　提亚马特（Tiamat）是美索不达米亚神话中象征混乱力量的原始神祇，司掌海洋和各类咸水，与其子嗣神祇为权位发生争斗，最后被马尔杜克击杀。

图22 一尊经风化侵蚀的岩雕简图，出自幼发拉底河上游的艾尼，旁边有一段拉丁铭文，记载了韦帕芗统治时期安装的一件扬水螺旋泵。河神倚靠一个水罐，罐中有水流出

长期以来一直是亚述帝国的领土。一篇罗马铭文显示，韦帕芗和提图斯*在那里建造了一件螺旋泵，即 *opus cochliae*，并配以展现幼发拉底河人格化形象的一尊岩雕；但那里没有说明机器运转的方法（见图22）。[38]

埃及有一例可能涉及用脚转动螺旋泵，或许值得一提。从一幅罗马壁画中我们得知，一个放置角度很低的螺旋泵可以通过站在装有脚踏板的圆筒上的人通过蹬踩踏板来转动它。[39]有人认为，这就是《申命记》第11章第10节经文中暗示的机械："埃及地……你在那里撒种，用脚灌溉，像浇灌菜园一样。"[40]在与约瑟夫斯同时代的亚历山大里亚哲学家犹太人斐洛的著作中，对踩踏过程有更加细致而有趣的描述。他对操作螺旋泵过程中颠覆手和脚的常规使用饶有兴致：

---

* 韦帕芗，一译"维斯巴芗"，罗马皇帝（公元69—79在位），弗拉维王朝的建立者。提图斯，罗马皇帝（公元79—81在位），韦帕芗之子。

对比螺旋泵，就是提水的装置。它的中部设有一些踏板，农民想灌溉农田时就踩在上面，但他当然需要避免滑下来。为了防止不断滑落，他用手抓住附近结实的东西，并紧紧握持它，让整个身体悬在上面。这样一来，他把手当脚用，把脚当手用，因为他以通常用于劳作的手支撑自己，而以通常作为支撑的脚进行劳作。[41]

但这种转动方法只适用于相对较小、较轻的机器，而辛纳赫里布的铭文肯定没有提及踩踏。自从领会出青铜铸造的扬水螺旋泵，由此弄清楚辛纳赫里布铭文中的技术词汇后，这些年来人们对螺旋泵的转动方法提出了若干猜测。铭文显然没有描述脚踏法，因为它提到了绳索、链条和缆绳或金属线；但这些词汇是否应该从字面上理解，还是说它们是某单一物件的修辞三元组，而非三个独立的物件，这一点无法确定。辛纳赫里布显然没有试图描述一件带有滑轮——下文将介绍这方面的证据——的装置，他也没有试图描述带有齿轮的轮式机械。众所周知，阿卡德语中的车轮一词是*mugerru*；至于齿轮，它被用于将力的方向从一个笨拙的角度改变为一个最大化动力的角度，也许有人会期望认出一个将牙齿与车轮结合起来的词；但这两个词都不见于铭文。针对齿轮等到更晚的时代才为人所知的否定意见——下文所述的安提基希拉装置的偶然发现将差动齿轮的发明年代上溯了数个世纪——人们可以指出，在伊朗西北部马尔利克的两座墓葬中发现了似乎是齿轮装置的部件，发掘者将其描述为"青铜齿轮（存疑）"，年代系于公元前1250至公元前883年之间。[42]

为了介绍令人震惊的安提基希拉装置的若干背景信息，有必要在此先做一番说明。尽管公元前3世纪时，人们已经知道从圆盘半径上切割下"齿"形木质齿轮，[43]但人们认为复杂的差动齿轮装置出现得非常晚，直到采海绵的潜水员在爱琴海安提基希拉岛附近的一艘沉船上发现了一坨严重结垢和腐蚀的青铜。它的年代为公元前1世纪。它出水于20世纪初，直到新的技术，特别是高分辨率的X射线断层摄影技术的发展，揭示出它有三十多个齿轮、一个曲柄以及一段铭文——近乎一篇有天文、机械和地理章节的操作指南——它才得到研究。在该装置问世之后的一千年里，在世界其他地方尚未发现类似复杂程度的机械。[44]它的复杂程度让所有人都大吃一惊，这也表明学者们低估了古代复杂齿轮装置的可能性。我们根本不知道它可以上溯到多古老的年代。因此，我们不能断言在辛纳赫里布时代，一件简单齿轮不为人所知，但我们可以肯定，在他的铭文中没有提到与螺旋泵旋转有关的齿轮。辛纳赫里布文本中的绳索和链条不太可能与棱柱铭文中没有明确提及的齿轮装置有涉。

空中花园的电视纪录片播出后，[45]各地观众在来信中对旋转的方法提出了建议，但都涉及齿轮或泵。无论他们的建议多么巧妙，都无法被采纳，因为不管是辛纳赫里布的铭文，还是希腊文献，或是已知当时掌握的技术，都无法支持这些建议。至于水车[46]，不仅表达车轮含义的词缺席，而且更有说服力的是，这种机械在景观中极为显眼；它们肯定会像桔槔一样出现在亚述雕塑中，而且古典作家也会提到它们；它们的高可见性与斯特拉博的文字是无法调和的："在提升水……尽管外面的人看不到它在做什么。"我在1994年发表的复原图中提出的关于手摇曲柄的早期建议引来嘲笑，确实很可能是错误的：没有证据表明在这么早的年代已出现此类装置，在辛纳赫里布的铭文中也没有支持它的证据。尽管有一些巧妙的假说，但旋转扬水螺旋泵的机械原理仍然未知。

一些学者提出了理解棱柱铭文中技术性段落的其他方法，因为在他们看来，利用他们判为传说和虚构性质的古典文献来理解楔形文本中描述的机制是没有价值的。他们重拾早期尝试，仅仅从辛纳赫里布棱柱铭文中的字里行间提取含义，并全无新意地设想了一个由横梁和立柱组成的框架，上面有绳索和链条，也许类似于辘轳。这种观点的两个缺陷如下。如前所述，桔槔和螺旋泵一样，是用来将地表水从低处提升到高处的，而不是将水从深井垂直提升到地表。相反，辘轳用来从井中汲水，并需要桶具。[47]"替代桔槔"一句暗示新装置与桔槔的工作角色相同。此外，从深井中提水是美索不达米亚城市堡垒上一项熟悉的任务，而非王室铭文值得描述的问题。在尼姆鲁德发现的亚述浮雕石板刻画了一个井圈以及滑轮和绳子，这是汲取井水的实物证据[48]；还是在尼姆鲁德，从一口亚述深井中发掘出了滑轮。[49]因此没有理由发明任何汲取井水的机械。

棱柱铭文中的一个潜在困难来自文本中提到铸件和花园时的不连贯状况。以下是文本相关部分呈现的跳跃语序：采石和制作巨型石像；用新方法铸造青铜以制作"圆柱体和*alamittu*-棕榈树"以及立柱和巨型青铜雕塑；雪松木柱上的金属包衣、木柱上的镶嵌物、四周墙壁上的浮雕等细节，并称它们是一个奇迹；用线缆、绳索和铜链供水，并在蓄水池上方设置"圆柱体和*alamittu*-棕榈树"，以替代桔槔；把"那些宫殿"装潢得极华丽；把宫殿周边抬升，称其为所有民族的奇迹；创造一座宛如阿马努斯山的花园，在里面种植异域植物。因此，提到铸件和扬水机械的段落与提到花园的段落并不相邻。这些跳跃是由于编纂这类长篇铭文时采用的剪刀加糨糊式方法。类似的不连贯现象也曾见于其他铭文中，第7章将详加讨论。

人们可能预期辛纳赫里布使用的与扬水装置有关的技术术语会出现在楔形文字传统的几份大型词汇表之一中。这些词汇表是词典的前身，所收词汇以几种不同的方式进行分组。我们掌握了涉及绳索和链条的章节，以及涉及桔槔的章节；[50]而*alamittu*出现在关于枣椰树的几个章节中。[51]由于许多这样的词汇表在公元前第1千纪中没有更新，我们无法指望它们列出在其编纂后发明的机械。[52]

勒肯比尔将*kirimāhu*译作"苑囿"，导致了这样的暗示，即该花园实际上是一座猎苑，这需要太大的空间，而我们已经看到，这座著名的花园就坐落在城堡上。猎苑的常用词是*ambassu*，辛纳赫里布没有使用它。他选择了*kirimāhu*，一个罕见的源自苏美尔语的书面词，可以理解为"高峻的花园"，因为它高高地坐落于城堡之上，或者喻指"伟大的花园"，在重要性而非面积的层面。萨尔贡是第一个为他的宫殿花园冠以这个词的人，而猎苑一词在很早以前的亚述国王碑铭中就已出现。因此在本书中，"苑囿"一词被"高峻的花园"所取代。

*KIRI.MAH*这个词在苏美尔语中具有很高的声望，这无疑是萨尔贡和辛纳赫里布选择在阿卡德语中使用它的一个充分理由。早在公元前第3千纪，它就被用来描述附属于乌鲁克天神庙的一座花园，它的建造者乌尔-纳穆在南方城市乌尔缔造了一个伟大的王朝。[53]甚至在此之前，乌尔最早王朝的传奇国王麦斯-基亚-努纳的父亲南恩国王就用这个词来指代一座与伟大的宁利尔女神有关的神庙花园，它位于女神的崇拜中心图姆马尔，该城邻近尼普尔，而尼普尔被认为是连接凡界和天界的脐带所在之地。[54]通过选取这个词，两位亚述国王将自己与远古时代三座伟大的苏美尔城市联系在一起。可惜，我们对这两座花园一无所知，但我们可以推测它们建立在高高的城堡山丘上，因为那是当时宏伟神庙的选址。

辛纳赫里布的西南宫和花园的设计及规划很可能是同时进行的，如此一来就可以垒砌出所需的地形层次，以考虑渡渠水流的输入、渡渠（和适当的管道）对宫殿的供水、宫殿通过花园下方的湖泊排水以及泄入城堡外墙下的科斯尔河。至公元前8世纪后期，亚述宫殿都配置了一套完备的管道和排水系统，这些管道和排水系统根据设计在打地基时安装，然后再铺设地板和墙壁。辛纳赫里布从他的父亲那里继承了专业的测量师、工程师和建筑工人，这些人在霍尔萨巴德获得的经验对他来说是非常宝贵的（见图23）。针对所有三个主要需求——创建一座人工山，通过改道和接通几条山洞来从远处引水，以及安装赤陶管道和烤砖下水道——霍尔萨巴德曾是一个建筑天才作品的绝佳试验场。[55]

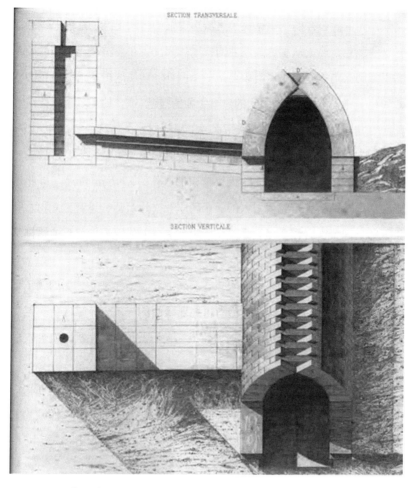

图23 位于霍尔萨巴德的萨尔贡宫殿砖砌下水道示意图

辛纳赫里布国王独揽了他的宫殿、花园和供水系统的功劳。该项目的灵感和成功的一个关键因素是王家赞助，此外国王本人对该项目非常感兴趣，可能在整体和细节的讨论中均发挥了作用。但建筑师的身份是未知的。在现代，由于专业化程度的提高，特别是理论与实践的分途，建筑师与工程造价师、工程师和施工员的角色是分离的。即使在今天的建筑师中，人们也会区别谈论"概念建筑师"与"施工建筑师"。亚述文献，无论是公开的王室铭文还是流通受限的行政记录，几乎都没有提到这些职业，遑论从事这些职业的人了。因此，在萨尔贡和辛纳赫里布的王室碑铭中提到若干这类职业是一个例外。在尼尼微辛纳赫里布的宫殿和花园语境下，"通过聪明的建筑大师的技艺"[56]，他提到了"建筑大师"（*šitimgallu*）。美索不达米亚水务工程师的悠久传统是由职业 *sēkiru* 代表的，它有自己的印章，这是中央集权的标志，也被称为"水道的建造者"*ŠITIM ID.DA*。"负责管道/暗渠的人"（*ša eli qanâte*）[57]与此不同，这是辛纳赫里布时代引入的一个新职业。建筑师、建筑工人和水利工程师之间紧密合作，以满足为城堡之上的公共建筑规划完整的给排水系统的需求。

重要建筑和运河的平面图可以在石膏或石头上绘制；著名的例子是公元前第3千纪晚期拉加什统治者古地亚雕像的一部分，雕像所附铭文中描述的神庙平面图摊放在他的大腿上。人们偶尔会在泥板上发现农田和运河的示意图。

从考古发掘中发现的通常相当不规则的墙体边线和角度来判断，许多大型建筑都是肉眼测绘的，根据围绕着宇宙学象征主义而松散地构建的一种图式化理解。象征主义显示在王家建筑者在铭文使用的语汇中。[58]模块化单元经常被重复使用，与标准类型的组合似乎暗示使用了一部纹样手册[59]；在不同城市发现的几座宫殿庭院都铺设着黑白相间的河卵石方块[60]，这是马赛克的前身，似乎也透露出一种对设计的集中化管理。一块亚述晚期的测绘泥板给出了一座神庙门与门之间的两个横截面的测量数据；如果对楔形文字文献的技术词汇理解无误，其他年代更晚的泥板显示，一根复合壁柱的布置是以浅壁柱和深壁柱以及门道的拼缝式框架（有时称为裁口门框）所需的标准砖块的数量来描述的。[61]首要需求是为一项工程订购足够多的合适尺寸和形状的砖块，这意味着要采用算术方法而不是几何方法。手册、模板或是制模形状的图纸未能保存下来。在泥板上发现的一些带有乘法表的相当粗略的数学文献，很可能是为了按比例放大一张小草图上的内容，但也可能有许多其他用途。很多设计都是在现场为单个建筑制定的，但对于辛纳赫里布的宫殿、花园和渡渠等整个建筑群来说，需要更多的规划。

对于那些认为斯特拉波和斐洛提到的扬水螺旋泵是希腊或罗马时期的改进产品，因此是著名花园的改造版本引入的后期装置的批评者，必须强调的是，对辛纳赫里布碑铭的释读表明，螺旋泵是原始设计的一部分，也是辛纳赫里布时代和几个世纪后希腊化时代作家笔下这座花园成为世界奇观的部分原因。扬水螺旋泵不可思议，它似乎扭转了地心引力，克服了水往下流的自然规律。

注　释

　1　这里，一如他处，文本有时使用"铜料"一词，可能是对早前时代史诗的刻意拟古。

　2　铭文的年代：伊拉克博物馆棱柱，A. Heidel, 'The octagonal Sennacherib Prism in the Iraq Museum', *Sumer* 9 (1953), 117—188公布的年代为公元前694年；芝

加哥棱柱，D. D. Luckenbill, *The Annals of Sennacherib* (1924), 28—47公布的年代为公元前689年。

3　Strabo, *Geography* XVII.1.10.

4　省略号表示铭文中建筑工程的其他细节在此从略，以集合与水务工程有关的段落；新铸造术同样用于制作金属柱础，以及雕像闪亮表面使用的特殊合金，正如本章各处所示的那样。本书附录提供了整篇铭文的翻译。

5　可能用于转动。齿轮可能尚未发明；但见马尔利克发现的铁器时代早期的"青铜齿轮"，本章下文有介绍。

6　这行突兀的句子可能是从一段更详细的文本中提取的摘录，标记了一处不当的文本安排。见本书第173—175页。

7　半舍客勒相当于今天的4克。

8　J. Laessøe, 'Reflexions on modern and ancient oriental water works', *Journal of Cuneiform Studies 7* (1953), 5—26.

9　"铜料"一词在莱索的译文中被省略，该词在勒肯比尔依据的棱柱上无法辨识，但在海德尔编辑的棱柱上清晰可见，莱索的译文发表在海德尔公布新资料之前。

10　J. Laessøe, 'The meaning of the word alamittu', *Compte rendu de la Rencontre Assyriologique Internationale 1952* (1954), 150—156, and 'Reflexions on modern and ancient oriental water works', *Journal of Cuneiform Studies 7* (1953), 16.

11　波斯水车：一种在圆辐上固定许多桶状附件的水轮，通过人力踩踏圆辐，或是将牲畜用轭套在绞盘上，以直角传动。辘轳是一种主要用于汲取井水的装置，由绳索、滑轮和自行倾倒的水桶的组成，通过役畜在井边做往复运动牵引。

12　I. Löw, *Die Flora der Juden*, vol. 2 (1924), 302—303.

13　See F. N. H. al-Rawi and M. Roaf, 'Ten Old Babylonian mathematical problems', *Sumer 43* (1984), 184.

14　S. Dalley, 'Nineveh, Babylon and the Hanging Gardens: cuneiform and classical sources reconciled', *Iraq 56* (1994), 52.

15　《阿卡德语简明词典》（修订版，2000年）给出的词意是"枣椰树的一个野生品种"。

16　See e.g. M. Giovino, *The Assyrian Sacred Tree: A History of Interpretations* (2007), 31—37.

17　指称横梁的相对常见的词汇是*tallu*或*gištallu*。*Tallu*在数学文献的使用，见 O. Neugebauer and A. Sachs, Mathematical Cuneiform Texts, *American Oriental Society 29* (1945), 98。

18　C. L. Woolley, *Excavations at Ur* (revised by P. R. S. Moorey 1982, as Ur 'of the Chaldees'), 155.

19　See B. as-Soof, 'Mounds in the Rania plain and excavations at Tell Basmusian 1956', *Sumer 26* (1970), 65—104, and J. Eidem, *The Shemshara Archives*, vol. 2 (1992), 54 and map 2.

20　Vitruvius, *De Architectura* book IV, c. 1, 6—7.

21　T. Howard-Carter, 'An interpretation of the sculptural decoration of the second millennium temple at Tell Al-Rimah', *Iraq 45* (1983), 64—68.

22　D. Collon, *First Impressions Cylinder Seals in the Ancient Near East* (1987), nos. 765 and 773.

23　A. Livingstone, Court Poetry and Literary Miscellanea, *State Archives of Assyria* vol. 3 (1989), no. 7.

24　在其他案例中，"雄性"树种有螺纹树干的可能是一种针叶木。P. Collins, 'Trees and gender in Assyrian art', *Iraq* 68 (2006), 100—101.针叶木，当然不是雌雄异株，因此在这个案例中性别可能仅具象征性。

25　N. Franklin, 'From Megiddo to Tamassos and back: putting the "Proto-Ionic capital" in its place', eds. I. Finkelstein and N. Na'aman, *The Fire Signals of Lachish, Festschrift for David Ussishkin* (2011), 129—140.

26　对该工艺的详细描述见P. Meyers, 'Characteristics of casting revealed by the study of ancient Chinese bronzes', ed. R. Maddin, *The Beginning of the Use of Metals and Alloys* (1988), 284。

27　F. W. König, *Die elamische Königsinschriften* (1965), 169, text no. 78, and description, p. 22.

28　See H. Maryon and H. J. Plenderleith, 'Fine metal-work', eds. C. Singer et al., *A History of Technology*, vol. 1 (1954), 632.

29　至于与采矿使用的罗马螺旋泵在尺寸和角度上的比较，"通常螺旋泵有3米长，角度设置在30度与40度之间，可以扬水1米。……（而在日本）有3.6米长，设置为40度，扬水约2米"。See P. T. Craddock, *Early Metal Mining and Production* (1995), 78.

30　Diodorus Siculus, *Library of History*, II.10.

31　Strabo, *Geography*, XVI.1.

32　See P. R. S. Moorey, *Ancient Mesopotamian Materials and Industries: The Archaeological Evidence* (1999), 269—273.

33　See e.g. J. Rawson, 'Carnelian beads, animal figures and exotic vessels: traces of contact between the Chinese states and Inner Asia, ca.1000—650 BC', *Archaeology in China*, 1: Bridging Eurasia (2010), 1—42.

34　不确定在相关铭文中使用的是轻值塔兰同还是重值塔兰同。若是重值，重量要翻倍。

35　e.g. E. Lipiński, *The Aramaeans: Their Ancient History, Culture, Religion* (2000), 548. See E. Frahm, 'Wer den Halbschekel nicht ehrt—nochmals zu Sanheribs angeblichen Münzen', *Nouvelles assyriologiques brèves et utilitaires 45* (2005).

36　See A. Kose, 'Die Wendelrampe der Ziqqurrat von Dūr Šarrukīn—keine Phantasie vom Zeichentisch', *Baghdader Mitteilungen 30* (1999), 115—137.

37　K 1356, see B. Pongratz-Leisten, *Ina šulmi erub, Baghdader Forschungen 16* (1994), 207—209; and Frahm, *Einleitung in die Sanherib-Inschriften* (1997), T 184.

38　F. Millar, *The Roman Near East 31 BC—AD 337* (1993), 82—83.

39　J. P. Oleson, *Greek and Roman Mechanical Water-Lifting Devices: The History of a Technology* (1984), figs. 71, 86 and 101.

40　许多《旧约》学者将约书亚统治期起始系于公元前7世纪后期；在阿契美尼德时代最终消亡，结束于公元前331年前后。

41　Philo Judaeus, *On the Confusion of Tongues*, 38, quoted by J. P. Oleson, eds. J. W. Humphrey, J. P. Oleson and A. N. Sherwood, *Greek and Roman Technology: A Sourcebook* (1998), 318.

42　E. O. Negahban, *Marlik: The Complete Excavation Report* (1996), 303 and plate 134, nos. 931 and 932. 内壁平均直径2.5厘米，外壁直径6.5厘米，青铜铸件，与 "小型青铜工具和制品" 一同出土。

43　A. Wilson, 'Machines in Greek and Roman technology', ed. J. P. Oleson, *Oxford Handbook of Greek and Roman Technology* (2008), 341; O. Wikander 'Gadgets and scientific instruments', same vol., 791—793.

44　R. Hannah, 'Timekeeping', ed. Oleson, *Oxford Handbook of Engineering and Technology* (2008), 740—758; T. Freeth, A. Jones, J. M. Steele and Y. Bitsakis, 'Calendars with Olympiad display and eclipse prediction on the Antikythera mechanism', *Nature 454* (July 2008), 614—617.

45　属于BBC电视四台系列节目《古人的秘密》(1999年)。

46　Suggested e.g. by F. R. Stephenson, 'A proposal for the irrigation of the Hanging Gardens of Babylon', *Iraq 54* (1992), 35—46.

47　J. P. Oleson, 'Irrigation', ed. O. Wikander, *Handbook of Ancient Water Technology* (2000), 222—225. 亦见本章注释5。

48　年代可能是提格拉特-皮勒塞尔三世统治时期，他是辛纳赫里布的祖父，尽管这组浮雕中的少数饰板属于公元前9世纪阿舒尔纳西尔帕二世时代；see J. N. Postgate and J. E. Reade, *Reallexikon der Assyriologie 5* (1976—1980), s.v. Kalhu。

49　A. Bagg, Assyrische Wasserbauten, *Baghdader Forschungen 24* (2007), 18 and 21, BM 118906; M. E. L. Mallowan, *Nimrud and its Remains* (1966), vol. 1, 124.

50　词 汇 表HAR-ra = hubullu，tablet VI, ed. B. Landsberger, *Materialien zum sumerischen Lexikon* vol. 6 (1958), 64—65。

51　有时被列在 *hulamētu* 的另一种形态下。

52　然而，在一个有趣的词条中，简写词 *bu.bu.i* 的阿卡德语同义词不仅包括 *alamittu*，还有 *šuqqû*，后者可以指代 "抬升，托举到一个更高的平面"，词义出自词汇表ALAM=Lanu A lines 189 ff. 根据《芝加哥亚述语词典》条目 *alamittu* 和 *šaqû A*，将这类词条归入一组的理由通常很含糊。在一份词汇表中，一种无法确识的灌溉设施 *GIŠ GÚ zi-ri-kum* 被归入罗列各种用途的绳索的章节，它可能是一件滑轮或桔槔的组成部分。See forerunner of HAR-ra = hubullu tablet 6, 148, ll. 73—75, ed. B. Landsberger, *Materials for the Sumerian Lexicon 6* (1958), also Nabnitu IV 378, ed. I. Finkel, The Series SIG7 = ALAN = Nabnītu, *Materials for the Sumerian Lexicon 16* (1982), and lexical series ana ittišu 4.ii.33—35, ed. B. Landsberger, ana ittišu, *Materials for the Sumerian Lexicon 1* (1937).

53   D. Frayne, Ur III Period (2112—2004 BC), *Royal Inscriptions of Mesopotamia Early Periods 3/2* (1997), 27, no. 5.

54   See J.-G. Glassner, *Mesopotamian Chronicles* (2004), 156—159.

55   V. Place, *Ninive et l'Assyrie*, vol. 2 (1867), especially 275—279, with plates 38 and 39. See Rassam, *Asshur and the Land of Nimrod* (1897), 219—220, and S. Dalley, 'Water supply for cities in the late eighth and seventh centuries BC: Assyria and Urartu', eds. A. Çilingiroglu and G. Darbyshire, *Anatolian Iron Ages 5, British Institute at Ankara Monograph 31* (2005), 39—43.

56   Luckenbill, *Annals of Sennacherib* (1924), 129, vi.57.

57   对暗渠/坎儿井的解释和讨论见本书第5章。

58   See e.g. M. Huxley, 'Sennacherib's addition to the Temple of Assur', *Iraq 62* (2000), 107—137.

59   G. Turner, 'The state apartments of late Assyrian palaces', *Iraq 32* (1970), 177—213.

60   See S. Blaylock, *Tille Höyük 3.1 The Iron Age: Introduction, Stratification and Architecture* (2009), 129—134 and 158—162.

61   A. R. George, 'The bricks of E-sagil', *Iraq 57* (1995), 173—197; 以及参见本书第8章。

5　水务管理的工程学

亚述王曾如黎巴嫩中的香柏树，

枝条荣美，影密如林，

极其高大，树尖插入云中。

众水使它生长，

深水使它长大；

所栽之地有江河围流，

汉出的水道延到田野诸树。

——《以西结书》第31章第3—4节[1]

　　满足向尼尼微、该城的果园和附属有空中花园的城堡供水的工程背后是两千多年积累的专业知识。对水源的有效控制对于美索不达米亚城市和农业的发展与存续始终至关重要。尽管许多技术经验必然源自当地，但在许多个世纪的进程中，有时也吸纳外国的实践和专业知识；亚述人兼收并蓄，欣赏他们在贸易和征服的远行中见识的外国人技艺，对从其他国家引进专家或吸纳任何比他们自有的更好的外国事物没有任何禁忌。

　　就尼尼微而言，该城长期以来一直是国王们的驻跸之地。提格拉特-皮勒塞尔一世（公元前1114—前1076在位）完成了他父亲在位时开始建造的一座宫殿，可能位于后来辛纳赫里布建造西南宫的地址，并在城堡上建造了一座花园：

> 在那个露台旁，我培植了一座花园，供我享有国王的休憩。我从科斯尔河挖出一条运河，[把它的水]引入那座花园。我把剩下的水引向城郊，用于灌溉。在那座花园里，我建造了（另？）一座宫殿……[2]

作为巴比伦的征服者，提格拉特-皮勒塞尔一世拥有大量的劳动力可供支配，"囚犯不计其数"，所以当辛纳赫里布以更具野心的规模翻修旧有宫殿、花园和运河时，城堡的大部分景观已经就位。

1935年，当辛纳赫里布的工程师们设计和建造的运河、堰堤、暗渠、大坝和石拱承托的桥梁式渡渠被发现并公之于众时，亚述学领域的学者们对公元前7世纪初就存在如此大规模和规划完备的项目惊喜不已（见图版11—13）。当时，关注古代美索不达米亚的城市经济并不时髦；艺术和建筑以及文献才是研究的主要焦点。从那时起，对城市规划和供水的新兴关注引发人们对早期水利工程的认识，因此辛纳赫里布的成就可以放在一个更广泛的知识背景中。这里简要介绍了一些比他的时代更早的设施，以表明特定成果不能再像过去那样归功于阿契美尼德王朝的波斯人或罗马人。

该主题长期以来被忽视的部分原因在于缺乏涉及它的明确的楔形文字文献。在印刷术和技术性学院教育时代之前，从事水务管理这样的专业领域所需的知识是通过家庭成员（天然血缘或收养的）的学徒身份获得的。因此，一个人将以最私人化的方式负责传授他本人和同事的知识与技能。几乎所有的传习都是在不需要书面手册或课程记录的情况下完

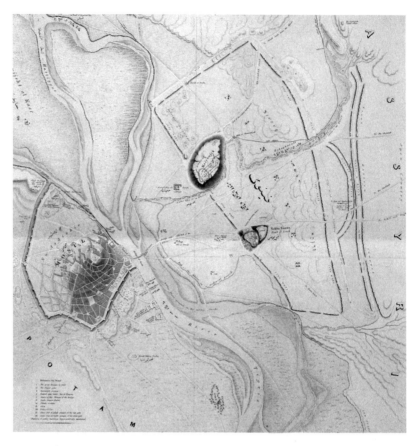

图 24　菲利克斯-琼斯于 1852 年绘制的尼尼微地图，标示出城墙、两座城堡和底格里斯河对岸的现代城市摩苏尔

成的。例外有二：一个是由学生手写的基础数学练习，他们学习计算，例如，建造一个特定规模的堤坝所需的工时；另一个是由地方长官向国王提交的关于调节河流流量和维护运河、堰堤及水闸的详细报告。前者主要见于公元前第 2 千纪早期，而且基本孤立零碎缺乏背景。在后者中，内容最完整的是公元前 1800 年左右下哈布尔河畔城镇萨加拉图姆总督的书信。[3] 他效命于马瑞国王齐姆里-里姆，马瑞是幼发拉底河畔的一

座城市，同时位于哈布尔河的下游，它依靠调节萨加拉图姆流下来的河水来灌溉农作物，并保证船只的安全通行；一条长长的运河与哈布尔河并排流淌，绕过哈布尔河注入幼发拉底河的河口。他的信中有许多关于围堰、水闸、堤坝以及与之相关的活动的技术术语，我们对它们不甚明了，因此不可能进行准确的翻译；但信中经常表达出一种让充足的劳动力到位的强烈紧迫感，并担心失败会带来可怕的后果。千百年来，美索不达米亚的每一座大城市肯定都写下过类似的信件。我们所知道的唯一详细描述水务管理工程的长篇王家铭文是辛纳赫里布的巴维安摩崖。它被錾刻在一面俯瞰新项目水源地的岩壁上。

绝大部分早期的水资源管理项目只能由考古学家来追踪，而且很难精确地推定年代。在辛纳赫里布出生前的几个世纪里，坎儿井系统已经在现代阿曼和阿布扎比地区得到发展[4]，它使聚落的规模突然扩大（见图25）。坎儿井指的是通过一长段暗渠收集从岩石中渗出的水源的系统，

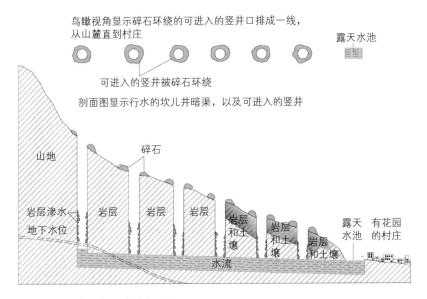

图25　坎儿井图解：鸟瞰与剖面

这些暗渠从山脚附近通向山外的定居点。每条暗渠每隔一段距离就钻出一口竖井，供人进出。该系统使人们不必从深井中汲水，或从远处取水，它可能起源于河流稀少和地下水深藏的地方。在一个垂直矿井深入岩层的地区，对地下岩石和土壤渗流的观察很可能催生出这一发明。这样的环境可以在现代阿曼找到，那里的哈杰尔山脉——古代的阿加鲁姆——千百年来一直在开采铜矿。在山体水源于地下汇流，供给阿尔艾因-布赖米大绿洲（现位于阿曼与阿布扎比交界处）的地方，已经发现公元前1000年前后的坎儿井（*aflaj*）及其附属定居点。伊拉克和叙利亚阿拉伯语中的坎儿井（qanat）一词来源于阿卡德语*qanû*"芦苇；管"，在阿曼被称为*falaj*（复数*aflaj*），这个词来源于阿卡德语*palgu*"沟渠；水渠"，值得注意的是这两个词均与辛纳赫里布时代使用的亚述语有密切联系。公元前7世纪的亚述人与那个遥远的地区有交往：辛纳赫里布的孙子阿舒尔巴尼拔收到阿曼的伊兹基的贡赋，这座城镇的名字至今未改。[5]坎儿井系统最终被阿契美尼德王朝的波斯人吸纳，人们错误地认为是后者发明了它。[6]

与安纳托利亚东部的乌拉尔图人在公元前9至前7世纪使用坎儿井的说法（根据对阿卡德文献的误读）相反[7]，在乌拉尔图的水利设施中没有发现坎儿井。然而，他们的国王梅努阿（约公元前810—前785在位）修建的长达50公里的"塞米拉米斯"运河证明了乌拉尔图人是如何通过其他方式巧妙而积极地管理水源以扩大其定居点的。在伊朗西部还有一条50公里长的明渠，现在被称为"大流士运河"，但它并不是由大流士一世建造的，因为我们现在可以读懂上面的铭文：它的实际建造者是公元前14世纪的一位埃兰国王。[8]

公元前9世纪，阿舒尔纳西尔帕二世在内古布的暗渠中使用了一种与坎儿井大体相似的结构，他在坚硬的砾岩中开凿暗渠，每隔一段距离就设置一个直达地表的供人出入的垂直井道（见图版2）。[9]但这并非真正意义上的坎儿井，因为该项目用于导引河水——而不是岩层和土壤渗水——流向他位于尼姆鲁德的宫殿和花园。辛纳赫里布在阿尔贝拉也建造了一座类似的设施，可能也是为了把河水引到一个合适的地方。目前只发现这条暗渠的入口，上面有他的铭文：

> 从阿尔贝拉上方的哈尼山（流出）的三条河流，（以及）这些河流左右两岸支流的水，我把它们导引、融汇到一起。我挖出一条运河，使它的水流直达崇高女神伊什塔尔的居所阿尔贝拉。[10]

正如上一章中讨论的阿基米德与发明扬水螺旋泵的关联，希腊传统中的知名发明家或文化英雄的现象与古代近东的非王室发明家和杰出成就者的匿名性形成鲜明对比。在亚述传统中，我们不知道是谁设计了辛纳赫里布的引水渠和相邻水网，但在希腊传统中，我们知道一个名叫欧波利诺斯的工程师在不到两个世纪后为萨摩斯岛的波吕克拉底*建造了一条暗渠和供水系统，这表明希腊社会对个人成就的认可与古代近东何其有别。只有通过考古研究，我们才能确认先前的发明：最近在特洛伊的青铜时代地层发现了一条带竖井的暗渠，用于供水，年代是公元前第3千纪[11]，在希腊忒拜附近科派斯湖周边，发现一套迈锡尼时代精巧的水流控制系统[12]，时间是公元前第2千纪中期，这些都表明我们低估了早期无名氏的聪明才智和成就。

他们使用的是什么仪器呢？要建造跨越不平坦地形的超长水网，需要相当精确的测量工作。文献和雕塑都没有提供信息。亚述国王的专属

---

* 波吕克拉底是萨摩斯岛僭主，公元前540年代开始在该岛掌权直至前522年，他积极干涉希腊大陆政治，后被策划入侵希腊的波斯人谋杀。

权力是建造、装潢和修缮神庙，有时他被刻画为站在一位神灵的面前，神灵向他递来一根杆子和一圈盘绕的绳子，似乎是强调统治者在勘察和测量土地的事务上对他的神负有神授的义务。用一根测量杆（阿卡德语 *ginindanakku*）和一根特定长度的长绳（*ašlu*）可以做很多事情，而且没有证据表明存在更复杂的设备。然而，为了获得公元前9世纪阿舒尔纳西尔帕为尼姆鲁德建造的坎儿井型暗渠和公元前7世纪初辛纳赫里布为阿尔贝拉建造的类似暗渠所需的校准，很可能使用了悬挂式窥管。[13]工程师想达到的理想梯度估计为1米/千米。[14]

用于跨越山谷输水的长桥形石制渡渠通常被归功于罗马工程学。在早期的许多美索不达米亚城市，一个可能的特征是为跨越短距离水面而建造桥梁，而非针对宽阔河面采用的木筏串联起来的浮桥。萨尔贡在他位于霍尔萨巴德的城堡上建造了一座单拱桥，虽然它并非跨越河床[15]，此外还有更古老的古代桥梁的例子，例如迈锡尼时代的带拱形涵洞的石桥。[16]在辛纳赫里布的水网引导水流穿过杰尔万的干谷（一座间歇性有水流经的山谷）时，水沿着一条石渠流淌，石渠由一排尖拱和扶壁支撑。它的宽度不算扶壁有22米，总长度超过280米（见图29和图版12）。[17]

辛纳赫里布从他父亲为新首都霍尔萨巴德设计供水项目的经验中受益。萨尔贡对他的设施进行了极其简洁的描述，使用了语义含糊的罕见词汇，根据翻译者的个人见解，可以有不同的翻译方式。[18]

（萨尔贡）这位聪明的国王，思考的都是善事，他把心思用在将人们安置在未开垦的土地上，并开辟被忽视的土地来种植果园，那时在尼尼微上方的穆什里山脚下的一处泉水（*namba'e*）上，建造了一座城市，称之为"萨尔贡之堡"。我在旁边建了一座高峻的花园（*kirimāhu*），模仿阿马努斯山的形象，种植了叙利亚北部所有的芳香植物和山中诸种果品。[19]

另一段碑铭补充道：

在像*karattu*（词义不详）一样没有水源（*kuppī*）的地区开辟诸泉（*innī*），以抬升丰沛水源上下流淌，就像翻涌的洪水一样。[20]

萨尔贡首次使用了*kirimāhu*这个词。正如在辛纳赫里布的棱柱铭文中已经讨论过的，它指的是设置在高大城堡之上、毗邻宫殿的地景花园。在萨尔贡的案例中，整座城堡是一个彻头彻尾的人造建筑，模仿古代城市，高耸于周围原野的水平面之上。他所说的"以抬升丰沛水源上下流淌"一定是指他为城堡供水的方法。为霍尔萨巴德城堡上的建筑物打造的排水系统是如此的宏伟，以至于人们猜测其处理的水量会非常之大。一个系统通过垂直管道从屋顶、上层和庭院收集水，然后通过地板下的管道——由相互接合的赤陶筒制成——将其排出建筑物。另一个系统从环境舒适的厕所收集屎溺，厕所由一个带有中心孔洞的石头或砖头座位组成；排泄物顺着管道落入下水道，下水道的直径足以容许一个成人沿着它直立行走。下水道有用烤砖砌成的拱顶，并用沥青进行防水处理（见图23）。据推测，这个庞大的下水道收集了各种来源的污水，并将其引到城堡墙外。[21]整个系统在建筑工作开始之前必定已经过统一规划。这些非凡的设施表明，日常的舒适和便利与炫耀和外观的宏伟同样重要。

萨尔贡的工程师是否成功地将供水系统打造得与排水系统一样完备，可能会受到质疑；人们不禁要问，辛纳赫里布决定将尼尼微打造为他的首都，是否因为只有在那里他才能获得科斯尔河及其众多支流的水源。萨尔贡把提供水源的能力归功于埃阿-尼什库神，他的儿子亦是如此，他在城堡之上为埃阿建造的神庙的门槛上镌刻了一段祷词：

> 尼什库啊，智慧的主宰，万物的创造者，为萨尔贡——世界之王、亚述之王、巴比伦的统治者，苏美尔和阿卡德之王，汝之神殿的建造者：为我打开你的深渊，为我带来它的水源，使丰沛和繁荣之水在它的周围为我灌溉！为他的命运下达明晰的理解和广泛的智慧，完善他的工作，愿他实现他的愿望。[22]

萨尔贡在霍尔萨巴德为他的新城堡修建了多层平台，而辛纳赫里布接手的是一座已经从两千多年的建筑遗迹上堆积起来的城堡。辛纳赫里布的西南宫建在尼尼微旧城堡之巅，紧邻花园，后者矗立在一系列人工层级上，有一条引水渠将水引到花园的半山腰处。[23]这些宏大的建筑工程是工程学和水务管理惊人成就的最终结晶，它分四个阶段完成。[24]各篇碑铭都没有致谢先王——不清楚辛纳赫里布在多大程度上受益于他们完成的施工——而是详细叙述辛纳赫里布带来的无与伦比的富饶。所有文本都因其中展现的对工程的详细兴趣而引人注目，这一特点如此突出，只能视为国王个人偏好的反映。当人们考虑到工程的巨大规模时，只能钦佩国王从甫一登基就开始着手，在十五年内完成了所有四个施工阶段的事实（见图26）。

科斯尔河流经尼尼微城中部，该城由此被一分为二，每个部分都拥有自己的高大城堡：库云吉克——在那里发掘出宏伟的宫殿群——和内比·尤努斯（见图32b）。科斯尔河在城市西郊汇入底格里斯河。[25]在大多数季节，底格里斯河的水是相当澄净的，可以饮用，但在春天

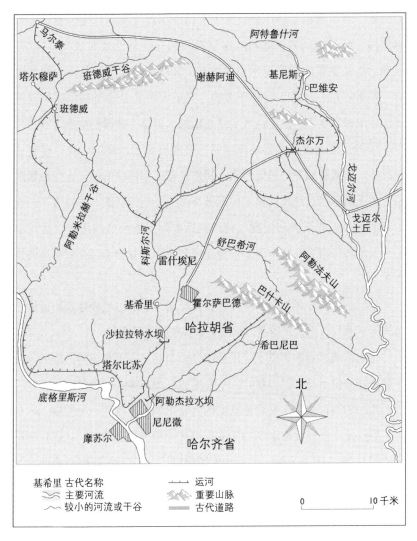

马尔泰

阿特鲁什河

塔尔穆萨

班德威干谷

谢赫阿迪

基尼斯

巴维安

班德威

杰尔万

戈迈尔河

阿勒米拉赫干谷

戈迈尔土丘

科斯尔河

舒巴希河

雷什埃尼

阿勒法夫山

基希里

霍尔萨巴德

巴什卡山

哈拉胡省

沙拉拉特水坝

希巴尼巴

塔尔比苏

北

底格里斯河

阿勒杰拉水坝

尼尼微

摩苏尔

哈尔齐省

基希里 古代名称 ⌒⌒⌒ 运河

〜〜 主要河流 ⛰ 重要山脉

⌒ 较小的河流或干谷 ══ 古代道路

0   10千米

图26　尼尼微东北部的河流、运河和道路示意图

和初夏，当山地积雪融化时，额外水源的湍流会激起污垢，造成暂时的浑浊。此外，城市西郊的底格里斯河河床比新亚述时代*的城堡低很多，高差使得向城堡提水非常困难，即便在河岸使用桔槔，依然过高。科斯尔河的水总是新鲜干净的，它从大约80公里外的山区径直流来，并以相当湍急的速度注入底格里斯河。但是，纯净的优点与缺点并存，当积雪融化过快或暴雨倾盆时，它容易引发严重的水灾。在这种情况下，它威胁到尼尼微的城墙，特别是西南宫所在的库云吉克城堡区段。国王坦承过去这样的洪水如何破坏了先王们的宫殿，并冲毁了一些古老的王陵。如果善加控制，利用科斯尔河上游河道的海拔以运河引水，河水将可用来在城市周围培育花园和果园，并为市民提供优质的饮用水。[26]

在过去的一个世纪里，一些背景各异的学者通过地表勘查和最近使用的卫星照片，为认识这些网络的复杂课题做出了贡献。[27]

在主系统起点的岩壁上，浅浮雕饰板刻画了国王和诸神的队列，保存最完好的位于马尔泰和基尼斯（见图27、28、30，以及图版11、13）。对于较小的运河来说，在合适宽度的岩石上偶尔会雕刻一个壁龛，内有国王的形象。已经发现至少13个有壁龛或饰板的这类地点；在项目的第一阶段提到了18条运河，在后一阶段提到了16条。冗长但漫漶严重的巴维安摩崖，镌刻在高高俯瞰运河首段的岩壁上，对整个水网系统提供了一篇综述。[28]每个项目都有与之配套的水库、大坝、堰和水闸，以便在一年中的不同时期，在水量过剩或短缺的季节，调节水流并尽最大可能利用水资源。

---

* 新亚述帝国，始于公元前911年阿达德-尼拉里二世登基，终于公元前612年尼尼微陷落，或截至三年后最后一股亚述残余势力覆灭。

在第一阶段，从基希里村到尼尼微开凿了一条长约13.4公里的运河，以控制科斯尔河下游河段的水流量。这条运河旨在浇灌城堡山丘以北的果园，它可能始于沙拉拉特水坝，后者保存至今，是阿加莎·克里斯蒂*和20世纪中期在尼姆鲁德发掘的英国考古学家们最喜欢的野餐地点。[29]它也是辛纳赫里布最早的项目之一，建设于公元前705至前703年之间，通常被称为基希里运河。

到了第二阶段，在第一条运河的东南方建造了另一条运河，导引从穆什里山（今杰贝勒·巴什卡）流出的水源，并在尼尼微城外汇入科斯尔河。这条运河通常被称为穆什里运河，与第一条运河长度大致相当，而且可能囊括了萨尔贡修建的运河河段。

在被称为"北方水网"的更具野心的第三阶段，一条水渠可能始于马尔泰，并可能与位于法伊达村附近的一条巨大运河连通，然后可能与班德威运河交汇，最终沿着底格里斯河岸的台地流淌，将水带到尼尼微以北的塔尔比苏镇。这是在公元前694年后的某个时候建造的，时间上紧随约公元前696年尼尼微建造的新城墙和环壕。

第四个系统是在公元前688年前后建成的，得益于雅各布森和劳埃德主持的发掘工作，它是最为人所知的一个系统。水源来自基尼斯山地，在汇入戈迈尔河之前，水流被引入一个大坝，随后与戈迈尔河平行流淌，但运河河床越来越高，绕过一座山，与戈迈尔河分道扬镳，在杰尔万跨越另一条河流，从各处汇入的小溪和泉水中收集越来越多的水量，最终汇入科斯尔河（见图版9、10）。当它到达尼尼微时，水已经沿着人工渠道流淌大约90公里。由于最后这条运河的起点相当遥远，其遗迹仍然清晰可见，比早期的运河更容易追踪。

---

* 阿加莎·克里斯蒂（1890—1976），享誉全球的英国侦探小说作家，她的第二任丈夫是常年在中东地区主持发掘的考古学家马克斯·马洛温爵士。

图27　马尔泰摩崖石刻线摹图，描绘辛纳赫里布与诸神会面

　　笔者于1967年探访了巴维安-基尼斯。在那里，天然河泓从一个峡谷中流出，开始向尼尼微的方向陡然下降。这是一个非常美丽的地方，向西南方向望去，视线穿过生机勃勃的连绵草地，那里长满鲜花和娇嫩的青草，景致令人赞叹。在垂直的岩壁上，亚述人雕刻了一些浮雕饰板，展现国王的威严和高贵，他面朝多位青睐和支持他事业的重要神祇。在一些饰板上，他手持王权之杖和戒指，或是向施与他这些象征物的神灵伸出手臂（见图27、28，图版11）。一座从岩石中切割出的方形蓄水池，四面有狮形雕像，它可以集水并通过狮子的嘴喷出，这个喷泉给在那里为项目工作数周的雕塑师和工程师们提供了一个方便而精致的饮水点。镌刻在另一处岩面上的长篇铭文，专门介绍所有四个项目的施工细节。[30]按照撰写王室叙事的传统程序，文本中的精华被复制到后续的铭文中重新使用，并针对不同的地点进行修订。

　　从雕塑区域辟出的运河有7米宽，每边都有用石块砌成的护栏，以最大限度地引导溪流。一块大型的雕刻方石放置在这样一个位置：运河流经它的一侧，另一侧有一个堰，如此一来河流的天然河床就可以继续

图 28　a：基尼斯摩崖石刻的巨型饰板，描绘辛纳赫里布面朝诸位重要神祇

b：饰板复原线摹图（Talley Ornan 慨允使用）

接收水源，这对沿河的村庄和农场是必需的。在流淌了大约300米后，水流进入了一个带水闸的大坝，在那里，运河改变了它的路线，切开了一块巨岩，这样水就流经了一段大约2米高（便于工人进入维护）的暗渠。这条运河被命名为"辛纳赫里布的运河"。

从一条河流的汇水区进入下一处，需要穿过杰尔万的一个很浅却很崎岖的干谷，这座干谷在摩崖铭文中被夸张地描述为一个深堑。为了克服这一困难，辛纳赫里布建造了一条渡渠，它是如此的宏伟，以至于相当部分的结构都保留到了今天（见图29，图版12）。从空中看，它就像一段高速公路：它使用了200多万块光滑的石灰石，最高处有9米，并且每隔一段距离都设置扶壁加固两侧。梯度得到精心控制，受水流冲刷的表面涂有一层厚厚的混凝土，厚度约40厘米，铺在石壁上。起支撑作用的拱设有梁托，拱顶是尖的，桥墩是船形的，以使洪水通过时阻力最小。这个形态的典范是浮桥，后者由一排系在一起的船只构成，船上铺设木板形成一条通道。

这个工程学的奇迹是如此精妙，以至于改造后的景观在当地产生了一个传说，称它是由两个追求者之一为国王的女儿建造的。一个求婚者干得起劲，而另一个则在等待时机，直到工程完工。随后，当那个筋疲力尽的人休息之时，那个无所事事的人欺骗国王和他的女儿，让他们相信这是他自己的作品，他沿水渠的表面铺上亚麻布，使它从远处看就像水在流淌。他赢得了公主。[31]

每间隔一段距离，渡渠上的石块便镌有一段九行铭文，内容是：

> 辛纳赫里布，世界之王，亚述之王。从很远的地方，我让一条水道流向尼尼微周边，把科斯尔河——易发洪水的河流——的两条溪流的水和哈努萨镇、甘马加拉镇的水，以及左右两岸山泉的

图 29　a：杰尔万渡渠鸟瞰

b：杰尔万渡渠的透视复原图

水融汇一处。在陡峭的山谷上，我用白色的石灰石块架设一座渡渠（桥）[32]，我让那些水源在上面流淌。[33]

这不容置疑地宣告渡渠是在公元前7世纪建造的，而非晚近的建筑。

正如我们在引言章节所看到的，希腊作家的世界七大奇迹名录最晚可以追溯到亚历山大大帝时代，通过后者的历史学家，罗马作家吸纳了他们的作品。非常值得关注的是，亚历山大击败大流士三世赢得东方世界的高加美拉战役，就发生在离杰尔万只有几公里的地方。宏伟的渡渠横跨一条从亚述时代已为人所知的主要道路。[34]虽然战场本身的位置尚未确认，但它的名字来自戈迈尔河和现代村庄戈迈尔土丘，后者就位于巴维安以南的河岸边。用最早记叙该地区的欧洲旅行者之一莱亚德的话来说，就是：

> 巴维安的摩崖石刻是迄今为止在亚述发现的最重要的石刻……位于戈迈尔河——一条喧嚣的山溪——右岸，戈迈尔或戈迈拉也许可以追溯到古代地名高加美拉，它因那场令马其顿征服者获得东方世界统治权的伟大胜利而闻名于世。虽然战场是以邻近城市阿尔贝拉的名字命名的[35]，但我们知道，扎布河流经两地之间，而且战斗是在高加美拉村附近的布马杜斯或加齐尔——库尔德人称之为戈迈拉——的河岸上打响的。[36]

当亚历山大4.7万人的大军从西北方向沿道路经过杰尔万，前往高加美拉对决波斯军队时，他和他的侦察兵不可能不注意到这座宏伟的渡渠。他们会惊叹于其建筑规模和细节，并会从当地知识中了解到这是尼尼微花园和果园的宏伟设计的一部分。通过对空中花园如此关键的一个元素的直接体验，以及从附近收集的报告，他们会意识到尼尼微的王家花园（无论它是否仍然繁荣）与一个令人印象极为深刻的工程学伟业联系在一起，规模胜过故国马其顿已知的任何东西。因此，高加美拉的位置是理解亚述陷落很长一段时间后该花园如何被希腊人所知的关键。对花园以及与之相关的水务资源管理的了解，与亚历山大最辉煌的胜利有关。他的历史学家视之为一个值得记载的主题，而罗马作家们也依次加以转引。

后来，当罗马军队进入美索不达米亚北部时，他们也会走同样的路线。杰尔万和尼尼微的渡渠仍然在景观中占有突出地位。士兵和旅行者会看到渡渠、纵贯巨岩的运河和暗渠，以及辛纳赫里布的摩崖石刻，当地人依然知晓它们与空中花园的关系。

希腊人和罗马人之所以会推崇他们在亚述目睹的建筑作品，还有其他原因。人们普遍认为，真拱（带拱顶石）是罗马人发明的，因为早前的希腊建筑师并没有在建筑中使用拱券。事实上，在埃及和美索不达米亚，从上古统治者的时代起，包含梁托和拱顶石的前罗马式拱顶便有发现。当莱昂纳德·伍利爵士在乌尔的苏美尔建筑中发现了用泥砖建造的各类拱券的证据时，他推测该技术一直限于砖砌，直到希腊化时期，拱券建材才从砖块转到石材上。[37]然而杰尔万渡渠表明公元前700年左右，亚述人已经转而在石制建筑上使用该工艺。

人们通常认为，混凝土是在罗马时期才成熟起来的。正如最近有人声称，"罗马人对建筑技术最著名的贡献之一就是发展混凝土"。[38]对我们认识亚述技术来说幸运的是，在杰尔万考察亚述遗址的考古学家塞顿·劳埃德是一位受过培训的建筑师。他在杰尔万发现了他判定的亚述混凝土，他向英国建筑研究站的科学和工业研究部门提交了样品进行分析，后者报告说，这些样品"是由镁质石灰石骨料和泥质河沙组成的混合物，经燃烧镁质石灰石制成的镁质石灰黏固而成"。他在1935年的详细报告收入了完整的分析。[39]

对上述段落的更多补充，见于希罗多德对从山区引水至亚述及其与米底边境的运河网的提及。[40]在描述巴比伦时，希罗多德离题对工程设施进行一番描述，这不可能是讲述真正的巴比伦，因为巴比伦和幼发拉底河下游的地形不适合他描述的工程；此外，他在这段话中提到了塞米拉米斯、尼尼微和亚述。在明确有两位同名王后，"较早的塞米拉米斯比后来的那位早了五代人"之后，他继续区分她们两位的贡献（我加了双引号来强调名字上的混淆，用黑体字来强调与亚述而非巴比伦相关的暗示）。

"塞米拉米斯"在巴比伦附近的平原上主持修建了非常壮观的堤防以控制河水，因为在此之前，这条河流还时常泛滥，溢出的洪水淹没整个周边地区。之后当政的那位女王，名叫"尼托克丽丝"……她看到，攻下了包括**尼尼微**在内的许多城市的波斯人势力强大……"幼发拉底河"此前是从"巴比伦城"中间笔直地穿行而过的，她便在该河的上游挖掘河道，从而使河道弯曲，以致这条河竟三次流经同一个村落，这个村落在**亚述**，名叫阿德里卡……由于多处河道开掘，水流比以前和缓了，于是，前往巴比伦的航路就变得蜿蜒曲折……所有这些工程的地点都是在**亚述**有对外的通道的那一面，即有最直接通向米底的道路的那一面。[*]

请注意，文本中有"开凿水渠"而不是"挖掘运河"，而且所表达的意思，即降低水流速度，让人想起辛纳赫里布在巴维安摩崖石刻中亲口说的话：

在杜尔-伊什塔尔、希巴尼巴和苏卢各城的上游，我看到了溪流，并拓宽了它们狭窄的河道……我用镐头凿开艰险之地，引导它们流出……我加固了它们的河道，垒起了它们的堤岸……为了阻止

---

[*] 译文引自 [古希腊] 希罗多德著，徐松岩译注：《历史》，上海人民出版社2018年版，第166—167页，有改动。

这些水的流溢，我制造了一片沼泽，并在其中布置了一片芦苇荡……

希罗多德称之为阿德里卡的村庄，其名字在巴维安碑铭或任何其他亚述文献中都找不到。

水流是如何以足够到达王家花园渡渠的高度进入尼尼微的，其确切情况可以从辛纳赫里布的另一篇铭文中推断出来。

为了将科斯尔河的水流引入城内并分别向上下两个方向分流，我用烧制的砖块建造了双子（？）桥。在它下方，面对城堡开向城市的大门，我用烤砖和白色石灰石建造了一座桥，供我的王家战车通行。[41]

这段描述可以解释为，一座渡渠将山水引入城市，水位高于国王乘坐战车进入城堡的低桥，而现在已经无法追迹渡渠的走向。

为了给引水至尼尼微的设施举行落成典礼，同时也为了防止不受控制的水流造成的破坏，在新建筑启用时举办了一场源自传统仪式的典礼。它是在水源地进行的。在巴维安和马尔泰（也许还有其他地方），不仅在俯瞰水源地的峻峭岩壁上琢刻巨大的浮雕饰板，而且还将祭品投进水中，相当于为新建筑奠基。

在那条运河的启用仪式上，我指示一个咒语祭司（*āšipu*）和一个卡鲁祭司（*kalû*-priest），我把红玉髓、青金石、*mušgarru* 石、*hulālu-agate* 石、雪花石、精心挑选的宝石、一只乌龟、一个［圣人？］面容的金质鲤鱼形雕塑，芳香料，香油，献给埃阿，水源、泉水和草地之神，神圣的运河监工恩基姆杜[*]的主人，水渠和沟渠之主。我向诸位大神祈祷，他们听到了我的祈祷，并使我主持的工作兴旺。那条运河的闸门不用铁锹或铲子就能打开，让水源丰沛流淌：它的闸门不是靠人的双手劳动打开的，而是靠众神的意志。[42]

在这里，辛纳赫里布展示出他对一种自动开关水闸的全新装置的热情。我们没有关于这项发明的任何详细信息，但有趣的是，注意贝罗索斯的一位转译者归于"尼布甲尼撒"名下的一座设施与此如出一辙：

水闸一旦开启就能灌溉（"巴比伦"周围）平原。他们称这些水闸为echetognōmones，就好像他们靠自己的意愿或能力来控制启闭。[43]

将近两百年前，公元前9世纪的亚述国王阿舒尔纳西尔帕二世（或年代较晚的一位改进者）在穿透岩层的内古布暗渠中安装了水闸，但它们几乎可以肯定是手动操作的。

辛纳赫里布的铭文继续写道：

当我注视运河并指挥它的工作时，我用肥美的牛和丰腴的羊以及纯净的莫酒来供奉那些支持我并保我江山稳固的大神。我给那些开凿运河的人穿上多彩的衣服，给他们戴上金环和胸章。

---

[*] 司掌农业与灌溉的神祇。

这是一个不寻常的段落，它公开宣称国王奖励圆满完成工作的参与者。这与他对先王时期——在全新的、较少耗费人力的技术引入之前——大型铸造活动的亏耗状态所表达的关切可资对比，他的劳动力受益于新技术。

辛纳赫里布在启用仪式上呈奉的祭品会被扔进水里，这是一种在其他文化中广为人知的献祭行为。水道的出口标记出一个需要神灵保护的宇宙学边界。在英格兰，在罗马桥梁和撒克逊堤道的遗址上，无论是因偶然所获还是考古发掘，都发现过祭品，其中一些有着鱼和其他水生生物的形态，特别适合这种背景。在辛纳赫里布征战伊拉克南部沼泽地期间，类似的祭品也被投入水中，当时一场突如其来的洪水危及国王和他驻营的军队：

> 一股高涨的浪潮从海上涌来，冲入我的帐篷，它完全包围了我，并在营地中横流，使我所有手下前往坚固的船里扎营，就像待在笼子里，持续五天五夜……我向阿普苏之王埃阿[44]，献上纯净的祭品和一艘金船，我将一条黄金材质的鱼和一只黄金材质的蟹投进海里。[45]

辛纳赫里布声称仅用70人就完成了从巴维安到尼尼微的运河修造。这个数字不可能代表全部的劳动力——仅杰尔万渡渠就需要200万块打磨光滑的密合石料——但可能是指管理团队，也可能只是四个阶段中的一个；抑或是一个规划性的数字。

几个世纪后，当希腊人了解到近东国王对基础工作的个人兴趣，甚至到了弄脏双手和汗流浃背的程度，这让他们有些震惊。他们对外国僭主的刻板印象，即深居简出和耽于肉欲，与真实情况不符。在一场虚构的谈话中，色诺芬创作了这段对话。

> 克利托布勒斯："苏格拉底，你真认为波斯国王把农业也包括在他的工作以内吗？"苏格拉底："克利托布勒斯，以下的考虑或许可以使我们看出他是不是把农业包括在他的工作以内。我们承认他特别注意战争，因为他籍所有向他纳贡的国家领袖下命令……至于地方事务，他亲自就他巡行全国时所见到的来进行考查……当赖山德尔携带着盟国的礼物来看他的时候……居鲁士还亲自引导他参观了撒狄斯的乐园。这时赖山德尔非常赞美乐园中树木的美丽，匀称的间隔，笔直的行列，整齐的角度，在他们走路时紧紧萦绕着他们的浓郁的芳香。这些东西使他感到惊奇了，他喊道，'居鲁士，我具喜欢所有这些可爱的东西，但是尤其使我感动的是你的办事人的本领，把一切东西都测量和布置得这样精确。居鲁士听到这句话很高兴，说道，'赖山德尔，整个测量和布置工作都是我做的，而且我自己还做了一些种植工作。'" 46*

亚述国王在官方铭文中选取的两个头衔反映出他对耕种土地的责任：*ikkaru* "耕夫" 和 *iššakku* "管家、农人"。正如 "牧民者" 这一头衔代表国王在促进经济中牧业领域的责任一样，"耕夫" 和 "农人" 也代表他对农业的推动，其中园艺也发挥了作用。亚述艺术中的犁、植株和绵羊、山羊或牛有时被用来标记王权的意识形态，象征国王亲身参与田间地头的农事。但不仅仅是在图像中。在仪式上，国王本人必须做出

---

* 译文引自 [古希腊] 色诺芬著，张伯健、陆大年译：《经济论 雅典的收入》，商务印书馆1981年版，第13—16页。

与他宣称的头衔相称的行动。当国王声称自己模制出第一块砖时，这并不是信口雌黄，而是一种真正的仪式行为，将国王与作为原初造物主的诸神联系在一起。[47]正如辛纳赫里布的孙子将自己打扮为建筑工，在他的王家头像上顶着一斗砖[48]，辛纳赫里布作为耕种者的角色也在他宫殿旁边的花园里得到了呈现。他声称臣民用他引进的产棉植物制作衣物[49]，并使用他种植的橄榄树榨出的油料，这表明他的园艺不只是一个奢侈的声望项目，而是普惠百姓——众神通过选择他担任国王，将万民的福祉委任于他。

尼尼微的王家奇观花园是一个宏大项目的展品，给城市的其他部分带来了巨大的收益。丰沛的水供应使得各类果园可以在城市周围培育，改善居民的新鲜食物供应。优质的饮用水送达城墙的北部、南部和东部。新鲜的山泉会流入宫殿，也会浇灌宫殿的花园，然后通过西南宫殿的排水系统泄出。

尼尼微现在是世界上最美妙的城市。

    崇高的大城，伊什塔尔钟爱的城市，诸位男神和女神的所有仪式都在这里举行，永恒的据点，不朽的基地，其规划在时间之初就被绘制在苍穹的文字中，其建筑也在那时被公布出来；一个智慧之地，隐藏的知识为各种巧妙的技艺而存在。[50]

辛纳赫里布将尼尼微及其周围的果园——由运河网络终年灌溉——改造成一座花园城市。人们怀疑是否需要如此精细的工程来满足城市的实际需要，因此有人认为这些工程是为了展示亚述工程师的技能和国王的权力，并使城市获得巴比伦尼亚运河交织的地景风光。考虑早期水务管理能力的局限，我们可以将辛纳赫里布导引山泉灌溉他的美妙花园——该花园高耸于尼尼微城堡之上，紧挨他的宫殿——视为非凡成就。

尼尼微的运河、水坝和渡渠建造得如此坚固，以至于它们能够在米底人、巴比伦人和波斯人征服的兵燹中幸存下来。在阿契美尼德时期，大约在希罗多德写作的岁月，位高权重的总督阿尔沙马在尼尼微附近拥有庄园，从中获取收入。[51] 存在继续修缮和维护该地区运河、水坝和渡渠的强大动力，因此总体上，灌溉的水流并未消失。

这种将大型水利工程与非凡的宫殿花园联系在一起的宏伟项目，可以说是与国王把自己当作神一样看待有关（见图30，图版13）。美索不达米亚上古的国王有时会戴上神性的角冠，并在他们的书面名字前加上"神"的楔形文字符号，以此将自己呈现为神。很久之后，在辛纳赫里布统治前两个世纪，纪念建筑上刻画站姿的亚述国王时，其头顶和前后都有诸位主神的符号，如日轮和新月，这是常规做法。然而，在马尔泰和巴维安，辛纳赫里布置身于这些大神的集会中，而后者在那里被描绘成不比国王更高大的人形：国王和众神并排站在一起，尽管众神踩在动物身上。阿舒尔纳西尔帕二世本人在尼姆鲁德宏伟的西北宫中的形象，差不多是这种明目张胆的自我宣传方式的先例，那是公元前9世纪的一个建筑奇迹。由于阿舒尔纳西尔帕格外独特之处是为一座美妙的宫殿和花园设计供水项目，这两位国王的成就具有密切的可比性，他们都很出色，被认为有资格通过巧妙地使用图像来宣称神一般的地位。[52]

随后，古代晚期的游客会在杰尔万附近目睹同一设施，就像我们今天仍然可以看到的一样。运河、水坝和渡渠也是奇迹的一部分。空中花园的名声依赖于亚述京畿的这些辉煌工程，它有助于向遥远的国度传播主要基于辛纳赫里布及其家族成就的故事。

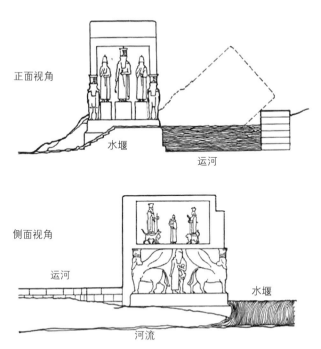

图30　a：运河起点水堰处石块的尝试性复原，刻画辛纳赫里布与诸神，正面和侧面视角

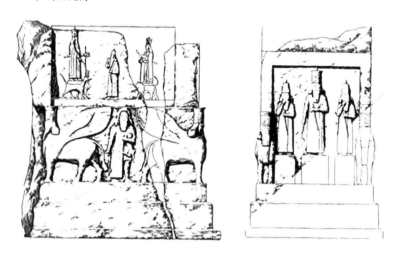

b和c：基尼斯运河与水堰之间处浮雕石块复原图，刻画辛纳赫里布与诸神，正面和侧面视角（Talley Ornan 慨允使用）

补 记

2012年夏天，由达尼埃莱·莫兰迪·博纳科西率领的意大利亚述考古队报告说发现了六座之前未知的亚述摩崖浮雕。它们刻画了诸神的队列，沿着可能由辛纳赫里布在法伊德赫修建的一段运河分布，法伊德赫是位于马尔泰以南10公里的一座现代村庄（见图27）。基尼斯运河沿线的五座渡渠遗迹也得到辨识。

注 释

1　译文参考 M. Greenberg, *Ezekiel* 21—37 (1997), 635—639, and P. M. Joyce, *Ezekiel: A Commentary* (2007), 185。

2　A. K. Grayson, *Assyrian Rulers of the Early First Millennium BC, vol. 1, Royal Inscriptions of Mesopotamia, Assyrian Periods 2* (1991), 55.

3　M. Birot, Lettres de Yaqqim-Addu, *Archives Royales de Mari XIV* (1974).

4　关于辛纳赫里布统治时期，亚述出现的一种变体，即附有碑铭的暗渠，见本章对内古布暗渠的描述。

5　See A. Fuchs in R. Borger, *Beiträge zum Inschriftenwerk Assurbanipals* (1996), 283, § 132.

6　See D. T. Potts, *The Arabian Gulf in Antiquity* (1990), 390; R. Boucharlat, 'Archaeology and artifacts of the Arabian peninsula', ed. J. M. Sasson, *Civilizations of the Ancient Near East, vol. 2* (1995), 1345—1346; and W. Y. al-Tikriti, 'The origin of the falaj: further evidence from the United Arab Emirates', eds. L. Al-Gailani-Werr, J. E. Curtis, H. Martin, A. McMahon, J. Oates and J. E. Reade, Of Pots and Plans (2002), 339—355. 关于长期以来错误地将其归功于波斯人，see e.g. T. Hodge, 'Qanats', ed. O. Wikander, *Handbook of Ancient Water Technology* (2000), 35—38; J. P. Oleson, 'Irrigation', in the same volume, 196; M. J. T. Lewis, *Surveying Instruments of Greece and Rome* (2001), 18。

7　See e.g. H. Goblot, *Les Qanats: Une technique d'acquisition de l'eau* (1979), 67—69; D. Parry, *Engineering in the Ancient World* (2005), 32.

8　R. Ghirshman, *Tchoga Zanbil: Mémoires de la délégation en Perse, 40, vol. 2* (1968), 98—100. 国王昂塔什–纳皮里沙（Untash-Napiriša）的名字之前被读作

Untash-GAL。See e.g. D. T. Potts, *The Archaeology of Elam* (1999), 222—230.

9   See S. Dalley, 'Water management in Assyria from the ninth to the seventh centuries BC', *ARAM 13—14* (2001—2002), 443—460; D. Oates and J. Oates, *Nimrud: An Assyrian Imperial City Revealed* (2001), 33—35; J. N. Postgate, *Reallexikon der Assyriologie, vol. 9* (1998—2001), s.v. Negub.

10   F. Safar, 'Sennacherib's project for supplying Erbil with water', *Sumer 3* (1947), 23—25; J. Laessøe, 'The irrigation system at Ulhu, 8th century BC', *Journal of Cuneiform Studies 5* (1951), 29—30; A. Bagg, *Assyrische Wasserbauten* (2000), 225—226.

11   M. O. Korfmann, *Troia/Wilusa Guidebook* (revised edn. 2005), 123—125.

12   V. Aravantinos, E. Kountouri and I. Fappas, 'To mykēnaiko apostraggistiko systēma tēs Kopaidas', *Proceedings of the 2nd International Conference on Ancient Greek Technology*, Athens (2006), 557—564.

13   技术细节见Lewis, *Surveying Instruments* (2001), chapter 10。

14   According to J. Ur, 'Sennacherib's northern Assyrian canals', *Iraq 67* (2005), 340.

15   G. Loud and C. B. Altman, *Khorsabad Part II: The Citadel and the Town* (1938), 56.

16   R. Hope-Simpson, 'The Mycenaean highways', Classical Views, *Échos du monde classique 42* (1998), 244—251.

17   T. Jacobsen and S. Lloyd, *Sennacherib's Aqueduct at Jerwan* (1935), 6.

18   部分晦涩词汇在Bagg, *Assyrische Wasserbauten* (2000), 147—154有详细讨论。

19   Bull inscription 36—42, see A. Fuchs, *Die Inschriften Sargons II aus Khorsabad* (1994), 66, lines 36—42.

20   Cylinder inscription 34—37, see Fuchs, *Die Inschriften Sargons II* (1994), 292.

21   V. Place, *Ninive et l'Assyrie, vol. 2* (1867), 275—279, plates 38 and 39.

22   笔者的翻译基于Fuchs, *Die Inschriften Sargons II* (1994), 280。从第一人称向第三人称叙事的转变——从"我"到"他"——暗示接合了两篇早期铭文。

23   M. S. Drower, 'Water supply, irrigation, and agriculture', eds. C. Singer et al., A *History of Technology, vol. 1* (1954), 528—532 也介绍了这座渡渠。

24   See Bagg, *Assyrische Wasserbauten* (2000), 207—224.

25   J. E. Reade, 'Studies in Assyrian geography Part 1: Sennacherib and the waters of Nineveh', *Revue d'Assyriologie 73* (1978), 47—72, and *Reallexikon der Assyriologie, vol. 9* (1998—2001), 404—407 s.v. 'Ninive', with fig. 9.

26   尼尼微简图（图24）用双线标注"辛纳赫里布的引水渠"，走向与西南宫规划地址平行。See R. Campbell Thompson and R. Hutchinson, 'The excavations on the temple of Nabu at Nineveh', *Archaeologia 79* (1929), pl. LXII. 它们也许暗示了水源如何以及在哪里接入宫殿。

27   Jacobsen and Lloyd, *Sennacherib's Aqueduct*; Reade, 'Studies in Assyrian

geography', *Revue d'Assyriologie 72* (1978), 47—72（注意该书的图13b上下颠倒）；J. Ur, 'Sennacherib's northern Assyrian canals', Iraq 67 (2005), 317—345.

28　巴维安和基尼斯是附近村落的名字；摩崖石刻和巨岩浮雕同样以此命名。

29　水坝近期的彩色照片见J. Reade, *Assyrian Sculpture* (1983), fig. 104。

30　Frahm, *Einleitung* (1997), 151—154, 更新了T. Jacobsen, *Sennacherib's Aqueduct at Jerwan* (1935), 36—40中的文本，此处依据他的译文。

31　Jacobsen and Lloyd, *Sennacherib's Aqueduct* (1935), 28—30.

32　指代"渡渠"和"堤道"的词与指代"桥梁"的是一个词。

33　Jacobsen and Lloyd, *Sennacherib's Aqueduct* (1935), 19—27, 笔者有改译。

34　See S. Parpola and M. Porter, *The Helsinki Atlas of the Near East in the Neo-Assyrian Period* (2001), 28.

35　For details see L. Pearson, *The Lost Histories of Alexander the Great* (1960), 162 and 234—235.

36　Layard, *Nineveh and Babylon* (1853), 207—208. See also Jacobsen and Lloyd, *Sennacherib's Aqueduct* (1935), 4 and 32 fig. 9; J. E. Reade, 'Greco-Parthian Nineveh', Iraq 60 (1998), 66; R. Lane Fox, *Alexander the Great* (1973), 228—231.

37　C. L. Woolley, *The Sumerians* (1928), 191; A. W. Lawrence, *Greek Architecture* (3rd edn. 1973), 228—229, and (4th edn. 1983), 295 介绍了公元前4世纪早期特里萨（Trysa）的一座吕基亚英雄祠上的尖拱。

38　L. Lancaster, 'Roman engineering and construction', ed. Oleson, *Oxford Handbook of Engineering and Technology* (2008), 260.

39　Jacobsen and Lloyd, *Sennacherib's Aqueduct* (1935), 15—16. 对比一个同样令人吃惊的发现：E. C. Stone, D. H. Linsley, V. Pigott, G. Harbottle and M. T. Ford, 'From shifting silt to solid stone: the manufacture of synthetic basalt in ancient Mesopotamia', *Science 280* (1998), 2091—2093。

40　Herodotus, *History*, book 1, 185, translation by A. de Sélincourt, *Penguin Classics* (1954), 87.

41　Bagg, *Assyrische Wasserbauten* (2000), 337, lines 209—216.

42　Bavian Inscription lines 27—34. 笔者的译文基于Jacobsen in *Sennacherib's Aqueduct* (1935), 38, 同时参考Frahm, *Einleitung* (1997), 152—154的修订释读。

43　Burstein, *Babyloniaca of Berossus* (1978), 27: 该段引文来自优西比乌《编年史》中Abydenus的引述。

44　阿普苏指大神埃阿居住的大地下蕴藏的淡水，以及他掌控的水源。

45　Luckenbill, *Annals of Sennacherib* (1924), 74—75, lines 74—81.

46　Xenophon, *Oeconomicus*, ed. S. Pomeroy (1994), extracts from 123—127.

47　See C. Ambos, 'Building rituals from the first millennium BC: the evidence from the ritual texts', eds. M. J. Boda and J. Novotny, *From the Foundations to the Crenellations* (2010), 227—228; and J. Novotny, 'Temple building in Assyria: evidence from royal inscriptions', same vol., 119—120.

48　BM 90864 and 90865.

49　在拉美西斯二世统治时期，埃及已经种植棉花，see L. Manniche, *An Ancient Egyptian Herbal* (1989), 19—20, 棉花出现在辛纳赫里布时代的亚述，see J. Alvarez-Mon, *The Arjan Tomb: At the Crossroads of the Elamite and Persian Empires* (2010), 35。

50　Prism inscription V.53—63.

51　见本书第9章。

52　T. Ornan, 'The god-like semblance of a king: the case of Sennacherib's rock reliefs', eds. J. Cheng and M. Feldman, *Ancient Near Eastern Art in Context: Studies in Honor of Irene J. Winter* (2007), 169.

6　名称之惑

……亚述有为数众多的大城市，其中在当时最知名、最强固的当数巴比伦。在尼尼微失陷以后，首都就迁至巴比伦。

——希罗多德，《历史》I.179

在古代，巴比伦是亚述的大城。

——斯特拉博，《地理学》XVI.1.16

　　若干混淆之处已经凸显出来。如果我们能对这些问题做出解释，进一步巩固空中花园是由辛纳赫里布在尼尼微而不是由尼布甲尼撒或塞米拉米斯在巴比伦建造的论点，那将是圆满的。有四对迥异的专名与追踪传奇花园的故事有关："尼布甲尼撒"是指辛纳赫里布，城市名称"巴比伦"是指尼尼微，"幼发拉底河"是指底格里斯河，"塞米拉米斯"与其他王后以及"尼托克丽丝"相混淆。对于其中的每一对，都可以给出解释。

　　在最基础的层面上，这些混淆可以部分地从古代美索不达米亚的一个理念中得到理解，它主要来自神话。在苏美尔神话中，苏美尔语 *me* 一词代表永恒的权力、艺术和技艺的概念，是诸神赋予人类的典型功能。其中包括王权。《苏美尔王表》以"当王权从天而降"开篇，提供了一个具体的例子，说明王权的概念是如何从天而降，然后在不同城市的统治者身上得到具现的。多种 me 中的每一个都被视为一个实在的对象，一个可以从一个人手中实际移交给另一个人的徽记物。[1]

苏美尔神话《伊南娜和恩基》半幽默地讲述了王权作为一种可以盗窃的物品是如何从一座城市转移到另一座的。[2]虽然它从一座城市到另一座的转移是根据实力的消长，但它也可以在每座城市获取——这是美索不达米亚思想在诸多方面的一个典型悖论，它在多重性、在思想的宽容和可能性中认识到力量。包括王权在内的110个左右的抽象概念中有许多是涉及城市生活的诸制度。每位国王都是王权原型的具身。这个概念存在于时间之外，与特定国王无关，然而原型的一个卓越范例的名字可以用来代表原型本身。毫无疑问，许多个世纪后柏拉图在他的诸多作品中提到的希腊理想模型的概念与苏美尔人对原型的表述有共通之处。在美索不达米亚，不止一座城市可以叫"巴比伦"，或者不止一位女王可以称"塞米拉米斯"，该理念从未在哲学语境下讨论过，但可以从各种信息中挖掘出来。

在一些后期文献中，辛纳赫里布显然被与尼布甲尼撒混淆了。在《友弟德书》*的开头，这两位国王被张冠李戴。"那是尼布甲尼撒的第十二年，他在尼尼微大城统治亚述人。"当约瑟夫斯将尼布甲尼撒指名为花园的建造者时，他和他的读者都会在尼尼微和巴比伦之间，以及在辛纳赫里布和尼布甲尼撒之间感到困惑，因为在他们阅读约瑟夫斯的叙述时，《友弟德书》已经广为流传。阿拉伯作家塔拉比称辛纳赫里布为"巴比伦诸王之一"。[3]希伯来和阿拉伯传统中出现混淆的一个原因是军事活动的结果：两位国王都攻打过耶路撒冷，因此，后起传统很容易将这两个相隔仅一个世纪的事件混同起来。虽然辛纳赫里布事实上并没有在

---

* 《友弟德书》（*Book of Judith*）因无希伯来文古本，被马丁·路德剔除出新教《圣经》，目前仍保留在天主教和东正教《圣经》中，有学者认为它其实是希腊化时代创作的一篇小说。

公元前701年洗劫耶路撒冷，因为他成功地收取了惩罚性的贡赋，因而不再需要那样做，但他曾围困该城。他在公元前689年洗劫的是巴比伦，所以在后世人们把这两件事混为一谈，因为它们符合这两位国王的邪恶声誉。另外，尼布甲尼撒的名字在大流士一世时期被两个僭称者使用，可能是因为他们希望将自己与一个典范性的伟大国王联系起来。塞琉古王朝的国王们也有意将自己与他联系起来，以恢复昔日荣耀的承诺来宣传自己。这种声誉来自尼布甲尼撒名声的另一极。作为一个贤君和一个伟大的建设者，他也可以与辛纳赫里布相提并论。在这些方面，两位国王都可以作为极尽暴虐的统治者和尤为贤明的统治者的原型。

尼尼微是如何被称为巴比伦的？这个问题乍一看似乎找不到令人满意的答案，只能无力地诉诸一个几乎没有说服力的解释：糊涂。人们可能会辩解说，希腊作者离美索不达米亚太远了，以至于他们混淆了美索不达米亚的城市和河流，而且对区分它们没有特别的兴趣。就城市而言，假如美索不达米亚北部和南部的地形不那么迥异，这种论辩会更有说服力，然而地形差异对旅行者、士兵和行政人员来说是一目了然的。我们可以提出更好的理由。

在很多场合，古典文献的读者会怀疑巴比伦和尼尼微被搞混了。例如，色诺芬把巴比伦写成亚述人的首都。[4]克特西亚斯讲述的萨达纳帕鲁斯在尼尼微大火中死去的故事，普遍认为是从阿舒尔巴尼拔的兄弟在巴比伦火灾丧命的事迹中摘取了一些细节，从而将尼尼微与巴比伦混淆。[5]如今它可以确认为经克特西亚斯恶作剧式蓄意篡改的若干事件之一。另一个模棱两可的例子是西西里的迪奥多鲁斯对"塞米拉米斯"如何装饰她巴比伦宫殿的描述。

在宫殿装饰狩猎场景，每一处细节都很完整，囊括各种野生动物，它们的尺寸超过四肘尺。此外，在这些动物之中，塞米拉米斯也被描绘为骑在马背上，正向一头豹子投掷标枪，旁边是她的丈夫尼诺斯，正用长矛近距离地刺向一头狮子。[6]

这符合一些亚述宫殿中狩猎场景的风格，特别是尼尼微的阿舒尔巴尼拔北宫的猎狮场景，其中包括没有蓄须的骑马者挥舞长矛。与之相反，巴比伦的尼布甲尼撒王座厅则是一幅静态的、由狮子和风格化的棕榈树组成的纹章式设计，缺乏任何叙事内容（见图31）。

尼尼微可能被误认巴比伦的若干论据来自辛纳赫里布的碑铭。一种方法是比较这两座城市的城门命名。巴比伦这个名字的最早写法表明，这座城市被理解为意喻"神（*ilim*）之门（*bāb*）"，或是在某些写法中的"诸神之门"。城门最初是按照传统的方式命名的，这种方式在世界许多大城市都可以找到，如西门、北门、东门和南门；国王之门、大门和小门。巴比伦在早期肯定有一座国王之门、一座东门和一座大门。几乎同样常见的是以其所在区域的特色命名的门：市集门、修士门、水门、铁匠门、主教门。众所周知，巴比伦曾有一座市集门。同样常见的是以穿过它的道路的目的地命名的门：伦敦门、大马士革门等等。巴比伦有它的阿库舒姆门，通向阿库舒姆镇。大多数古老城市的城门都是几种命名方式的混合。[7]但巴比伦对同样的城门有另一套以神灵命名的名称，估计更多是仪式性的，而非用于日常口语：伊什塔尔门、马尔杜克门、扎巴巴[*]门、沙马什门和阿达德[†]门。这些名字与人们对城市名称的理解有关，即"诸神之门"，它对于一座扮演接待其他古城所有大神的角色的城市来说尤其贴切。这个名字意味着巴比伦是神祇崇拜的世界中心。巴比伦

---

* Zababa，亦作Zamama，是战争之神，也是基什城（Kish）的守护神。

† Adad，风暴之神，运河的掌控者，天神安努（Anu）之子。

图 31　a-c：巴比伦尼布甲尼撒宫殿主庭的彩色釉面砖装饰布局：在细长列柱
上有一条连续的风格化植物图案饰带；在列柱下方，在风格化植物图案
饰带之间有一排连续的行进姿态的狮子

城门最晚从公元前12世纪开始就以神的名字命名，而且极可能还要悠久很多。

在尼尼微，为效仿巴比伦，辛纳赫里布重建城墙，并以诸主神的名字命名新城门，但大部分城门都保留了一个旧名（见图32）。他又一次追随他父亲的脚步，因为萨尔贡曾以主要神灵的名字命名他在霍尔萨巴德的城门：沙马什、阿达德、恩利尔、穆利苏、安努、伊什塔尔、埃阿、贝利特–伊利、阿舒尔和尼努尔塔。[8]一如在巴比伦，这种命名暗示每座亚述王都依次宣称自己是所有大神居住的世界中心。

为了彰显一座城市及其偶像被一座王都所接纳，很可能会有一场特殊的仪式来标志这种引进。霍尔萨巴德的墙壁浮雕上描绘外国使者将城市模型当作贡品携带，展现了一种仪式，这可能与萨尔贡将霍尔萨巴德

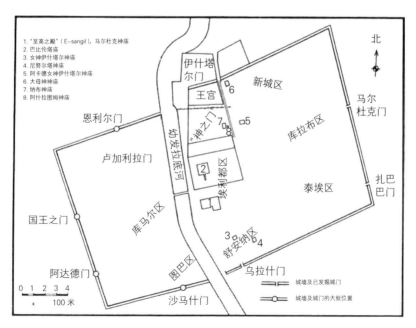

图32　a：巴比伦城堡简图，标注了城门名称（Andrew George 慨允使用）

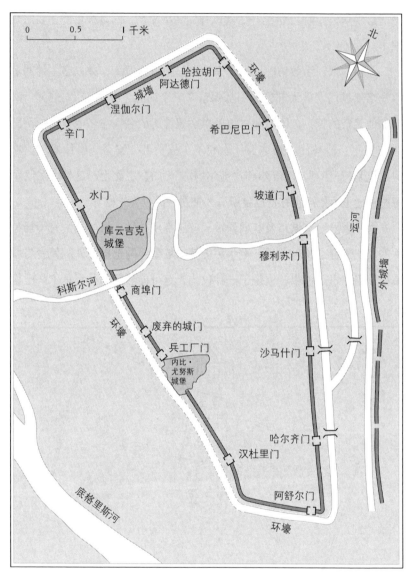

b：尼尼微城堡简图，标注了辛纳赫里布时期的城门名称

拔擢为世界中心的政策有关（见图33）。

辛纳赫里布给尼尼微的18座城门起了礼仪性名称。在已知的几份名录中，最完整的一份将神灵命名放在与地形特征有关的传统名称之前。[9]随着尼尼微的建设和重塑工作的进行，一些城门或其名称发生了变化，因为调整了城市布局，建造了新的城墙和沟渠，但仿效巴比伦的总体计划是明确的。这使得尼尼微被称为巴比伦，一座"诸神之门"的城市是恰如其分的。辛纳赫里布一定意识到了这一点，并且很可能出于一种有意识的行为，将城门重新命名，令其首都与巴比伦比肩。名录中包括一个以花园之神*Igisigsig*，"绿绿眼"命名的大门。只有尼尼微拥有一座"花园门"。

另一个论点是基于对辛纳赫里布最具文采、最浮夸的两篇铭文的神话学解释。一篇刻在巴维安上方的岩壁上；另一篇刻在一方黏土圆柱上。辛纳赫里布改编了一个许多先王使用过的主题，他们描述了一个旧

图33　浮雕饰板的线摹图，刻画作为贡品的城市模型，出自
　　　霍尔萨巴德

政权如何被大洪水涤荡，为一个从毁灭中崛起的更好的新秩序让路。[10]他将巴比伦与尼尼微的新时代进行了对比，他在前者那里制造一场蓄意的洪水，在洗劫巴比伦后将其夷为洪水浸渍的废墟，而尼尼微在开启新时代之前也曾遭破坏——最近因一场意外的洪水——似乎尼尼微将取代被消灭的巴比伦成为世界中心，一个王权和崇拜的枢纽。他的文本包含一些将不久前河流对尼尼微造成的洪水破坏神话化的段落。通过这种对真实事件的篡改，辛纳赫里布将自己描绘成尼尼微的重建者，取代了先前的基础。巴比伦沉入混乱之水，而尼尼微从混乱中崛起。[11]

在早期苏美尔神话和历史中，被视为宇宙宗教权力中心的城市是尼普尔，它位于巴比伦以南。一篇神话讲述了水神及智慧之神恩基对其父、尼普尔守护神恩利尔的访问，当时所有大神都在埃库尔神庙参加盛大庆典，并举行饮酒大赛。[12]在另一篇神话中，尼普尔是恩利尔神最早造人之地。[13]该城也被称作杜兰基，意为"天地之间的纽带"，那里是连接神界与凡间的脐带。两界本身也被命名为原始神，即"天界"神安沙尔和"尘世"神基沙尔，尼普尔的主要神庙建筑群被命名为埃-杜兰基，即"天地纽带之屋"。

尼普尔是一个特殊的地方，因为它是美索不达米亚的主要宗教和教育中心，尽管它从未拥有过世俗霸权。那里掌权的是神庙里的祭司，而不是宫殿里的国王。它没有吹嘘穷兵黩武的国王，在任何版本的《苏美尔王表》中都找不到记载。然而，它将其苏美尔神庙的名字埃库尔（Ekur）借给了其他城市的神庙，Ekur成为阿卡德语中的一个借词，*ekurru*可指各种神庙，并转变为一般意义。它供奉的神祇恩利尔和他所行使的权力，*enlilūtu*，成为其他大神，特别是马尔杜克和阿舒尔的称谓和属性，他们通过这种联系将自己提升到更高的地位。巴比伦语言很容易按照一个标准模式生成抽象名词，*šarru*"国王"——*šarrūtu*，"王权"，Enlil "恩利尔神"——enlilūtu，"恩利尔的神威"。在这种方式中，我们发现原型被投入使用。

任何希望将尼普尔的宗教威望添入自身权力光环的其他城市都会利用源自那里的意象。作为早期发达文明的一个相对较晚的参与者，巴比伦从那座更古老的城市获得提示。在《创世史诗》中，当马尔杜克建造巴比伦时，他被赋予的头衔和称谓之一是"建立众神的宇宙纽带的吉利玛"。这个头衔以隐晦的方式暗示马尔杜克已经接管了恩利尔的权力，而世界的脐带现在也定位在他自己的城市巴比伦。遵循尼普尔建立的传统，任何像巴比伦这样的大城市，以及最终加入的尼尼微和尼姆鲁德，都可以声称是宇宙的中心，但这种宣称并不具排他性。

尼普尔的原始传统在亚述也得到接受和改造。埃库尔变成亚述国家主神阿舒尔在他的城市阿舒尔城的神庙中使用的名字。[14]恩利尔的配偶是苏美尔神宁利尔，她在亚述语中的名字穆利苏——本身就是对恩利尔名字的深奥戏仿[15]——在很早的时代已成为阿舒尔神的配偶之名，与阿舒尔作为"亚述恩利尔"的称号联系在一起。在尼尼微的神庙中发现的致伊什塔尔的长篇颂诗，称她为"掌握着神圣苍穹的纽带之人"。[16]由此，不仅巴比伦，亚述也吸纳尼普尔的诸种传统，作为增强他们世界地位的模范。正如我们已经看到的，萨尔贡和辛纳赫里布从尼普尔著名的神庙花园中选取"高峻的花园"（kirimāhu）一词，后者将尼尼微描述为其守护神伊什塔尔赋予的天地之纽带，"伊什塔尔钟爱的城市，诸位男神和女神的所有仪式都在这里举行，永恒的据点，不朽的基地，其规划在时间之初就被绘制在苍穹的文字中"。

任何声称拥有联结天地之纽带的城市都可以通过利用"天界"神安沙尔作为一种催化剂来加强其主张。在亚述，阿舒尔或伊什塔尔和安沙尔之间的融合是可信的，因为他们的名字是如此相似。这一相似性被认为意义重大，学者们可以通过自己的聪明才智发现内在含义。[17]阿舒尔拼作Anshar的最早例证出现在公元前13世纪，但在萨尔贡二世统治时期变得普遍。在他的统治时期，这个词特别值得注意，因为它只在尼姆鲁德的铭文中得到证实，他在建设霍尔萨巴德时将尼姆鲁德作为他的首都。阿舒尔巴尼拔致尼尼微的伊什塔尔的一首颂诗清楚地将伊什塔尔等同于安沙尔："就像安沙尔一样，她戴着假髯，穿着光鲜的衣服！"尽管她和安沙尔是不同性别的神祇。[18]这种联系意味着安沙尔在尼尼微的伊什塔尔神庙里拥有一个重要的神龛；某些伊什塔尔名字的写法暗示，她也被视为安沙尔的一种化身，象征着天与地之间联系的附着点，这令尼尼微的伊什塔尔神庙能够声称天界与尘世在那里对接。这些微妙的迹象，通过语言和文字的细枝末节表现出来，随着更多的泥板得到校订——通过分别处理不同的版本，而不是将变体作为一个所谓的固定文本的微小偏差列出——才开始浮现：变体揭示了操纵者、改革者和革新派在发挥作用。[19]

巴比伦被辛纳赫里布洗劫后，没有举办新年庆典，正如巴比伦《阿基图编年史》中声明的那样：

> 在辛［纳赫里布］（统治）的［八］年里，在埃萨尔［哈东］（统治）的十二年里——共计二十年——主宰（马尔杜克）待在巴尔蒂尔（阿舒尔城），没有举行阿基图节*。[20]

相反，这个仪式在亚述举行。很明显，亚述版本《创世史诗》的部分内容采用了与安沙尔融合的方式，将一位亚述神（无论是阿舒尔还是

---

* 阿基图节是美索不达米亚最大的农闲假期和宗教节庆，在完成大麦收割后的春分时节（被古代两河地区视为岁首）开始，长达十二天，其中后六天将举行致敬马尔杜克的盛大公共祭祀。

伊什塔尔）安排为英雄神，取代了巴比伦的守护神马尔杜克，对原始诸神的早期谱系进行了适当调整。在巴比伦版史诗的高潮部分，马尔杜克监督众神建造巴比伦；但随着巴比伦的没落，亚述版中马尔杜克也被一位亚述神祇取代，在修订后的文本中，城市名称也一定被改动了。据推测，当阿舒尔作为英雄神时，阿舒尔城扮演这一角色，而当尼尼微的伊什塔尔扮演主角时，则由尼尼微出场。撰写于辛纳赫里布统治时期、现存的亚述版本的一小部分章节显示，他运用屡试不爽的技巧，对该作品进行了蓄意的修改，这是他将亚述提升到最高地位的政策的一部分。虽然措辞在这些细节上有所改变，但神话主体一仍其旧，具有往昔学术的权威性。[21]

这一变化与尼尼微城中为尼尼微的伊什塔尔建造一座新年庆典神庙（*akītu-house*）有关。[22]在这个案例中，对传统文本的操纵清楚地表明辛纳赫里布以尼尼微取代巴比伦的政策中的核心内容。他的新版本史诗在尼尼微的新年庆典上诵读，并在他位于阿舒尔城的新年庆典神庙青铜大门上铭刻了这部改编本，他的改革并没有什么诡秘之处。这使得在阿舒尔城，阿舒尔取代了马尔杜克作为*Bēl*，即"主宰"的位置，而在尼尼微，尼尼微的伊什塔尔取代了马尔杜克作为"主宰"。这一变化不仅深嵌于文本中，对公众亦是可见的，并且不再被视为暗示一个短命的或不成功的改革。[23]

另一种不同的解释是，美索不达米亚南部巴比伦尼亚的多座城市都可以被称为"巴比伦"，这与辛纳赫里布的统治没有直接联系，但却指向了一个他可能知晓的传统。这是一个巴比伦尼亚的原生传统，至少可以追溯到公元前12世纪或更早。最早的线索来自几篇词汇表文献——古代巴比伦尼亚的字典，它们可以追溯到那个时代或更早。在其中的两篇，离幼发拉底河畔的巴比伦很近的博尔西帕城被称为"第二巴比伦"

或"另一座巴比伦"。此外，一份列举了巴比伦城的城门、神庙和街区的词汇表文献提供了如下信息：位于该国最南端靠近大海的埃利都城也是一座"巴比伦"。[24]

该现象可以通过历史发展来解释。在辛纳赫里布时代的一千多年前，巴比伦的汉谟拉比国王征服了强大的对手们，成为从阿拉伯湾到亚述边境的土地的主宰。他是王朝的第六位君主，这个王朝*在此之前一直国土狭促，但还是成功地建立了一个相当稳定的城市统治者世系，其守护神马尔杜克在他的城市之外几乎没有什么影响力。汉谟拉比的征服，以及伴随征服而来的雄心勃勃的法律和教育项目，使他能够宣传他的城市。甚至在那之前，他已通过在埃利都举行加冕仪式，将自己的王权与这座最古老的城市联系起来。无论是在当时还是在他统治的后期，他都操纵了巴比伦的神学，将马尔杜克与埃利都附近、远在南方的城市库阿拉的神同化。这个神就是阿萨路希，一个拥有魔法和治疗能力的神，他与当时世界中的魔法密切联系在一起。这样一来，巴比伦的农业神的特征就增加了一个强大的新维度。当时或稍后，巴比伦通过建立分支神庙，开始将这些城市的神迎入本城。此举使巴比伦分支神庙所在的区域可以使用母城的名字，因此巴比伦的街区被命名为"埃利都""库阿拉"等等。作为交换，这些神的母城可能被称为一座"巴比伦"。

如果我们审视一下《苏美尔王表》的变化，就会发现这种宣传巴比伦和确保几座古老城市善意的策略何其明显。在汉谟拉比出生前的一个世纪左右，王表由几个差异甚大的版本组成。其目的是为了展示诸神赐予的不间断世系，确保当前统治者的合法性，因此名单的每个版本都偏向某个特定城市。一个版本将埃利都列为第一个从神那里接受王权的城

---

* 即古巴比伦王朝（约公元前1894—约前1595）。

市，另一个版本认为库阿拉是王权首次从天而降之地。第三种版本认为巴比伦城才是第一个拥有国王的城市。

作为巴比伦一个街区的名称，埃利都是最神圣的区域，它容纳了马尔杜克的大神庙和塔庙。我们不知道这是否发生在汉谟拉比时代，因为我们的证据来自公元前第2千纪后期。可以肯定的是，巴比伦将"埃利都"和"库阿拉"纳入其腹心处的城堡区，使后者成为以这些城市命名的街区。伟大的《创世史诗》在马尔杜克的预示性宣言中提到这种融合的传统，他的话庆祝了巴比伦的落成，因为这是在击败混沌之后建立的第一座城市：

> 主宰邀请他父辈的神祇们参加一场宴会。
> 在他所创造的大圣堂里，这是他的居所。
> "的确，*Bab-ili*（'诸神之门'）也是你们的家！
> 在那里欢唱，在那里安居！"

埃利都和库阿拉并不是仅有的被用于命名巴比伦城中心街区的城市名称。另一个是库拉布，这是传奇的英雄国王吉尔伽美什所统治的乌鲁克城内一部分的名字。就乌鲁克而言，我们可以肯定的是，该城市特有的崇拜仪式被照搬到了巴比伦。

从一篇词汇表文献和各种版本的王表，以及城市内的区域名称来看，可以肯定巴比伦收纳了其他那些大城：博尔西帕、埃利都、库阿拉、库拉布-乌鲁克。马尔杜克在《创世史诗》中述说的宣言在巴比伦（城中街区名称的指涉）的神庙和祭仪中有着坚实的基础。这种情形是混淆之源，偶尔需要在巴比伦国王的表述中通过特别强调来澄清："巴比伦城内的巴比伦之地"，以及"巴比伦城内的库马尔（库阿拉）之地"。

有一个因改革而赋予一座城市多个名称的埃及案例。它比辛纳赫里布时代早了几个世纪，要追溯到新王国时期，与埃赫那吞*时代的改革有关，当时不仅有他在阿玛尔那建造的新城，还有底比斯，可能还有孟斐斯，在同一时期都被称为"阿吞的地平线"。[25]这一诨名并没有取代每座城市的传统名称。作为一种有意识的举措，这种命名会给一个比亚述和巴比伦更虚弱的王国带来一种凝聚之感。通过类比，我们可以推测"诸神之门"（bab-ilī）是巴比伦和亚述某些城市的别名，尽管从萨尔贡和辛纳赫里布时代以降，没有直接证据表明在任何亚述的铭文中使用过该词。

证明某座"巴比伦"位于亚述的出人意料的具体证据，从年代很久之后的中世纪天文学文献中浮出水面。活跃于公元1070年前后的一位名叫阿扎基耶尔的天文学家，[26]将非常久远的资料收入"托莱多星表"。他的文本明确涉及取自美索不达米亚天文数据的古代观测资料，据推测这些数据在中世纪仍然有用，上面列出了一年中最长一天的标准数字，并声称它出自"旧巴比伦"。这一数字与最初观测所在地的纬度有关，而且那显然不是巴比伦的纬度，而是亚述的某个地方，在尼尼微附近。记录显示，分别归属于旧巴比伦、"另一个/第二巴比伦"和"新巴比伦"的三组观测数据是在不同纬度上得出的。"旧巴比伦"的36.06°†符合尼姆鲁德，"另一个/第二巴比伦"的33.04°、32.32°和32.04°分别符合西帕尔、巴比伦和博尔西帕，"新巴比伦"的31.18°和30.56°分别与乌鲁克和乌尔的吻合。[27]

楔形文字文献显示，阿扎基耶尔的信息可能是正确的。然而无论这

---

* 埃及法老（公元前1353—前1336在位），登基后推行一神教改革，将阿吞神提升到诸神之首的地位，营建新都阿玛尔那，死后其改革被继任者抛弃。

† 此处及下文均为北纬。

多么诱人，它都存在弱点。在其中没有一例发现与尼尼微的精确匹配，无论是尼尼微还是巴比伦都是如此。尽管这些与纬度有关的观察结果予人希望，但在公元前2世纪对空中花园的最早提及与公元11世纪托莱多星表之间的年代相距悬殊，人们可以辩驳，为使这些观察结果具有上古的权威，它们被虚假地归于巴比伦名下，而纬度要么是巧合，要么是伪造的。

至于河流的混淆：在巴比伦，要弄错底格里斯河和幼发拉底河是比较容易的，因为它们有许多河汊，并被一个广大的运河网络连接起来，河网将缓慢流淌的河水带过平坦而缺乏特征的土地。对于一个爱奥尼亚人、希腊人或希伯来人来说，丘陵或山脉之间湍急、河道分明的河流是常态，而巴比伦的地形则很陌生。但在尼尼微所坐落的底格里斯河上游的北国地带，灌溉渠并不是地景的一部分，底格里斯河很容易辨识。由于这两个地区如此迥异，几乎可以肯定的是，希罗多德在描述"尼托克利丝"将一条笔直的水道改造为一条蜿蜒的水道，三次经过同一座亚述村庄时，所论乃是从巴维安经杰尔万通往尼尼微的水渠。他误导性地将其归属到"巴比伦"名下[28]，正如上文所述，恰如西西里的迪奥多鲁斯写道，尼努斯在幼发拉底河（而不是底格里斯河）畔建立了以他的名字命名的城市——尼尼微。[29]正是尼尼微与巴比伦名称的混淆导致了两条河流的混淆。

为什么除了本尊之外，还有不止一位王后可以被称为"塞米拉米斯"？这个问题的答案和国王命名的混乱一样，在于由那个苏美尔词汇 *me* 所代表的原型概念。后权，就像王权一样，是一个由徽记代表的概念，是神界下达尘世的法令。历史上一个尽人皆知的王后典范的名字被确立为原型，可用于后世著名的王后，正如我们已经从尼布甲尼撒的例子中看到的。在希腊文献中，层累堆积的传说被附会到"塞米拉米斯"这个名字上，通过那个概念可以解释这个名字被冠在一个以上的王后头上。各种资料声称她与她的丈夫"尼努斯"一起率军征战，并在巴比伦建造了一些工程，其中包括著名的空中花园。迪奥多鲁斯写道，她在幼发拉底河畔的巴比伦尼亚建立了一座大城，包括巴比伦的宙斯神庙和悬空花园（实际上他并没有说出城市的名字），鲁福斯写道，是塞米拉米斯而非贝尔[*]创建了巴比伦。

最早的"塞米拉米斯"是历史上真实的一位王后，她的时代主要王都是尼姆鲁德而非尼尼微。如果你是生活在公元前8世纪初的亚述人，你会知晓沙尔曼尼瑟三世的儿媳、沙马什-阿达德五世的妻子、阿达德-尼拉里三世的母亲萨穆-拉玛特，因为她是当时世界上最有权势的女人。你会知道，与当时王后的生活方式相反，她亲身与她的儿子一起参加现代阿勒颇附近阿尔帕德的一场战役，因此她的名字被刻在了一块王家石碑上，作为与她儿子国王英雄化的伙伴。这块石碑竖立在幼发拉底河上游亚述领土的边境，最近才被发现。

> 亚述国王阿达德-尼拉里的界碑，他是亚述国王沙马什-阿达德（和）亚述国王沙马什-阿达德的宫妇萨穆-拉玛特之子，萨穆-拉玛特是强大的国王、亚述之王阿达德-尼拉里的母亲，是四方之王沙尔曼尼瑟的儿媳。

> 当库穆赫（科马根尼）国王乌什皮鲁姆引诱亚述国王阿达德-尼拉里和宫妇萨穆-拉玛特渡过幼发拉底河时，我与他们展开了一场激战：阿尔帕德的阿德拉穆之子阿塔尔-舒姆基，连同与他同来的八位国王，在帕卡拉胡布努。我洗劫了他们的营地。为了保全性命，他们四散奔逃。

---

[*] *Bel*，即马尔杜克神。

在那一年，这块界碑被竖立在库穆赫国王乌什皮鲁姆和古尔古姆国王帕拉拉姆之子卡尔帕朗达之间。[30]

"宫妇"一词在那个时期意为"王后、正妻"，因为通常翻译为"女王"的词是保留给女性神祇的。碑文毋庸置疑地表明，萨穆-拉玛特与她的儿子并肩征战，这意味着后来克特西亚斯等人归于塞米拉米斯名下的征战可能与真正的事件有某种联系，无论多么脆弱或混乱。

在底格里斯河畔阿舒尔城的发掘中发现的另一块石碑证实了她生前的名气之大，上面只刻有她一人的名字和头衔，铭文首次公布于1913年：

天下之王、亚述国王沙马什-阿达德的宫妇，天下之王、亚述国王阿达德-尼拉里的母亲，四方之王沙尔曼尼瑟的儿媳萨穆-拉玛特之像。[31]

这块石碑上没有任何形式的人物形象。它矗立在形制相似的一片碑林中，位于两道城墙之间的空间，也许是很晚的时代清理一座神庙的结果；其他石碑上刻有国王和高级男性官员的名字。[32]

在尼姆鲁德（古代卡拉赫）总督为新落成的纳布神庙撰写的奉献铭文中，萨穆-拉玛特也与她的儿子并称[33]，该文本刻在一对真人大小的神侍雕像上，雕像是在纳布神庙中它们的原始位置发现的。

献给纳布神，至高之殿英勇、高贵的子嗣，智慧、辉煌、强大的王子，努迪穆德*的继承人，他的命令是至高无上的，精通艺术，

---

* Nudimmud，这是埃阿神在苏美尔神话中作为造物主时的称呼。

是天界和尘世的托付者，熟知一切，富有智慧，泥板尖笔的持有者，精通书写艺术，仁慈，明智。他有权力驱逐和重新安置人口，是万神之主恩利尔的挚爱，他的力量无可匹敌，没有他就没有天界的秩序，仁慈，有同情心，他的恩惠是善，住在埃兹达，也就是在卡拉赫城中，伟大的主宰，主人：为亚述国王阿达德-尼拉里的健康，以及他母亲、宫妇萨穆-拉玛特的健康，卡拉赫总督贝尔-塔什-伊鲁马……为祈长寿制作并奉献（这尊雕像），愿他安康，愿他长寿……

这篇铭文和这两座雕像标志着一位重要的巴比伦神祇在亚述京畿的推广。在希腊化时期，当神庙开放时，它们仍旧矗立在那里。[34]

"至高之殿的子嗣"这一称谓将纳布与马尔杜克直接联系起来，马尔杜克在巴比伦的神庙被称为"至高之殿"。当时，亚述国王与巴比伦国王睦邻友好，这种和谐的关系浓缩于王座基座上雕刻的一个场景中[35]，上面描绘了沙尔曼尼瑟三世与时任巴比伦国王握手（见图版14）。因此，历史上的萨穆-拉玛特不可能参与巴比伦的建筑工程。

这些记录了萨穆-拉玛特卓越声望的纪念碑只是我们所知的，可能还有其他。在她死后很久，她存在的痕迹仍然可见，即使阅读楔形文字铭文所需的识字能力已经不复存在。尼姆鲁德是对这位伟大王后的记忆生根发芽的地方，因为当时尼尼微还没有成为首都；而尼姆鲁德的纳布神庙是记忆的主要焦点，特别因为那里的雕像一直保留到现代。一座"雕刻粗糙的石灰石祭坛"竖立在其中一个庭院里；在另一个庭院里发现的"相当多的陶器"，"其中年代最晚的是希腊化时期的"[36]；以及同一建筑中发现的模仿亚述晚期宫廷器皿的精美陶杯，表明该建筑并没有被遗弃；其中的寓居者每天都会看到这些雕像。如此一来，考古证据

1　从巴比伦尼布甲尼撒夏宫远眺

2　内古布隧洞，建于公元前9世纪，
是将水源从上扎布河引入尼姆鲁德
（古代卡拉赫）的巨大项目的组成
部分

3　辛纳赫里布的芝加哥棱柱，与描述
他如何建设花园的伦敦棱柱内容
相近

4 欧洲棕，棕榈树的一种。显示叶片
脱落后在树干上留下的一圈螺旋纹
叶痕。类似的纹路也见于其他种类
的棕榈树

5 安德鲁·莱西为BBC《古人的秘
密》节目铸造的青铜迷你螺旋泵

6 为BBC节目而正在制作的全尺寸木制螺旋泵（John Oleson 慨允使用）

7 为BBC《古人的秘密》节目而设置在蓄水池上方的木制螺旋泵（John Oleson 慨允使用）

8 赫拉克勒斯·埃皮特拉佩齐奥斯雕像，"坐在桌子上"，出自尼尼微西南宫。高54厘米

9　基尼斯河段，水源分流和控制的开端，直抵上游视角方向的尼尼微花园

10 下游视角

11 基尼斯岩壁上的大型浮雕饰板，显示辛纳赫里布面朝诸位大神

12 杰尔万的石制渡渠遗址，在此导引运河中的水流穿越一处宽阔的峡谷

13　位于基尼斯堤
　　堰的雕刻巨岩

14　尼姆鲁德沙尔曼尼瑟堡王座基座正面饰板上沙尔曼尼瑟三世与巴比伦国王
　　握手场景，萨穆-拉玛特时代亚述与巴比伦睦邻友好

15　刻画辛纳赫里布遗孀娜吉雅及其子（或孙）的青铜铸板，出自巴比伦附近的希勒赫。高33厘米，宽31厘米

16　树棉和草棉，结棉树及其灌木形态

就支持了这样的推论：基于史实的塞米拉米斯传说一直延续到塞琉古时代。[37]

在希腊化时代的几部希腊文撰写的"世界"历史中，至少有一部将诸帝国的历史上溯到尼努斯和塞米拉米斯，而正是塞米拉米斯与她的配偶、尼尼微的同名建城人一起缔造了第一个世界帝国。[38]据那些历史学家的观点，她的帝国延续了一千三百年。因此，亚历山大大帝受到鼓舞，"希望与居鲁士和塞米拉米斯相媲美"[39]，后者是第一个伟大帝国的缔造者[40]，因此她的威名在亚述覆亡和随后几个世纪新巴比伦时代以及阿契美尼德王朝的统治结束后依然流传。

萨穆-拉玛特之名以塞米拉米斯——希腊人所知的名字——的形式也被用于晚近历史上有声望的亚述王后，这在故事已发生融合的时代，给那些试图追溯亚述历史的希腊历史学家造成了很大的困惑。[41]最值得注意的一位杰出王后生活在大约一个世纪后——娜吉雅，她是辛纳赫里布的妻子，埃萨尔哈东的母亲，以及分别成为亚述国王和巴比伦国王的阿舒尔巴尼拔和沙马什-舒姆-乌金的祖母。娜吉雅记录了她在尼尼微为儿子建造的新宫殿[42]；在尼姆鲁德，她在前辈萨穆-拉玛特建立的纳布神庙中献祭，在那里，通过奉献一尊饰有黄金的雕像，她将自己与历史上的王后关联起来。她把雕像放在萨穆-拉玛特的碑文附近，后者在当时已经有一个世纪的历史了。[43]她为修复巴比伦附近博尔西帕的纳布大神庙，公开举行捐赠，提供黄金为神像制作皇冠。[44]因此，她与通常被认为只有国王才能进行的活动结合起来。她在底格里斯河以东、与巴比伦尼亚交界处，以自己的名义拥有地产。[45]她为哈兰的神庙工程发起公共募捐，从一块青铜浅浮雕中可以看出，她与她的王子（或王孙）一起作为公众人物现身——也许就是迪奥多鲁斯所说的"尼努斯和塞米拉米斯及其官员的铜像"，为宫殿的墙壁增添了光彩（见图版15）。[46]一块镌刻有铭文的饰板确认了她的身份，也许饰板本身正是她赞助的艺术项目的成果。[47]这类饰板可能是往昔荣耀的一种遗迹，能唤起新的故事，在可见的景观中重新解释古代，为当地传统创造新的版本。

　　娜吉雅与尼尼微关系密切，因为她夫君在那里建造了两座宫殿，并将该城作为首都。许多信件都是直接写给她的，或曾提到她，我们有一份文件记录了她强迫其家庭成员许下的忠诚誓言，要求他们支持她的两个王孙。与本文有特别关系的另一篇文本记录了她代表儿子埃萨尔哈东在尼尼微主持的建筑工程，后者统治着包括巴比伦在内的广袤领土。铭文的绪言将她放在文本的开头，而通常情况下国王的名字会出现在这里。

　　　　娜吉雅，世界之王、亚述国王辛纳赫里布的宫妇，世界之王、亚述国王萨尔贡的儿媳，世界之王、亚述国王埃萨尔哈东的母亲……为埃萨尔哈东、我的爱子建造一座符合君仪的宫殿……[48]

　　于是，在这里，我们掌握一组材料表明娜吉雅的事迹能够附会"塞米拉米斯"之名。作为辛纳赫里布的第二任妻子，她的名字出现在她生前的碑文上，文中她首先公开赞许她的丈夫，然后是她的儿子，两人都是国王身份，在此她与历史上的萨穆-拉玛特正资对比。因此，完全有理由将这两位伟大的王后、两位伟大的建设者混为一谈。娜吉雅可能是迪奥多鲁斯提到的后来那位亚述国王的妻子，他写道："……人们所称的空中花园，不是由塞米拉米斯建造的，而是由后来的一位叙利亚国王建造的……"他关于"塞米拉米斯"与尼努斯一同在幼发拉底河上建立"巴比伦"的叙述提供了与尼尼微吻合的细节：两座宫殿、供水的技术细节、墙壁装饰有狩猎场景。

另一位典型的"塞米拉米斯"是斯特拉托尼克。像最初的塞米拉米斯和娜吉雅一样，斯特拉托尼克也是一位王后，塞琉古一世的妻子，随后当她被让渡为塞琉古之子"救世主"安提奥库斯一世的妻子时*，她的名望开始上升。她的名字与安提奥库斯的名字一起公开出现在博尔西帕的圆柱铭文中，铭文记录了供奉纳布神的大神庙埃兹达的重建工作——大约四个世纪前，娜吉雅也参与了那里的整修——同时还提到了巴比伦的建筑工程（见图34）。[49]她在希拉波利斯（北叙利亚的孟比杰）重建了阿塔加提斯神庙，该神庙之前是由"塞米拉米斯"建造或修复的。[50]斯特拉托尼克和安提奥库斯是否在尼姆鲁德和尼尼微的复兴中发挥了作用尚不清楚。但在梅安德河畔阿佛洛狄西亚，罗马公民将"尼诺斯和塞米拉米斯"雕刻在石头上，附上题名，陈列在一群传奇建城者行列中；该城市甚至一度使用尼尼微这个名字。[51]尼诺斯和塞米拉米斯是罗马作家庞培乌斯·特罗古斯撰写的《世界历史》中的第一代统治者，因此最初的尼尼微和它在阿佛洛狄西亚的同名城市可以自称是文明世界中第一批伟大城市。

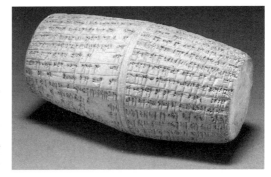

图34　安提奥库斯和斯特拉托尼克的圆柱铭文，记录巴比伦附近博尔西帕的纳布神庙的修复情况。长19.1厘米（© The Trustees of the British Museum）

---

　　* 据说尚是王储的安提奥库斯一世爱上年轻的继母斯特拉托尼克，塞琉古一世延请名医埃拉西斯特拉图为王储诊断，最后埃拉西斯特拉图说服政治上精明的塞琉古一世将斯特拉托尼克转嫁给王储。

过往的英雄和女英雄是正面或负面的行为典范。塞米拉米斯名字的运用表明，特别杰出的王后是如何被转化为遥远往昔的女英雄。她声名的痕迹在古代晚期仍然可见。

证据不足以证明尼尼微在建造空中花园的时候被称为巴比伦。但可以为辛纳赫里布独特的改革提供有力佐证，它意在让尼尼微成为一座取代原来巴比伦的城市，显示出他为了使新政权得到接纳而借鉴的传统。审视每一处混淆，有望解释为什么辛纳赫里布被误认作尼布甲尼撒，为什么尼尼微被称为巴比伦，为什么幼发拉底河被误认为是底格里斯河，以及为什么人们相信是塞米拉米斯建造了巴比伦城以及空中花园。

注　释

1　See G. Farber, *Reallexikon der Assyriologie,* vol. 7 (1987—1990), s.v. 'me', 610—613.

2　译文见 G. Farber, 'Inanna and Enki', ed. W. Hallo, *The Context of Scripture,* vol. 1 (1997), 522—526。

3　R. Khoury, 'Babylon in der ältesten Version über die Geschichte der Propheten im Islam', ed. G. Mauer, *Ad bene et fideliter seminandum, Festschrift for K.-H. Deller* (1988), 129.

4　Xenophon, *Cyropaedia* books II and VI.

5　J. Macginnis, 'Ctesias and the fall of Nineveh', Illinois Classical Studies 13/1 (1988), 37—41, 根据 R. Bichler, 'Ktesias "korrigiert" Herodot: Zur literarischen Einschätzung der Persika', eds. H. Heftner and K. Tomaschitz, *Ad Fontes!, Festschrift für Gerhard Dobesch* (2004), 105—116 的研究，应被理解为一个蓄意的情节换位。

6　Diodorus Siculus II.8.6.

7　See A. R. George, *Babylonian Topographical Texts* (1992), 18—29.

8　Pongratz-Leisten, *Ina šulmi erub* (1994), 210.

9　一部列出15座城门名称及别称的名单校订本，see Pongratz-Leisten, *Inašulmi erub* (1994), 211—215。

10 《乌尔的伊比-辛》(*Ibbi-Su'en of Ur*) 在一个年份名称中使用了该主题，《伊辛的利皮特—伊什塔尔》(*Lipit-Ishtar of Isin*) 在一篇颂诗中运用了它。

11 M. Rivaroli, 'Nineveh from ideology to topography', *Iraq 66* (2004), 199—205; M. van de Mieroop, 'A tale of two cities: Nineveh and Babylon', *Iraq* 66 (2004), 1—5.

12 See 'Enki's Journey to Nibru', eds. J. Black, G. Cunningham, E. Robson and G. Zolyomi, *The Literature of Ancient Sumer* (2004), 330—333.

13 'Song of the Pickaxe', see R. J. Clifford, *Creation Accounts in the Ancient Near East* (1994), 30—32.

14 See e.g. A. R. George, 'Marduk and the cult of the gods of Nippur at Babylon', *Orientalia 66* (1997), 65—70.

15 See M. Krebernik, *Reallexikon der Assyriologie*, vol. 9 (1998—2001), s.v. 'Ninlil (Mulliltu, Mulissu)', 453.

16 A. Fuchs, 'Die Inschrift vom Ištar-Tempel', chapter VII in R. Borger, *Beiträge zu Inschriftenwerk Assurbanipals* (1996), 258—296.

17 P.-A. Beaulieu, 'The cult of AN.ŠÁR/Aššur in Babylonia after the fall of the Assyrian empire', *State Archives of Assyria Bulletin 11* (1997), 55—74.

18 A. Livingstone, Court Poetry and Literary Miscellanea, *State Archives of Assyria 3* (1989), 18, no. 7, line 6.

19 T. Abusch, 'The form and meaning of a Babylonian prayer to Marduk', Journal of the American Oriental Society 103 (1983), 3—15, 指出萨尔贡二世对一部年代早得多的颂诗做了改动，以展示卡拉赫（尼姆鲁德）与巴比伦之间的紧密关系，这暗示卡拉赫可能也曾是另一座"巴比伦"。

20 A. K. Grayson, *Assyrian and Babylonian Chronicles, Texts from Assyrian and Babylonian Sources 5* (1970), no. 16, lines 1—4.11.

21 E. Frahm, 'Counter-texts, commentaries, and adaptations: politically motivated responses to the Babylonian Epic of Creation in Mesopotamia, the biblical world, and elsewhere', ed. A. Tsukimoto, *Conflict, Peace and Religion in the Ancient Near East, Orient 45* (2010), 3—33.

22 E. Frahm, 'Die akītu-Häuser von Ninive', *Nouvelles assyriologiques brèves et utilitaires 66* (2000).

23 E. Frahm, *Babylonian and Assyrian Commentaries: Origins of Interpretation* (2011), 349—355.

24 For details see S. Dalley, 'Babylon as a name for other cities including Nineveh', eds. R. D. Biggs, J. Myers and M. T. Roth, *Proceedings of the 51st Rencontre Assyriologique Internationale 2005* (2008), 25—33.

25 V. Angenot, 'A Horizon of Aten in Memphis?', *Journal of the Society for the Study of Egyptian Antiquities 35* (2008), 7—26.

26 又名伊本·艾尔-宰卡卢（Ibn al-Zarqallu）。

27 See A. Becker and U. Becker, '"Altes" und "Neues" Babylon', *Baghdader*

Mitteilungen 22 (1991), 508.

28　Herodotus, *History*, I.185.

29　Diodorus Siculus, *Library of History*, II.3, 2—4. 对该混淆的综述，并附参引文献，见Dalley, 'Babylon as a name for other cities' (2008), 25—33, 可以在那里找到详尽的文献援引。

30　Grayson, *Assyrian Rulers of the Early First Millennium BC II (858—745 BC)* (1996), 204—205.

31　名衔碑（*Ṣalmu*）意为一件代表个人的雕像或石碑，并不必须刻画其容貌。See e.g. Z. Bahrani, The *Graven Image*(2003), 123.

32　Grayson, *Assyrian Rulers of the Early First Millennium BC II (1996)*, 226.

33　Grayson, *Assyrian Rulers of the Early First Millennium BC II (1996)*, 226—227.

34　M. Mallowan, *Nimrud and its Remains*, vol. 1 (1966), 260. 雕像现藏大英博物馆，馆藏编号BM 118888 (Ht.1.78) and 118889。照片见Reade, *Assyrian Sculpture* (1983), fig. 43。

35　See Mallowan, *Nimrud and its Remains*, vol. 2 (1966), 443—450, esp. plate on p. 447.

36　Mallowan, *Nimrud and its Remains*, vol. 1, 284—285.

37　See S. Dalley, 'The Greek Novel Ninus and Semiramis', ed. T. Whit-marsh, *The Romance between Greece and the East*, forthcoming.

38　K. Clarke, 'Universal perspectives in historiography', ed. C. S. Kraus, *The Limits of Historiography: Genre and Narrative in Ancient Historical Texts* (1999), 253, *re* the universal history of Pompeius Trogus.

39　See R. Lane Fox, *Alexander the Great* (1973), 387.

40　J. C. Yardley, *Justin: Epitome of the Philippic History of Pompeius Trogus, Books* 11—12 (1997), 268, quoting Nearchus apud Arrian 6.24.2—3, and Strabo, 15.1.5. C 686.

41　S. Dalley, 'Semiramis in history and legend', ed. E. Gruen, *Cultural Borrowings and Ethnic Appropriations in Antiquity* (2005), 11—22. See also S. C. Melville, *The Role of Naqia/Zakutu in Sargonid Politics* (1999), and Dalley, 'The Greek Novel Ninus and Semiramis', ed. T. Whitmarsh, *The Romance between Greece and the East*, forthcoming.

42　R. Borger, *Die Inschriften Asarhaddons Königs von Assyrien* (1956), § 86——一件五面奠基棱柱，现存三件分藏各地的副本。

43　S. Cole and P. Machinist, *Letters from Priests, State Archives of Assyria XIII* (1998), nos. 61, 76, 77; and see Melville, *The Role of Naqi'a-Zakutu* (1999), 44—47.

44　S. Parpola, *Letters from Assyrian and Babylonian Scholars, State Archives of Assyria X* (1993), no. 348.

45　Melville, *The Role of Naqia/Zakutu* (1999), appendix A, lists the sources.

46　Diodorus Siculus, *Library of History*, II.8.8. See Melville, *The Role of Naqia/Zakutu* (1999), figs. 1 and 2.

47 E. Leichty, *The Royal Inscriptions of Esarhaddon, King of Assyria, Royal Inscriptions of the Neo-Assyrian period* vol. 4 (2011), 323, no. 2010.

48 Borger, *Inschriften Asarhaddons* (1956), § 86.

49 A. Kuhrt and S. Sherwin-White, 'Aspects of Seleucid royal ideology', *Journal of Hellenic Studies 111* (1991), 71—86.

50 J. Lightfoot, Lucian, *On the Syrian Goddess* (2003), 351—352.

51 B. Yildirim, 'Identities and empire: local mythology and the self-representation of Aphrodisias', ed. B. E. Borg, *Paideia: The World of the Second Sophistic* (2004), 23—52.

7 无双宫、王后与花园

> 幸运的是，他已厌倦日常事务，
>
> 远离一切喧哗，一切虚妄的掌声，准备
>
> 去到一些静谧的树荫下。
>
> 无忧无虑，不动凡心。
>
> 一时之间，他只属于自己
>
> ——勒内·拉本*（1621—1687），《论造园》[1]

　　萨尔贡广博的兴趣远远超出美索不达米亚统治者对征服和建设的主要关注，他用自己的热情激励了他的儿子辛纳赫里布（见图35）。仅举一例：萨尔贡对叙利亚山区一处新矿源的开采和冶炼萌生兴趣。一位国王在公共碑文中记录这一特定兴趣是不寻常的，但他并没有因为缺乏先例而受到限制，他写道：

　　　　那时，在我统治期间，他们给我带来了叙利亚北部山区的隐秘宝藏，我把它们作为财宝堆积起来：适合建造宫殿的精炼矿石（来自）拉里舒山、舒鲁曼山；努迪穆德的造物，闪亮的青铜[2]，是在

---

* 勒内·拉本，法国作家，耶稣会修士，他的拉丁文长诗《论造园》共四卷，具教喻性质，讲述如何设计花园。

图 35　萨尔贡二世与其子辛纳赫里布

图沙尼拉山和埃利库杜里尼山生成的；兰蒙山的铁（位于）……
［之间］。他（向我）揭示了能照亮他们木讷之脸的铅；来自安蒙山
的纯净雪花石……上等的多彩石，适合王室使用……他创造了巍峨
的巴尔-萨普纳山[3]，以及青铜，我把这些山峦的矿石混合堆放在一
起，我把它们放进炉中，看着它们加热。[4]

在萨尔贡的官方信函中，我们也发现提及他在规划霍尔萨巴德（今
日该地仍为此名）的新宫殿时对金属加工所投入的精力。大约在公元前
717年，他的府库官写道：

至于国王，我的主人，写信给我说："他们什么时候为廊厅大殿

的门廊铸造门道柱础?"[5]我问过阿舒尔-舒穆-克因和工匠,他们告诉我:"我们将在第八个月份为两座廊厅大殿铸造四个青铜柱础;廊厅的小狮子将在春天与大狮子一同铸造。"[6]

宫殿里的许多大房间布置了石镶板,上面雕刻的战争与和平的场景比他父亲提格拉特-皮勒塞尔的要优雅和精美得多。[7]与早期的亚述君主不同,他将浅色石灰石与黑色大理石一同使用,在内部和外部均营造出众的效果。这是霍尔萨巴德建筑中几个引人注目的创新之一,其灵感来自他在叙利亚目睹的宫殿,在那里,黑色玄武岩和白色石镶板交替使用早已成为时尚。但萨尔贡的镶板要大得多,雕工也更精致,而且它们所装饰的房间也更大。由于房梁长度的限制,房间的特点是既窄且长,为富有创造力的艺术家提供了大量墙壁空间。在发掘中发现了巨型动物石雕,主要位于门道,但他的青铜铸像无一保存下来,所以只能从文献中知悉。

萨尔贡为他的新首都选择了一块处女地,离底格里斯河异常的远。它建在国王以市场价格合法购买的土地上(他很注意为后人记录此事)[8],它位于尼尼微的东北部,那里的山泉可以直接引到城市。为了显示他在这方面对自然的掌握,他建造了一座花园,里面有一座植满林木的人造山丘和一个湖泊,可以从迷人的亭阁般的船屋处登船泛舟湖上。他宣称的目标是模仿叙利亚北部阿马努斯山中的一处美景,那里有树荫、花香和流水。[9]这座令人愉悦的"高峻的花园"位于何处仍无定论,但从大宫殿中肯定可以看到它,而且国王很容易进入。他将他的新城命名为Dur-Sharrukin,即"萨尔贡之堡",并将他的新宫殿称为"无双宫",这一别称令他欲以杰出建筑家身份攀上名望顶峰的野心展露无遗。尽管文献中把宫殿描述成一座完美的建筑,花园也被刻画为已经完工和植被成熟,但两者都不可能在萨尔贡于公元前704年意外去世之前完成*，因此我们可以设想国王和他的儿子站在建筑工地的灰尘和噪声中，分享规划和建设一座全新城市的兴奋。在雕塑上，萨尔贡展示了他的城市和花园的建设场景。

这两项事业对他儿子的品味和兴趣都有塑造性的影响。萨尔贡对他的家人很慷慨，为他的兄弟辛-阿胡-乌舒尔建造了一座宏伟的宅邸。此人是陪同他成功地对乌拉尔图发动第八次战役时的大维齐†，这次胜利的高潮是洗劫了一座富裕的城市。[10]战利品中包括了众多体量巨大的铜铸动物雕像。

这就是对辛纳赫里布影响深远的父亲：他慷慨大方，涉猎广泛，对技术的挑战和创新非常着迷，尤其是在冶金领域，热衷于推广时尚，并自豪地在公共碑文中表达自己的热情。

辛纳赫里布在自己的统治初期，在尼尼微开始了一项巨大的工程：建造一座神话般的宫殿，也就是我们现在所称的西南宫，并在其旁边建造一座非凡的花园（见图36和图38）。我们掌握了很多工程细节，因为他在冗长的棱柱铭文中描述了工程使用的工艺，而且他的宫殿有相当大的一部分已经被挖掘出来。除此之外，对花园的描述在后来为他的孙子阿舒尔巴尼拔设计的雕塑中也有视觉对应物。[11]在展示国王的权力和财富方面，和平时期的成就至少与征服同样重要，辛纳赫里布以惊人的规模彰显他的权力。

宫殿建在高耸的尼尼微北城堡上，位于城堡土丘的西南部，因此被第一批欧洲发掘者称为西南宫（见图37）。它所矗立的平台是用砖砌成

---

* 那一年萨尔贡二世在征伐新赫梯王国的战役中兵败身死。

† 大维齐本是伊斯兰征服后近东地区对宰相的称呼，现在也被一些历史学家便捷但时代错置地用于指称古代近东（包括埃及）权威仅次于国王的高官。

159

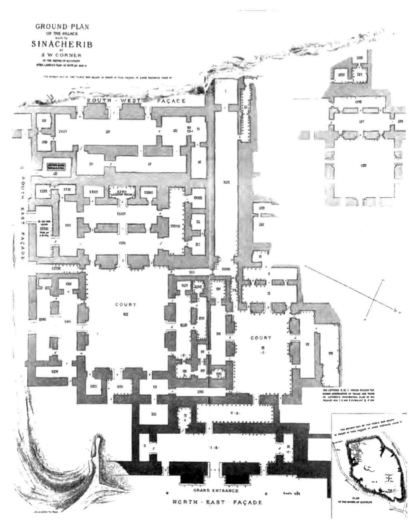

图36　尼尼微辛纳赫里布西南宫的部分平面图，19世纪末发掘。戒备森严的主门、内部庭院和狭长的房间是其特点

图37　1932年拍摄的尼尼微航拍照片，显示了库云吉克城堡和从其旁蜿蜒而过的科斯尔河河床

的，高约24米，因此宫殿可以俯瞰科斯尔河与底格里斯河交汇处。封存在墙内的黏土棱柱上的铭文显示，亚述人称它为"无双宫"，与辛纳赫里布之父萨尔贡在霍尔萨巴德建造的新宫殿的名字完全一样。连同它的花园，辛纳赫里布宣布它是"所有民族的奇迹"。宫殿只有一小部分被揭露出来，但最初整体可能宽约242米，长度是宽度的约两倍，东边的扩建部分可能又增加了100米。[12]宫殿的两侧紧挨着城堡的巨大城墙，而且很可能宫殿的上层可以俯瞰城墙。整个建筑被抬高在一个巨大的实心砖砌平台上，使得宫殿之外设有宽敞的铺砖露台。在底层，墙壁厚达7米，因此可能有几层楼。从屋顶可以依次看到西边的底格里斯河、科斯尔河和东南方邻近的第二座城堡。人们可能会在东北方向看到空中花

园（如果关于其确切位置的推测是正确的），再往北是尼尼微的伊什塔尔大神庙和塔庙，后者高出城堡上其他建筑一头（见图38，图32b）。

辛纳赫里布讲述了这座宫殿是如何取代一座更小、更古老的宫殿：

> 那时，我大大地扩张了尼尼微的聚落。我对外墙和内墙进行了翻新……使它们高耸如山。至于城墙外的空地，因为缺水而变得荒凉，结满蛛网——因为那里的人毫无灌溉的知识，只靠天上零星落下的雨水——我为那里提供灌溉。之前的宫殿有360肘尺长，95肘尺宽，所以它的住宿条件太差了……我将小宫殿完全拆除。我将易发洪水的河道从城市中心改道，并将其流溢的水导向城市后方周边的土地。沿着河道的半亩地，我用沥青粘合了四道巨大的石灰石板，并在上面铺设了取自芦苇丛的芦苇和藤条。我从科斯尔河和城郊获得了额外的土地，我把它加到早期城市平台的范围内，并把顶部提高到通高190道砖的水平。为了防止填土的地基随着时间的推移因水流的力量而松动，我用大块的石灰石包裹它的下部结构，并强化了它的土垒。[13]

在不到十二年的时间里，建筑工程完成了从设计规划到建设落成，使用数以千计的外国俘虏作为劳动力，收集黏土、切碎稻草以制作砖块和灰泥，并将它们铺设到位。巨大的木材从遥远的山麓运来，用于建造天花板、屋顶和门板。对于门槛石和其他装饰性石料，国王对其开采很感兴趣，首先寻找新的供应来源，然后将所需的巨大石板运回尼尼微。

> 当时，阿舒尔和伊什塔尔，他们恩准了我的祭司任期，并呼唤我的名字，向我揭示了一个地方，那里盛产巨大的雪松，它们自古

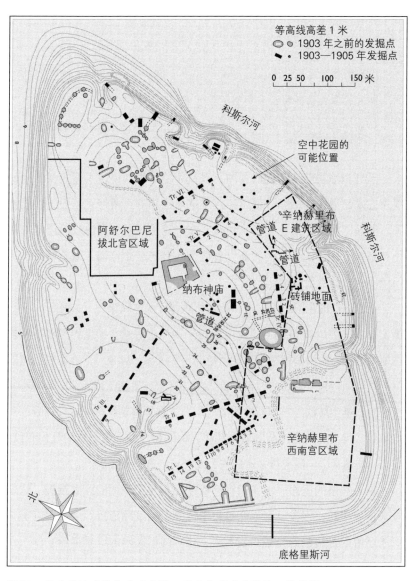

图38　尼尼微的城堡土丘示意图，显示宫殿旁花园的可能位置

以来一直在生长，已长得相当巨大，隐秘地矗立在西拉拉山中；他们还向我告知雪花石所在，在我先王们的时代，雪花石特别珍贵，用来制作匕首柄……在尼尼微附近的巴拉泰地区，白色石灰岩按照诸神的旨意大量显现，我制作了巨大的雪花石公牛巨像和其他肢体动物形象，它们由一整块石头制成，比例完美，高高地站在其底座上。[14]

天气和地表活动造成的侵蚀，以及无论是为获得二手建筑材料还是视为艺术品导致的掠夺，都给古代早期最宏伟的宫殿带来了毁灭性的损失。但是，当第一批挖掘者到达时，在一些房间里令人惊叹的浮雕饰板仍然幸存，许多门道上仍然矗立着巨大的有翼公牛巨像，雕刻繁缛的石门槛使入口处更显华丽。[15]

通过庄严的主门进入宫殿，游客从两尊巨像之间穿过，二者高达7米，摄人心魄，重达40至50吨。这些混身生物标志着从普通世界向敬畏神权之地的过渡，给游客留下王家住所绝非平凡人家的印象。芳香木材打造的巨大双层门板被安装在一对尺寸惊人的门柱上，每根门柱都在一个精心润滑过的石槽中转动。它们有精致的门闩，并装饰有刻绘国王威仪场景的青铜雕带。巨大的门槛上装饰着由莲花、棕榈和玫瑰图案组成的几何花纹，宛如一块地毯，门槛应该是铸造的，或者是包裹了银或铜。

步入恢宏的王座厅，人们看到墙壁上布置了华丽的浮雕镶板。它们原来是上色的，现在只剩下红色和黑色颜料的细微痕迹。一些图案细节可能还曾闪烁金箔的光芒。基本上，该房间所展示的场景描绘了国王在扩张亚述版图方面的主要成就，它们呈现在水平排列的浅浮雕上。但辛纳赫里布对先王们的艺术惯例加以改进，展示景观背景的细节，以便为附属人物提供透视感，并将干瘪的叙事变成更丰满的栩栩如生的事件画面。通常情况下，人物行动几乎是以漫画的形式表现出来的，例如，在一长排镶板上，左边是向敌方城市的进军，中间是对城市的围攻，右边则是随后进贡和献俘的队伍。在早期，国王通常被描绘成身处激烈的战斗中，表现出英勇和胜利的事迹，而现在则以更加和平与仁慈的角色出现，在战场上接受致意（见图39）。这一变化是如此明显，以至于可以解释为展现了政策的变化，说服观看这一幕的贵宾们，亚述的霸权不只意味着无法逃避的宰制，也是一种有益的管控。风格的另一变化值得注意：以前的国王都是用楔形文字贯穿各叙事场景镌刻他们的事迹，而辛纳赫里布开创了一个新的传统，即用有序的题铭简要地记录地点和事件，

图39 辛纳赫里布主持耶路撒冷南部拉奇什的投降仪式，细部。他的面部是在亚述灭亡后被故意凿掉的。最大高度178厘米（D. Ussishkin 慨允使用）

不述及神灵或他自己的英雄化举止。涉及战役和建筑工程的长篇叙述，他只刻在牛形巨石像，以及埋在宫墙内嘱托后人的黏土棱柱或圆柱上。

可以推断出这些雕塑体现的一些象征意义。水平布局和题铭的使用，让人联想到滚印的设计，意味着合法权威的戳认，法律和秩序的实施，这是亚述统治的巨大恩惠之一。王座厅的雕塑描绘了在帝国不同地区发生的七场不同的胜仗，象征着辛纳赫里布有权获得最高头衔，即"世界之王"，他在不晚于其执政的第八年便已宣称这个头衔。[16]正如我们已经了解的，kiššatu "世界"一词，与"七"同义，对亚述人而言，这个重要的数字代表圆满。有翼公牛巨像代表的是远古时代，那时创世不久，生物的形态还没有稳定到它们的现代种属；当时包括蝎身人、鱼人、牛头人和人头牛在内的不寻常的混身兽仍然在大地上游荡，直到它们被后一世代的人形神灵制服，并被判处为他们服务。在宫殿中王家套房的入口处，它们是一个提醒：国王与低等生物居处有别，仿佛身在另一个国度，在那里他和他的家人由来自过去的神奇生物所守护。这些生物在被降服后，被主要神祇派遣来守护正义和秩序的力量。

在其他房间，辛纳赫里布热衷于记录他在建筑和花园规划方面的创新。他的艺术家们创作了一些场景，描绘巨大的石板如何从采石场运往新建筑的施工现场，它们非常详细地展示了国王劳工们的劳动，打破了严格的水平布局的单调。与描绘战争献捷同样重要的是，描绘建筑工程和花园的雕塑显示了他作为艺术赞助人的自豪感，不同以往场景中存在一个焦点，他的出色发明是，例如巴勒斯坦的拉奇什围城场景，将场地变形为一个复杂的三角形布局，使人物行动从上到下铺满整块石头表面（见图40）。较之早期传统，某些变化或许可以一窥辛纳赫里布本人的个性。与他的父亲和他的孙子不同，他似乎没有参与狩猎，尽管在宫殿的未发掘部分有可能存在狩猎场景。

图 40　线摹图，展现辛纳赫里布攻占拉奇什的围城雕塑创新的三角形构图。中央饰板的长度为 190.5 厘米（D. Ussishkin 慨允使用）

王座采用了高背椅的形式，有狮爪形椅足，装饰象牙雕刻的镶板，上面的图案象征着对国王统治的神圣支持。象牙有涂色，并镶嵌近似釉质的彩色玻璃和金箔。[17]与王座配套的脚凳设计同样精致，两者都安放在一块雕刻的石底座上，底座四周刻画有王家凯旋的场景，顶部有花卉或几何图案，也许曾像门槛石块一样贴了银箔。辛纳赫里布王座的遗存是由乔治·史密斯发现的：

> 这里有一尊水晶岩[18]王座的一部分，这是最华丽的陈设物件，由于缺损过甚，无法复制，但就其残存部分而言，与莱亚德先生在尼姆鲁德发现的青铜王座的形制极为相似。[19]

在王座上方竖立着一柄罩篷，即悬垂着精美织物、刺绣和流苏的华盖。一些墙壁浮雕展示了国王服装的细节，显然是精致而厚重的，但工艺和颜色的细节只能猜测，因为纺织品本身从未保存下来。我们从更早时期的证据中得知，此时已经有编结地毯。[20]细小的彩色玻璃珠被缝在皮革和纺织品上，特别适合用于仪式场合，它们光彩夺目，还可以抵御雨水和灰尘，监管这类织造的人是最高级的廷臣。[21]玻璃的另一种装饰用途是制成非常薄的矩形牌子，每个大约4.2厘米×3.5厘米，表面略微凹陷，绘有腓尼基风格的斯芬克斯，或生命之树，或有翼人物。玻璃的透明度会产生一种闪亮的多色表面的效果，其中一些还掺入了金箔。[22]

玻璃镶嵌物、缀有珠子的织物和皮革、玻璃牌饰和釉面砖板，都有一个优点，那就是在尘土飞扬的地方保持洁净、多彩和明亮，但只有极度残缺的碎片重见天日，让我们一窥昔日的辉煌。

各种类型的石料富含象征意义和魔法特性，它们被有目的地施用在宫殿的不同部分。有两段文字说明了这一点，其中第一段直接提到了王宫：

> 化石质石灰岩……是一种魔力石，功效有在说话时赢得（神灵的）认可、使坏天气结束（不造成损害），以及防止疾病侵袭人……角砾岩，看起来像蜻蜓的翅膀（即含有色彩斑斓的杂质），作为一种魔力石，对缓解眉心的悸动有疗效，还能带来内心的喜悦和思想的欢愉……girimhilibû石，美丽而适宜观瞻，并有能力防止瘟疫感染人……[23]

另一份文本刻在辛纳赫里布委托制作的马槽上，出土于尼尼微：

> 白色石灰石的马槽，在未来的日子里不会变质。我让人制作这些马槽，在这些马槽前方的地面，在我良驹的马蹄下，我使用玛瑙、斑带玛瑙和缟玛瑙，包括宝石、碧玉、角砾岩……化石石灰岩、*alallum* 石、*girimhilibû* 石、*engisu* 石、雪花石、*sabu* 石、*haltu* 石、边角料等填满我宫殿的台阶。[24]

从这段别具一格的文本中我们了解到，辛纳赫里布宫殿的台阶用许多不同的半宝石制作，可能是镶嵌的（就像同时期乌拉尔图的宫殿一样），让人想起希伯来《圣经·以斯帖记》中的描述："红、白、黄、黑玉石的铺石地上。"[25] 一些宽敞的内庭经过精心铺设；在行省级别的宫殿，有一种使用黑色和白色河卵石图案地板的时尚。材料的选择不仅仅是出于审美的考虑，亦是为确保国王及其家人的健康得到保护。在通风口或空气管道进入房间的地方，会特意放置一块刻画保护性恶神的浮雕饰板，以防止邪恶力量擅自进入（见图41）。

图41　恶神，守护宫殿入口、窗户和通风管
道，阻止蛇、小偷和疾病进入

　　尼尼微的发掘者偶尔会发现石雕或青铜雕塑的石基座，它们或者用
来陈放曾包裹青铜的木柱。这些雕像几乎都佚失了；但辛纳赫里布对它
们栩栩如生的品质和个体魅力感到自豪："22尊巨大的女斯芬克斯雕像
被赋予快乐的诱惑，充满性吸引力"，他铸造的这些雕像，有些是青铜
材质，并镀有琥珀金，有些是用一种锡含量很高的特殊合金，这样一来
它们便拥有极具光泽的表面。辛纳赫里布的描述让我们想起传说中的塞
浦路斯国王皮格马利翁，他爱上了一个女人的雕像，然后雕像就活了过
来，为他生了一个孩子，或者是那个在克尼多斯的阿佛洛狄忒雕像大腿
上留下精斑的痴情人的逸闻，雕像是由技艺超凡的普拉克西特列斯制作
的。那些迷人的斯芬克斯可能仅放置在为辛纳赫里布的直系亲属设计的
私人厢房，可辨识为在整个建筑中形成一个建筑单元的房间群，整个建
筑中的每个单元都被称为宫殿，这使他的部分铭文带有某种含糊。用辛
纳赫里布自己的话说：

我增加宫殿的轮廓到侧面700肘尺，正面440肘尺，并扩大了它的居住空间。我用金、银、铜、红玉髓角砾、雪花石、象牙、乌木、黄杨木、花梨木、雪松、柏木、松木、榆木和印度木建造其他宫殿式亭阁，作为我的王家寓所，我还在大门对面建造了一座像北叙利亚宫殿一样的廊厅。我在上面架设了雪松木和柏木的横梁，它们气味香甜，生长在阿马努斯和西拉拉的群山。我把雪松、柏树、松树和印度木材质的门叶用银带和铜带包裹起来，固定在门框上。在私人公寓的上层房间里，我凿出有格子的窗户。我在它们的门边放置守护女神像，用雪花膏和象牙制成，手持鲜花，彼此牵手，它们散发着优雅和魅力，它们是如此美丽，我把它们造就为一个奇迹。至于主室内的天花板，我照亮了它们的黑暗，使它们像白昼一样明亮。我用带圆泡的银钉和铜钉环绕着它们的内部。我用蓝色釉面的烤砖装饰穹顶、门楣和所有的檐口，以使我宫殿里的装潢华丽夺目，并使我手指的触摸更加舒适。

在建造廊厅形制的宫殿时，辛纳赫里布再一次追随他父亲的步伐。亚述国王在远征叙利亚北部的阿马努斯山区时所赏识的建筑特点是，一个有宽敞入口的大厅前设有列柱门廊。[26]这种类型的入口将外部景观与建筑内部连接起来，与传统的美索不达米亚宫殿的阻隔式外观和与外界隔绝的内庭花园形成鲜明反差。辛纳赫里布的西南宫被认为设有这种类型的入口，列柱立在青铜铸造的狮子身上。这个入口可能作为露台，据推测面朝著名的花园，从而使王宫和王室花园之间直接连通，仿佛王宫是郊外的别墅一样（见图42）。[27]

这些柱子同样做工考究。从萨尔贡的铭文中我们得知，八只用闪亮的纯铜铸造的狮子巨像，每只重约17吨，成对地守卫着他宫殿大门的入

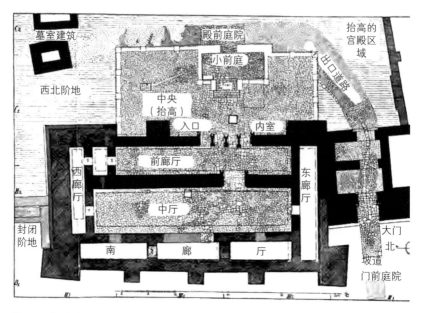

图42 廊厅平面图，这是位于叙利亚北部哈拉夫土丘的一座带列柱门廊的宫殿。该城市成为亚述的一个省会

口。[28]正如浮雕板上所刻画的那样，它们被用作柱础。如果宫殿有第二层，入口大厅左侧的楼梯会通向私密房间，这些房间的窗户就像象牙饰件上描绘的那样，设置在一个三重窗棂中，窗前有栏杆，可以让向外眺望的人站在最边缘并倚靠其上（见图43）。抑或，窗洞中可能设有一块栅板，这种栅板在叙利亚有发现，它们偶尔被描绘在那里的石雕中。有时，尽管雕刻着窗栅的图案，这些板子是实心的，光线或空气无法穿过，以阻止带来疾病和不洁的恶魔。[29]

宫殿内的居室必须有良好的照明，即使在底层也是如此，以便让装饰物彰显出效果。与宽敞内庭相邻的房间会有光线从天窗射入，而上层房间可能设有壁窗和落地窗。高大精致的灯架散发着人造光，还有放置在家具或石"祭坛"上的朴素小灯，足以证明国王的吹嘘："至于主要厅

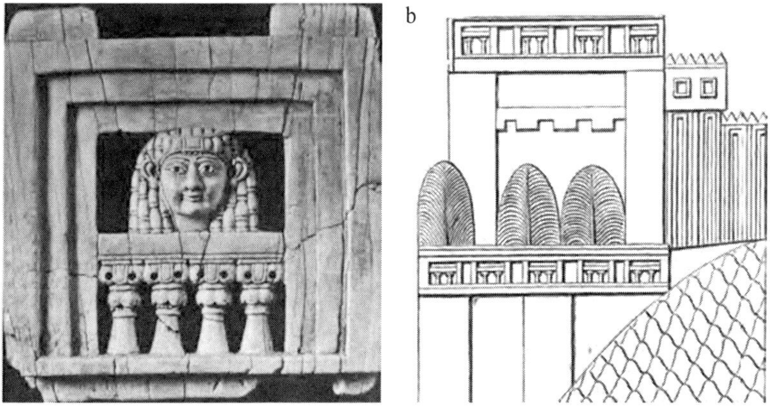

图43　a：象牙家具饰件，刻画了有栏杆的窗户和一位女性，出自尼姆鲁德，
公元前9或8世纪。高8.2厘米（© British Institute for the Study of Iraq）。
b：一块浮雕板的线摹图，描绘了建筑细节，包括带扶手的窗户

堂内的天花板，我照亮了它们的黑暗，使它们像白天一样明亮。"木质
天花板几乎可以肯定是上过彩的，也许还经过雕刻。精致的铜暖炉在寒
冷时节提供了可移动的暖气[30]，而在炎热的天气里，操作洒水器的人可
以令灰尘沉降下来（见图44）。国王和王后很可能可以从宫殿顶层的一
个房间走到花园的最上层，这种布局在复原图中得到示意。

在棱柱铭文中，细心的读者会注意到有几处词语的顺序是不连贯
的。在此最明显的例子之一包含以下段落中对"亭阁"的提及：

> 为了终日汲水，我让人制作绳索、铜缆和铜链，我在蓄水池上
> 设置了大圆柱和枣椰树，而非桔槔。我使那些王家亭阁看起来恰到
> 好处。我抬高了宫殿周围的高度，使之成为所有民族的奇迹。我将
> 它命名为"无双宫"。

在述及亭阁前的这句话中，没有任何内容告诉我们"那些亭阁"是

图44 带轮子的可移动火盆的复原图，铁和铜材质，用于尼姆鲁德宫殿的取暖。宽约80厘米

什么。用一位语法家的术语来说，就是没有先行语。此处需要一个解释，尤其因为我们需要知道是否要把扬水机械与亭阁联系起来。

学者们利用其他各种王家铭文的案例，推断"剪刀加糨糊"是一种古老的文本书写技术。最初，亚述书吏会利用他处更详细铭文中的一些段落，撰写一份长篇的、细致的、连贯的铭文，展示在最易见和最庄严的地方，如王座厅。然后，他们会为不那么开放和不那么有声望的地方制作其他较短的版本，他们可能会用另一段特别适合后续地点的内容替换原先的段落。反过来，他们会将短篇文本或摘录纳入更长或更一般性的叙述中。[31] 随着国王统治的延续，应吸收新的事迹，通过修改先前的文本将它们囊括进来。必须将不同版本的报告压缩为一套文本。[32] 这种方法可以从埃萨尔哈东长篇铭文的草稿中观察到，其中有几处地方留有多达八行的空白，有待以后填补。[33]在一块刻有阿舒尔巴尼拔浮雕形象的石镶板上有这样的题记："某（空白）和某（空白）对我的创造者阿舒尔神说了极端冒犯之言。"[34]这些空白并不总能得到恰当的填充。在尼布甲尼撒二世的铭文中，"我用像海一样宽广的大水包围城市"这句话是从关于建造巴比伦附有护城河的最外层城墙的铭文中提取的，并被张冠李戴地转用于讲述建造两道边境长墙的铭文中，该语境与水无涉。[35]在少数案例中，由于插入的内容与上下文龃龉，因而出现语法错误：撰写辛纳赫里布"沃尔特斯艺术馆铭文"的亚述书吏未能"根据新的语法语境要求，为从其他来源援引的段落添加从属标记"。[36]

因此，应该有一篇专门用于在王后套房展示的铭文，其中包含对王后的献词，还有一篇用于廊厅、描述其特殊设计的铭文。在巴维安，一篇相当长而详细的摩崖石刻——记叙运河、桥梁、堤堰和渡渠等所有工程项目的建设情况——其中一些词句或段落可能会被重新用于编写更具一般性的叙事，比如我们在棱柱上发现的那种。随着尼尼微重建的推进，经过更新的版本被编纂出来，以庆祝和记录工程的每个阶段。就王宫花园而言，对它最详细、最连贯的记述可能是陈列在西南宫第22号房间——里面原有浮雕，现在我们只有原始线摹图 IV 77（见图11）——或是在花园中某个合适的位置。[37]其中的摘录被复制进棱柱铭文。所引用的若干段落已知出现在多个文本中，偶尔会有细节上的修改。在这样的程序下，产生了无数相近的文本，每个文本都为其特定的位置进行了调整，因此，一些不连贯的地方无法理顺也就不足为怪了。

亚述王室的铭文有两种：一种是直接展示的，如在内墙镶板上；另一种是隐蔽的。棱柱属隐蔽类型：它们被封存在宫殿的墙壁内，以便在遥远的将来，当墙壁坍塌时，国王的声名会再次为人所知。我们现有的两根棱柱——一个在伊拉克，另一个在芝加哥——多么出色地完成了它们的使命啊！

辛纳赫里布本人的一篇碑文证实，宫殿的一部分被深情地献给他的第一任妻子塔什梅图-沙拉特，后者是他宠爱的长子阿舒尔-纳丁-舒米的生母，阿舒尔-纳丁-舒米后来成为巴比伦国王。效仿北叙利亚习俗，辛纳赫里布打破了亚述人对王后近乎匿名的普遍传统，将王后的私人居室献给了他的首席妃子，这让我们强烈地感受到一场幸福的初婚，这些词句最近才从大英博物馆的地下室拭去尘封：

> 为宫妇塔什梅图-沙拉特、我心爱的妻子，她有诸神之夫人的容颜，比其他女人都要完美，我建造了一座迷人、愉悦和享乐的宫殿，我在宫殿门口安放白色石灰石的女斯芬克斯像。在众神之父阿舒尔和女神伊什塔尔的命令下，愿我们在这些宫殿里一起享有健康和快乐的日子，愿我们能得到满满的幸福，愿慷慨的保护神舍度和拉玛苏*留意这些宫殿，永远不离开它们。[38]

天不遂人愿。辛纳赫里布抛弃了这座美妙的建筑，建造了一座新宫，即北宫，估计发生在塔什梅图-沙拉特被娜吉雅取代后，娜吉雅确保她的儿子埃萨尔哈东挤走了王储，也就是与她争宠失利的对手之子。

尽管这篇宣扬国王之爱的铭文在亚述是独一无二的，但在亚述周边的其他国家曾有先例。在公元前9世纪，卡切米什的一位国王记叙他将一座建筑，也许是王后的私人寓所，献给他的妻子："献给阿纳斯我心爱的妻子"[39]；大约在同一时期，乌拉尔图国王梅努阿为他的妻子塔里里亚王后起草了一份正式献辞，将一座葡萄园赠予她。[40]随着卡切米什

---

* 二者即亚述宫殿中摆放的人首翼牛/狮石巨像。

和乌拉尔图沦为亚述的附庸，这两个国家的奉献碑文可能已被遗忘，但辛纳赫里布的碑文附于世界上最华美的宫殿，将为这些宫闱秘闻增色不少，并丰富公元前7世纪尼尼微的传奇声誉。

这可能是西西里的迪奥多鲁斯声称空中花园是为"一位叙利亚王后"，或约瑟夫斯所描述的"米底王后"所建的背后真相。

辛纳赫里布的妻子可能参与了花园的创建，这提供了一个浪漫的角度，希腊作家曾热情地接受这个主题以满足不同的目的。然而，辛纳赫里布的第二任王后娜吉雅将接替塔什梅图-沙拉特成为花园的拥有者，所以这个传说可能已经转移到她身上。对她名字的分析表明，她来自西方，但可能不是来自阿马努斯地区。[41]正如我们所看到的，娜吉雅是符合"塞米拉米斯"原型的王后之一。

在节庆场合，外国使节和当地权贵获允参观无双宫的奇观（见图45）。当宫殿竣工时，不可避免地会举办一场铺张的献礼盛宴，成千上万的客人用成套的酒器吃喝：巨大的调酒碗、狮首来通杯和无柄浅酒杯，金银器皿安放在雕刻精美的象牙支架上。[42]每年在附庸国前来进贡和重申他们的忠诚誓言时，都会召开一场盛大庆典。对所有这些人来说，墙壁周围的雕塑比其他任何特征都更有助于强化征服和外交的信息，它们向本地亚述人和外国人保证，霸权地位不会轻易受到挑战；他们为世间上最富有、最强大的人效劳，并获得服从可能带来的所有恩惠：法律和秩序、和平贸易，以及伟大帝国的激励。许多宫殿雕塑描绘了异国情调的宴会细节：一盘盘酥脆的炸蝗虫，形状诱人的糕点，一排排衣冠楚楚的侍者，满足各种口味和各种需求。

正如约瑟夫斯的记叙，以及辛纳赫里布的亲口讲述，很明显，这座花园被布置在巍峨城堡上的宫殿旁边，与任何声称它位于城市的另一部分或城市之外的说法相悖。

图45　a：宫廷侍者呈上蛋糕、葡萄、石榴和炸蝗虫，西南宫浮雕场景（© The Trustees of the British Museum）

b：宫廷侍者呈上饮品，取自在霍尔萨巴德的萨尔贡宫殿中发现的一块饰板

　　我抬高了宫殿周围的高度，使之成为所有民族的奇迹。我将它命名为"无双宫"。我在它旁边布置了一个模仿阿马努斯山的花园，各种芳香植物都种植在园内……

　　就像他父亲萨尔贡为其在霍尔萨巴德的整座新城堡创造了一片人工景观一样，辛纳赫里布抬升了地平面，以创造一处看起来宛若天然的人工景观，随着地基升高，他就可以打造渡渠、扬水螺旋泵、人工湖和排水系统，以确保移植到那里的外来植物的成功存活，其中许多是从境外迥异的环境中整株移栽的。对异域植物的收集展现了国王对景观的掌控能力，不仅仅是适应和充分利用现有的东西，还要改造它，使其比天然状态下更令人向往，但最终的产品却呈现自然之态，就像长满了芳香树种的绝美的阿马努斯山。在境外收集异域植物时，他遵循的传统可以追溯到提格拉特-皮勒塞尔一世（公元前1114—前1076在位）的统治时期，后者在结束关于征服"42块土地及其统治者，从遥远山区下扎布河的彼岸，至幼发拉底河对岸，哈提地（叙利亚北部）之民，以及西方的'上海'*（地中海）"的长篇记述时，有一段简短的文字透露他对植物学的私人兴趣：

> 我取来雪松、黄杨、卡尼什橡树，从我获得统治权的土地上——这些树是我的列位先王从未种植过的——我把它们种植在我国土上的果园里。我取来我的土地上没有的稀有果实，种在亚述的果园里。[43]

复原图仔细地利用了尽可能多的信息（见图46a），由已故的特里·鲍尔绘制，他曾担任英国历史建筑和古迹委员会的复原艺术家。这幅图将古典文献和棱柱铭文提供的信息与对阿舒尔巴尼拔浮雕板及原始线摹图IV 77（见图11）的理解相结合，依据对它们视角的一种阐释。花园主要特征包括：其形状"像一座希腊剧场"，这被解释为具有适当规模的三维形状；其位置紧邻宫殿，这意味着它必须在主城堡的顶部。在城堡之上的确切位置由两个因素决定。阿舒尔巴尼拔的浮雕板上显示了渡渠的水流

---

* 亚述人称地中海为"上海"，波斯湾（阿拉伯湾）为"下海"。因为从亚述腹地出发，往波斯湾方向的巴比伦尼亚，海拔越来越低，一路下行；往地中海东岸的叙利亚，海拔越来越高，一路上行。

方向——从杰尔万而来。这就排除了城堡的西侧。更具推测性的是，它被设想正好位于现代土丘一侧的一组等高线上，与西南宫相邻，显示有一个大小合适的剧场形洼地，坡度甚大，可以俯瞰科斯尔河。这个位置意味着把宫殿的入口朝向花园，这点尚无法知晓，因为这部分建筑没有发掘出来。这个位置也让我们可以看到尼尼微伊什塔尔神庙的塔庙耸立在花园后方，同时也考虑到西南宫与神庙之间有一条走廊相连。花园的最顶层必须与城墙的顶部持平。渡渠水位以上的平台可以从残存但已受损的阿舒尔巴尼拔浮雕板和原始线摹图IV 77中立柱支撑的走道并结合斯特拉博和斐洛的描述加以还原。没有具体的证据支持立柱支撑的走道与宫殿上层的连通处，似乎就在宫殿后方视线外的地方；其他的连接点亦有可能。承托渡渠的拱券形状均见于阿舒尔巴尼拔浮雕板和现存的杰尔万渡渠遗迹。花园底部的湖泊依据原始线摹图IV 77；它满足了排水至花园底部的需要，随后可能会泄入科斯尔河，以避免淤积。在城墙与花园底部之间有一条道路，中段设有桥梁，以便水从下方排走；这条道路显示在阿舒尔巴尼拔花园浮雕板底部。左手边有一个登陆栈台的船屋是根据萨尔贡二世的霍尔萨巴德花园浮雕板改编的，依据原始线摹图IV 77中的船乃是提示它们的解读。阶梯旁的扬水螺旋泵被剖开显示，其圆柱形外壳内部是看不到的。[44] 图中描绘通往楼阁的路径被溪流穿过，但没有解决如何解释这种情况下的视角问题。树木是根据这三幅画大致勾勒出来的。宫殿门外的露台对应阿舒尔巴尼拔浮雕板左边的三角形空地。鉴于我后来将廊厅理解为在进入主宫殿翼厅的入口处设有柱廊，我现在认为朝向花园的立面是设有列柱的开放面，而非复原图所示的单拱门道。这些立柱所矗立的底座应该是行进姿态的狮子雕像，就像阿舒尔巴尼拔花园雕塑旁的浮雕板上描绘的那样，这可能代表了直接通往花园的门廊入口。

　　巨大的劳动力和材料支出，惊人的豪奢与铺张，是否毁灭了亚述经

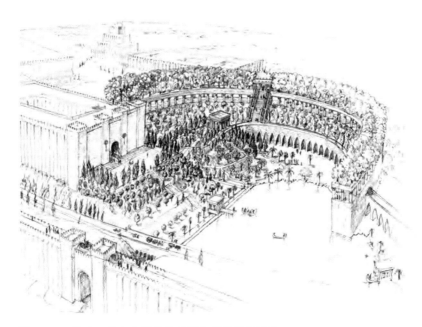

图46　a：特里·鲍尔绘制的尼尼微宫殿花园复原图

b：安德鲁·莱西绘制的复原图草稿。注意右手边的瀑布

济？没有确切的证据表明如此。几乎所有的劳动力都是从被征服的土地上新近引入的；许多基础材料，如石头、泥砖、稻草和芦苇都是当地的；木材是通过朝贡和贸易得来的，尽管很多是本地出产的，因为植树和木材管理是传统技艺。通过增加尼尼微周围田地和果园的灌溉水量，辛纳赫里布使农民不再过于依赖难测的降雨，并提高了作物的产量和质量。建筑工程的高标准足以为大量工匠提供了就业机会，并经久不颓，为后人留下了坚固的基础设施和令人骄傲的遗产。如此多的建设项目对经济的影响似乎是刺激而非耗竭。

花园里是否设有喷泉尚无法确定，因为任何文字或图像资料中都没有提及。喷泉的原理当然已为亚述人所知：在花园诞生之前一千年，一尊近乎真人大小的女神雕像，手持一个水瓶，水瓶向外的流溢通过她服饰上刻画的水痕加以呈现，从她的后颈处钻出一条孔道，接通了她身前持握的水瓶，因此可以喷水，但它设在宫殿内。[45] 至于露天喷泉，例如我们在基尼斯看到的，设计为各侧面有狮首突出的蓄水池，让水从狮子的嘴里涌出。

总之，辛纳赫里布本人的铭文显示，他的奇迹包括宏伟的西南宫和与之相邻的花园，以及他使用铸铜螺旋泵来提水，还有把水引到尼尼微的运河和渡渠。在每一个方面——宫殿、花园、用于灌溉的工程和"奇迹"的表述——他都在现有的亚述传统基础上创造了一个杰作。

注　释

1　Translated by John Evelyn, 1673.
2　萨尔贡使用的"青铜"一词可能是指纯铜。See J. A. Brinkman, 'Textual

evidence for bronze in Babylonia in the Early Iron Age, 1000—539 B.C.', ed. J. E. Curtis, *Bronze-Working Centres of Western Asia c.*1000—539 B.C. (1988), 135—168.

3 此即古典文献中的卡西乌斯山，得名于大神"北方的巴尔"；其他提及的山峦尚无法辨认。See A. M. Bagg, *Die Orts- und Gewässernamen der neuassyrischen Zeit, Teil 1: Die Levante* (2007), s.v. Baʿal-ṣapuna.

4 A. Fuchs, *Inschriften Sargons II aus Khorsabad* (1994), 128—130, Annals § 222.

5 对廊厅大殿的讨论见下文。

6 S. Parpola, *The Correspondence of Sargon II Part 1: Letters from Assyria and the West* (1987), no. 66. 见本章下文的描述及图41。

7 See P. Albenda, *The Palace of Sargon* (1986).

8 L. Kataja and R. Whiting, *Grants, Decrees and Gifts of the Neo-Assyrian Period* (1995), 20—22.

9 Fuchs, *Inschriften Sargons II* (1994), 78 and 309.

10 穆沙希尔城（Muṣaṣir），现在定位在伊朗西北部，是乌拉尔图主神Haldi的崇拜中心。

11 很遗憾已残损，see Barnett, *Sculptures from the North Palace of Ashurbanipal* (1976), pl. 23, BM 124939。

12 规模与英格兰的温莎城堡相近。

13 参考文献与更新见Frahm, *Einleitung in die Sanherib-Inschriften* (1997), 267—268, nos. 6—11.

14 Frahm, *Einleitung* (1997), 268, no. 26; Luckenbill, *Annals of Sennacherib* (1924), 120—121, col. vi lines 47—53; A. Heidel, 'The octagonal Sennacherib Prism in the Iraq Museum', *Sumer 9* (1953), 160, col. vi, lines 66—84.

15 See J. M. Russell, *Sennacherib's Palace Without Rival at Nineveh* (1991), 6.

16 E. Frahm, 'Die Bilder in Sanheribs Thronsaal', *Nouvelles assyriologiques brèves et utilitaires 55* (1994).

17 Mallowan, *Nimrud and its Remains*, vol. 2 (1966), 480; J. E. Curtis, 'Glass inlays and Nimrud ivories', *Iraq 61* (1999), 59—69; J. E. Reade, 'Assyrian architectural decoration: techniques and subject-matter', *Baghdader Mitteilungen 10* (1979), 25.

18 水晶岩是亚述工匠擅长雕刻的石料；他们也用其制作高品质的透镜，See Layard, *Nineveh and Babylon* (1853), 197—198。

19 G. Smith, *Assyrian Discoveries* (1875), 98.

20 S. Dalley, 'Ancient Assyrian textiles and the origins of carpet design', Iran 29 (1991), 117—135.

21 S. Dalley, 'Hebrew TAHAŠ, Akkadian DUHŠU, faience and beadwork', *Journal of Semitic Studies 45* (2000), 1—19.

22 J. J. Orchard, 'Some miniature painted glass plaques from Fort Shalmaneser, Nimrud', part I, *Iraq 40* (1978), 1—22. 它们的功能尚无定论。

23 J. M. Russell, 'Sennacherib's Palace Without Rival Revisited', eds. S. Parpola

and R. Whiting, *Assyria 1995* (1997), 300.

24　J. Macginnis,'Some inscribed horse troughs of Sennacherib', *Iraq 51* (1989), 187—192.

25　*Esther* 1: 6.

26　一座廊厅的特征还包括设有二层楼和窗户的推测乃基于对 *hilāni* 和 *appāti* 错误分析，前者可能是赫梯语和卢维语对一间有立柱房间的称呼，后者是胡里语称呼柱廊的词汇。See M. Novak,'Hilani und Lustgarten', eds. M. Novak et al., *Die Aussenwirkung des späthethitischen Kulturraumes* (2009), 299—305.

27　一类埃及风格的别墅可能是影响其设计的因素之一。See e.g. L. Manniche, *An Ancient Egyptian Herbal* (1989), 9.

28　或两倍，即35吨，如果这里使用的是塔兰同重值。

29　E. Fugmann, Hama, vol. 2/1, *L'Architecture des périodes pré-Hellenistiques* (1958), 204, fig. 257; K. Kohlmeyer,'The Temple of the Storm God in Aleppo during the Late Bronze and Early Iron Ages', *Near Eastern Archaeology 72* (2009), 190—202

30　D. Oates and J. Oates, *Nimrud: An Assyrian Imperial City Revealed* (2003), plate 12c.

31　See J. M. Russell, *The Writing on the Wall: Studies in the Architectural Context of Late Assyrian Palace Inscriptions* (1999), 107.

32　e.g. M. Cogan,'Ashurbanipal Prism F: notes on scribal techniques and editorial procedures', *Journal of Cuneiform Studies 29* (1977), 97—107; A. K. Grayson,'The Walters Art Gallery inscription', *Archiv für Orientforschung 20* (1963), 84 n. 7. 另一个例子是 *Nimrud Monolith inscription of Ashurnasirpal II (883—859 BC)*, 在那里国王作为主语，第一人称"我"在第74—75行短暂变为第三人称"他"。See Grayson, *Assyrian Rulers of the Early First Millennium BC, 1: 1114—859 BC* (1991), 241.

33　I. Ephal and H. Tadmor,'Observations on two inscriptions of Esarhaddon', eds. Y. Amit and N. Na'aman, *Essays on Ancient Israel in its Near Eastern Context* (2006), 155—170.

34　Russell, *The Writing on the Wall* (1999), 180.

35　J. A. Black,'Babylonian textual evidence', *Northern Akkad Project Reports 1* (1987), 21 指出了这一点。

36　感谢 Martin Worthington 不吝赐教，并慨允我引用他在剑桥大学博士学位论文中收集的例证。

37　Barnett et al., *Sculptures from the Southwest Palace*, vol. 2 (1998), plates 223—226, and note in vol. 1, p. 86 推测一些特征可能代表基尼斯和巴维安的地景。See also J. E. Reade,'Assyrian illustrations of Nineveh', *Iranica Antiqua 33* (1998), 81—94.

38　R. Borger,'König Sanheribs Eheglück', *Annual Review of the Royal Inscription of Mesopotamia Project 6* (1988), 5—11, 不同的解读见 S. Dalley,'More about the Hanging Gardens', ed. L. Al-Gailani-Werr et al., *Of Pots and Plans* (2002), 68。

39　J. D. Hawkins, *Corpus of Hieroglyphic Luwian Inscriptions*, vol. 1 part 1 (1999—2000), 96—104.

40　F. W. König, *Handbuch der chaldischen Inschriften* (1955—1957), no. 40a.

41　曾有人推测娜吉雅是一个希伯来名字，这将暗示她与耶路撒冷的希西家有亲缘。See Melville, *The Role of Naqia/Zakutu* (1999), 14 n. 10, quoting M. Weinfeld.

42　K.-H. Deller, 'SAG.DU UR.MAH, Löwenkopfsitula, Löwenkopfbecher', *Baghdader Mitteilungen 16* (1985), 327—346.

43　Grayson, *Assyrian Rulers of the Early First Millennium BC, 1: 114—859 BC* (1991), 27.

44　特里在此受到了马尔利城堡花园引水设计的影响，后者由路易十四修建，水泵沿台阶排布。

45　See H. Frankfort, *The Art and Architecture of the Ancient Orient* (1954), 58.

8 象征与模仿

> 万能的上帝率先营造了一座园林。人类从园林里的确可以
> 得到最纯洁的乐趣，最爽心的消遣。没有它，楼堂馆所只不过
> 是粗俗的人工制作，没有天然的情趣。人们总是看到，时代一
> 旦趋向文明高雅，大家就开始大兴土木，修建华厦，随即就精
> 心设计、营造园林，仿佛园艺是一种更高的完美境界似的。*
>
> ——弗朗西斯·培根，《谈园林》，1597 年[1]

　　建造一座带有花园的新宫殿，就是在进行微缩化的复制性创造，给人间带来管控与秩序，一如据巴比伦《创世史诗》所述，诸神给世界带来秩序。通过这一壮举，统治者像至高神祇一样行事。因此，无双宫及其奇妙的花园映照了创世之举，向全世界彰显辛纳赫里布就像一个神。[2]建筑者的智慧通过设计和付诸实践显示出来，他使用最好的材料和最好的工艺，它们取自帝国各个最遥远的角落，其卓越价值建立在杰出的技艺和稀有的材料之上。正如辛纳赫里布的棱柱铭文将花园与宫殿等量齐观，我们可以看到二者代表文化空间，是对土地开化利用的极致，是精心筹划的自然与建筑共生体，囊括了精英生活方式的理想和技术成就的典范。在微观上，

---

*　引自弗朗西斯·培根著，蒲隆译：《培根随笔全集》（上海译文出版社 2012 年版），"谈园林"。

它们象征文明本身，与外部无序、未开化的疆域形成对比，是国王和亚述的权威在一个大帝国腹心之地的空间隐喻。景观和建筑被整合为一个和谐的整体，即 *Rus in urbe*，一个伟大城市中心的田园圣地。

　　君主在确保自己的土地乃至整个帝国的丰产方面起着至关重要的作用，因此丰饶自身的多个方面在花园中被象征化。显然，植物和流水代表勃勃生机，鸟类在这里找到庇护所和巢穴，这是和平的避风港，掠食动物基本上被排除在外。淡水湖，如在霍尔萨巴德的萨尔贡饰板上（见图9），以及原始线摹图IV 77（见图11）所示，模仿了阿普苏，后者是对地下水源的称呼，它补给河流与水井，其自身人格化为自然界的一种力量。在美索不达米亚传统中，它也是七贤在地球上现身的地方，他们有着纯净的鲤鱼外貌，是原始洪水的幸存者，为人类带来了城市文明生活的艺术和技艺（见图47）。这些艺术包括王权、建筑工艺和战争艺术。

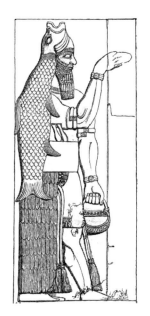

图47　鱼人相貌的圣贤，尼姆鲁德一座神庙入口处发现的雕塑

滋养生命之水的丰沛供应是花园的主要吸引力之一。水与智慧有着特殊的联系。伟大的《吉尔伽美什史诗》的开篇就指明了这一点："他发现（字面意思是'看到'）*nagbu*——深邃/万物获得了完备的智慧"，其中*nagbu*既可以指泉水涌出的深处，也可以指知识的渊博。司掌淡水的神埃阿，亦是智慧和工艺之神。

正如巴比伦《创世史诗》中水所象征的混乱——提亚马特和阿普苏，被马尔杜克降服——辛纳赫里布对山洞的改道也表明他有能力将混乱的湍流制服。不仅如此，在使用螺旋泵扬水的过程中，水不受控制地向山下流的自然、混乱趋势被扭转，季节性干旱得以消除。通常情况下，一座尼尼微纬度上的花园会在盛夏的酷热中失去绿意，直到冬季的雨水和春天的温暖让树木和植物发芽新生，才会重新变得葱郁。宫殿花园克服了这些自然变化，得益于整个夏季炎热的数月里都有大量的水供应，它保持青翠，就像春天永驻，而周遭的一切都变得干燥、萎黄和尘土飞扬。拜占庭的斐洛对花园终年青葱评论道："它就像一片常绿的草甸。"剧场般的形状可以抵御最强劲的风和严寒，而常青的松树可以遮蔽邻近植物免受冷热空气的冲击。辛纳赫里布对自然的控制力在所有这些方面都显露无遗。

在另一方面，花园象征着掌控，驯养的植物被刻意安置得井然有序，特别是在一个长方形的封闭空间给它们提供了特别的保护。这一特征可以在原始线摹图 IV 77 中看到，花园的一小部分包括一座围场，内有非常规则的几排树。已知阿舒尔城外的新年庆典神庙庭院里的灌木或幼树的种植模式也是类似的安排，细致的挖掘揭露了那里成排的根洞。[3]在该地，国王一年一度重复最初的造人行为：与作为女性主神化身的一位女祭司交媾。[4]在巴比伦神话中，国王被创造为一种特殊的存在，是根据大神埃阿的命令塑出的男性力量和美的理想具身：

埃阿发出了他的声音，他对众神的女主人贝利特-伊利说：
"你是众神的女主人，你创造了普通人：现在，让国王成为一个高
等人，用宠爱覆盖他的整个生命，使他的特征和谐，使他的身体
美丽。"

众神的女主人确实把国王创造为一位超凡之人。[5]

水将植物从濒死状态转变为生机勃勃的力量映射出它令死去神
灵复活的力量，以及安抚埋在墓穴中的祖先的力量。在《伊什塔尔下
地府》中，这位伟大的生育女神被剥夺了她的法力——以剥去她的
珠宝和衣服为象征——并被遗弃在地府等待死亡。但她被洒上水后
又复苏过来，这令她的姐姐、地府女王大为光火。作为传统习俗的
一部分，已故的家庭成员被埋在地下墓室，通常位于家庭居所的地
板之下；长子的责任是确保每月两次为他们浇灌纯净的水，一般是
通过考古学家在挖掘中时有发现的管道。因此，由辛纳赫里布最终
完成的整个水管理计划包含了赋予生命和抵御死亡的内涵。正如约
翰·伊夫林在17世纪评论景观园林的效用时所说的那样，"这些得当
的改造确实陶冶了人的灵魂和精神，并为他们与良善天使对话做好了
准备"。[6]

有人也许会认为辛纳赫里布的宫殿花园试图重现天堂中受祝福者
的花园，或伊甸园，但这点无法得到可靠证据的支持。古代美索不达米
亚神话中没有描述一座天堂花园，凡人在其中幸福地生活着，直到后来
他们的处境变坏。美索不达米亚对众神创造人类的记叙清楚地表明，他
们的创生从一开始就是为了提供劳动力，直白说就是为了减轻众神的劳
作。因此，劳作从一开始就是人类的生活方式，没有什么太古花园，没
有什么原始的幸福状态。然而，在尘世的已知边界之外有一处神奇的区

域，吉尔伽美什在黑暗中旅行十里格[*]后到达那里，在太阳面前浮现，那里的灌木开花结果，"光玉髓树果实满，百看都不厌，青金石数枝叶茂，硕果累累垂，入目心怡然"。但它不是天堂，也不是一个原始纯真的地方。的确，雪松山是一个由"邪恶之物"居住的禁地，由怪物洪巴巴看守，那里在《吉尔伽美什史诗》中被称为"众神的居所"，但不同的措辞表明它属于地下世界的阿努纳基诸神[†]。⁷完美的雪松树覆盖着山脉——"雪松山，正面瞧，林海茫茫枝繁茂"——并且被认为是由众神手植的："黎巴嫩，马尔杜克的繁茂森林，它的芳香是甜的，那里生长着安努（天神）种植的挺拔雪松。"美索不达米亚以西地区的每座山都是神灵所居，无论是叙利亚的卡西乌斯山，以色列的吉里齐姆山，犹地亚的锡安山，希腊的奥林匹斯山，还是克里特的伊达山。

不幸的是，与《圣经》伊甸园的比照，顽固地挥之不去。苏美尔神话《恩基和宁胡尔苏》曾被描述为"天堂神话"，但这种古旧的关联早已被抛弃。在淡水之神恩基为岛上的女神宁西基拉[‡]将迪尔蒙（被认定为阿拉伯湾的巴林岛）改造成一个肥沃和繁荣的土地之前，她抱怨自己被授予了一块贫瘠的、不毛的"白板"土地。它的原始状态被描述在如下诗句中：

> 在迪尔蒙，没有乌鸦叫，没有鹧鸪叫，没有狮子捕猎，没有狼叼走羔羊，没有狗知道如何看守山羊，没有猪知道粮食是用来吃的，鸟儿还没有啄食寡妇在屋顶上铺晒的麦芽，没有鸽子把头藏在翅膀下。没有患眼疾的人说"我有眼疾"，没有头痛的人说"我有

---

* 里格，英制长度单位，1里格约等于4000米。拱玉书译本"里格"作"时辰"。

† 亦作Enunnaki，阿努纳基诸神是对一群司古老、阴暗神灵的统称，他们司掌丰饶和地府，以安努纳为首，后来又被视为地府的判官群体，通常与天界的伊吉吉诸神（见引言注释10）相对。

‡ 即宁胡尔萨格，大母神，司掌生育和山峦。

头痛"，没有老妇人说"我是老妇人"，没有老头子说"我是老头子"，没有脏兮兮的姑娘在城里受到不敬的待遇，没有挖渠的人说："天快黑了"，还没有传令官在他的地区巡视，没有歌手在那里唱哀歌，没有哭声在城郊响起。[8]

这种阐释打消了对迪尔蒙是凡人天堂的解读，这种倾向性的论断在很大程度上受到渴望揭示《圣经·创世记》和古苏美尔神话之间联系的影响。[9]然而，苏美尔洪水故事暗示了迪尔蒙是某种天堂之地的想法，洪水的幸存者被恩基神安置在迪尔蒙，与凡人分隔，享有永生。在《创世记》第2章第5—10节的故事和苏美尔传说中，都使用了"去东方"一词；在这段话中，耶和华创造花园之前的世界状况与恩基和宁胡尔苏的神话有类似的表述："在耶和华造天地的时候，乃是这样：野地还没有草木，田间的菜蔬还没有长起来，因为耶和华神还没有降雨在地上，也没有人耕地。"[10]

最近对"天堂"一词的使用强化了这种所谓的联系，该词在波斯语中的原始用法仅指一座花园，在希腊语中（通过色诺芬等人）可适用于近东的各类王家猎苑和花园。后来，它获得了伊甸园的含义，在那里第一批人类与上帝朝夕相处，并延伸为受祝福者的居所。"伊甸园"这个词最早的用法是由一个常见的阿拉姆语词根演变的，意为"丰饶"。[11]七十士译本《创世记》第3章第23节的译者就是在这个意义上理解的，他使用的*paradeisos tēs tryphēs*一词的意涵只是"宜人的花园"。[12]这个表述很快就有了新的阐释，被认为是一个神话般的地方，这导致传统的、保守的解读认为伊甸园是天上的乐园[13]，而对《创世记》坚持字面取径的解经人试图将其定位在人间。

另一方面，当以西结把亚述描述为黎巴嫩的一株雪松时，他一定想到了辛纳赫里布的宫殿花园，后者让河流环绕植株流淌，而田野中所有其他树木都有运河滋养，根系深埋在丰沛的水分中，"神园中的树都没有它荣美……以致神伊甸园中的树都嫉妒它"。以西结在尼尼微沦陷十九年后开始预言，当时空中花园的名声已经远近皆知。他的话表明，辛纳赫里布的创造被认为是权力僭越的写照，超过了天堂，从而招致神的妒忌。

作为受祝福者居住的天国乐园，伊甸园得到约翰·弥尔顿尽人皆知的宣传。在写作《失乐园》时，他翻检迪奥多鲁斯对空中花园的描述寻找灵感。年轻时，"据说他阅读了所有的希腊和拉丁作家的作品"，所以无怪乎他选择相关章节，并以世界奇观为蓝本设计了天堂的入口，在诗歌中的一处段落，人们认出这是对迪奥多鲁斯诸多描述的借鉴之一。[14]弥尔顿设想天堂的边缘是一个陡峭的阶地斜坡，斜坡之上有一道墙，墙之上有一排树：

> ……山头上长着无比
> 秀丽的高大林荫，有杉、松、枞
> 和枝叶舒展的棕榈，好一片
> 园林的景色。层林叠翠，荫上
> 有荫，构成一个森林剧场的
> 无比庄严景象。高出树梢的
> 有乐园的青翠围墙耸起，
> 我们的始祖可以从这里纵观
> 下面四邻的疆土。比围墙更高的
> 是一圈最美的树林，满载
> 最鲜艳的果子……*[15]

---

* 引自朱维之译：《失乐园》，人民文学出版社1984年版，第133—134页。

这段描述让人仿佛在观看辛纳赫里布的一幅画像，这位伟大的国王就像"我们的始祖"般，俯视着他帝国的微缩，从一道上方植有弧形树列的墙上视察他的领地（见图48）。高耸的悬崖，覆盖林木的山坡，提供了天堂的入口，为撒旦铺平了道路，他起初一路上"沉思默想，行步迟迟"，然后轻轻跃起，"像一只鸬鹚"蹲在上面，俯瞰在他脚下延伸开来的奇妙风景。通过使用希腊文献，弥尔顿在空中花园和《圣经》中的伊甸园之间建立了一种新的联络。

辛纳赫里布的宫殿花园深植于亚述传统之中，后者至少可以追溯到公元前9世纪，因此我们可能会怀疑公元前7世纪将其视为世界奇迹的灵

PARADISE LOST.

BOOK IV.

For that warning voice, which he, who faw
  Th' *Apocalyps*, heard cry in Heav'n aloud,
Then when the Dragon, put to fecond rout,
Came furious down to be reveng'd on men,
Wo to the Inhabitants on Earth! that now,   5
While time was, our firſt-Parents had been warn'd

图48　弥尔顿在他对伊甸园的诗意描写中改编了西西里的迪奥多鲁斯对空中花园的描述，但插画家并没有遵循他的文本

感是否来自《圣经》中的伊甸园。然而，如果《创世记》中的故事是在辛纳赫里布设计他的花园之前创作的（这是一个最有争议的问题！）[16]，人们可以想象，从伊甸园流出的一条河会像《圣经》中描述的那样分离成四条支流："有河从伊甸流出来滋润那园子，从那里分为四道"，在阿舒尔巴尼拔的浮雕板上，人们故意复制这一特征，作为对世界地理的具体隐喻，因为它刻画一股水流从渡渠流下，然后分成几泓支流（见图12）。任何这类联系都可能来自一个共同的来源，而非相互之间的直接影响。

古代亚述时兴的某些信仰最终促成人们从世俗欢乐园的解读向天堂乐园过渡。监控天堂入口的一对神灵守门人之一是*Nin-gish-zida*，他的名字可以翻译为"坚定的树王"，正如我们在第3章看到的，一些神庙被设计为代表一处圣林。涅伽尔神有"白杨树之王"的称号；还有一个号称"枣椰树之王"的神；正如我们已提到的，雌雄异株的枣椰树被授粉是一种公认的交配行为。一些树木和植物在花园里享受性快感的想法可能影响了后来的天堂形象，在那里，男性可以得到妩媚的女孩，作为对美德生活的奖励。在英语传统中，我们使用"鸟儿和蜜蜂"一词，暗示在大自然的美景中进行户外性交。

尼尼微花园的一个令人惊叹的特点是它终年郁郁葱葱，所以在一年中其他地方枯萎凋零之时，它看起来近乎是个奇迹。最终，抵御季节性变化的能力成为天堂花园的一个属性，正如摩尼教的一首颂诗中所描述的那样，

点缀迷人的山丘，上面长满了鲜花，非常漂亮；绿色的果树，其果实永远不会掉落，永远不会腐烂，永远不会生虫；流淌着仙果的泉水，充溢于整个天堂中的树林和平原；数不清的别墅和宫殿，宝座和长椅，永久存在，直到永远。天堂就是这样安排的。[17]

摩尼创立了摩尼教，并激发了该教大部分的经典，他于公元216年出生在巴比伦，当时，传奇的空中花园仍然是希腊和罗马作家感兴趣的主题。

为了给神庙和神像增加香气，用树木，特别是雪松和松树的树脂制作香料，树脂的渗出本身被称为树的血液，仿佛树是一种动物。在神灵面前，受到他的恩惠，就会闻到他甜美的气息，这一点我们可以从"神的气息吹拂过的果树茁壮成长"，以及在对神灵的祝祷中，"你的语言是甜美的气息，是土地的生命"这样的表述看出。祭拜中使用了大量的香油，香气从偶像雕像中散发出来。同样，国王也被涂上香膏，所以闻到他的气息就等于呼吸到了神灵授予的王家权威："让法老的气息不要离开我们：我们紧闭大门，直到国王的气息到达我们这里"，一个城镇被围困的迦南统治者写道。[18]

众神被想象成在一个充满芳香树脂、水果、草药和花朵的花园里做爱，这可能与众神有芳香呼吸的认识有关——天堂里没有口臭！

作为国王个人权威的象征，设置在花园里的王家石碑，正如在阿舒尔巴尼拔的浮雕饰板上所看到的那样，矗立在通往楼阁的道路上，处于一个居高临下的位置（见图12）。从那里，它宣称辛纳赫里布是创造了周遭奇迹的国王，他的形象时刻提醒着人们王权所在，当国王缺席时，它便代表国王。从城堡的墙壁上可以看到它。当国王沿着花园顶部的列柱支撑的走道散步时，人们也可以看到他的身影，这使得该建筑特征就像一个埃及式的"亮相之窗"[19]，从这里国王对山下的臣民和在花园远端巡逻的卫兵来说都是令人印象深刻的——"相当于亚述人的政治海报"。一些类似的石碑明确承认，它们是作为永恒的纪念物而设立的，因为在石头上复制国王形象的目的之一是确保这个形象会比他本人更长久。[20]

通过他的建筑和其他艺术作品，国王提高了自己的声望。像现代领导人一样，他敏锐地意识到他必须努力操控留给后代的遗产，而他耐久的纪念碑和雕塑扮演了核心角色。国王精心雕琢的王家铭文，无论是公开展示还是埋藏起来供将来发现，都服务于同样的根本目的。

国王花园里的稀有异域植物展示了他在国外征服的广度，代表了他的军队所经过的国度。因此，花园里的植物象征化了国王的权力范围。[21]作为一个帝国的缔造者，国王的征战和贸易网络延伸到遥远的地方，他是一位先驱，他的旅行使他接触到异国的植物，这些植物的样本被收集并带回亚述，供当地人欣赏。

在现存的公元前8世纪末和7世纪亚述宫殿的浮雕上，除了枣椰树之外，树木普遍都是以少数几种刻板样式来表现的，无法通过植物学识别。树木的高度总是相同的，就好像在这些雕塑上已证明存在的人体比例法则亦用于树木。阿舒尔巴尼拔的花园浮雕板上描绘的两种树可能只是落叶树和常绿树的模式化图像。但有两处场景透露出一种更有趣的技法。一个是原始线摹图IV 77上被围起来的林区（见图11），它类似尼尼微宫殿花园中的育林圃。另一个是刻画一头狮子躺在葡萄藤下的浮雕残片，藤蔓的叶子和茎都经过艺术化的布局和自然主义的雕琢。这块残片让我们相信，曾有一块浮雕板展示稀有植物，因为葡萄藤在尼尼微附近并不常见。通过将狮子和葡萄藤并置，雕塑家暗示一种质朴的田园风光，其中野生动物和外来植物都愉快地屈服于君主的控制。根据从辛纳赫里布宫殿中发现但现已佚失的另一幅浮雕绘制的原始线摹图IV 69上，人们列队行进，每个人都肩负一个盛有一大束鲜花的大罐子（见图49）。

亚述的植物学知识被囊括在一份专门的清单中，这是一篇百科全书式的汇编，在萨尔贡和辛纳赫里布的时代就已经很有名了。它详细描述了单株植物的特征：根、果实、花、种子、芽、茎、卷须、汁液、树脂等等——取决于每种植物的特有属性。[22]

图49　侍从将花瓶带入西南宫

　　辛纳赫里布指名了他在尼尼微——植物世界的缩影——栽培的一些异域植物。有些种植是试验性的，从长远来看可能并不成功。棉花曾有种植，在萨尔贡的王后阿塔莉娅的墓中分析出了棉织品的痕迹，证实了辛纳赫里布用棉织布的说法。[23]这种植物可能是一种树棉，原产地在印度和巴基斯坦，很早就在印度河流域得到种植（见图50和图版16）。印度黄檀，同样从美索不达米亚以东的地方，包括现代阿曼，被引入亚述（见图51）。[24]尽管伊拉克北部的环境不适合种植橄榄树，但辛纳赫里布声称自己种植了它，估计树苗是从黎凡特带回来的，他还吹嘘自己丰收了橄榄油，在开始建造新建筑时，将橄榄油用作奠基埋藏品。同样，来自巴比伦南部的枣椰树也被种植在尼尼微，尽管它们在这样靠北的纬度不会结出优质果实。但这种树的重要性远远超过了生态方面的任何不适，因为枣椰树与伊什塔尔崇拜有关，其宗教内涵在美索不达米亚社会非常深刻：辛纳赫里布对自己特别使用"亚述的枣椰树"而不是通常的"亚述之王"的称号，就反映出这种树的重要性[25]；阿舒尔巴尼拔在一首颂诗中把尼尼微的伊什塔尔称为"哦，枣椰树"。[26]一种"印度树"同样被引进，它可能是檀香树。水果方面的细节很少，但我们从一千年前幼发拉底河中游的文献中得知，人们经常扦插种植葡萄[27]，因此我们可以

图50 树棉和草棉，结棉树及其灌
　　　木形态

图51 黄檀，一种原产于阿曼、印度南
　　　部和巴基斯坦的优质硬木

推断，亚述园艺家在国内外寻找更好的树种来改进他们的产品。这些活动表明，辛纳赫里布和他的先王们一样，给他的国家带来长远的利益。植物学分析和精细的栽培技术显然繁荣于公元前7世纪的亚述。

　　在一位驻节叙利亚北部的亚述高级官员写给萨尔贡的两封信中，他向国王保证，他已经从一座城镇收集了2800捆果树插条，从另一个城镇收集了1000捆，它们正在运往霍尔萨巴德，用于在萨尔贡的新首都周围种植；另一群人"正在收集杏仁、榅桲和李子树的树苗，并将它们运往杜尔–沙鲁金"。[28]同一个人的另一封信提到了"在季节适宜时"置备雪松和柏树树苗的计划。[29]并非所有的树苗都是为花园准备的；浮雕板显示亚述道路旁种植了行道树，为旅行者提供阴凉，就像现代中东地区的情形。

　　从这种意义上看，萨尔贡和辛纳赫里布身处将新植物引入本国的古老而悠久的传统之中。两千多年后，当英国探险家率先将该国的影响力扩展到新土地时，他们带上了植物学家或生物学家，打算带回迄今为止未知的植物、动物和昆虫的活体或尸体标本。约瑟夫·班克斯就是这样一个人，他陪同库克船长乘坐"奋进号"航行，带回的植物被以林奈命名法命名为佛塔树*，以纪念其发现者。查尔斯·达尔文是另一位，他陪同菲茨罗伊船长搭乘"小猎犬号"带回植物，其中一些植物以他的名字命名，例如达尔文蒲包花。当这些植物存活下来时，它们被栽培到国有花园，如邱园，或富人的花园里，如查茨沃斯和赫利贡。荷兰植物学家也因在海外觅猎而闻名。在日本生活多年的医生菲利普·弗朗茨·冯·齐博尔德将许多植物带回莱顿，其中一种植物以他命名：天女木兰。在美国，发明家托马斯·爱迪生利用他的国际关系网，从世界各地收集热带树种，装点他位于佛罗里达的热带花园。这些例子生动说明引入本国的异域植物是如何成为战利品的，它们能为其发现者带来荣耀，并在祖国的主要花园中被骄傲地展示。南征北战的亚述国王们亦是如此。

这个传统并非始自辛纳赫里布。当提格拉特-皮勒塞尔一世（公元前1114—前1076在位）胜利进军亚述里亚西北部时，他把外国的树种，包括稀有的异国果树带回家，正如上文已引述的那样。阿舒尔纳西尔帕二世（公元前883—前859在位）在他位于尼姆鲁德的宫殿花园中开创了另一个先例，在他的新花园中命名了39种以上的树木[30]，亚述公众被邀请来参加落成典礼的盛宴——47074名客人，这是一个回文数字，其中4（方形顶角的数字）和7（影响人间事务的行星数）都象征着全体。[31]顺便说一句，这些数字的象征性使用表明，当我们自己的文学作品通常

---

* 或音译为斑克木。

缺乏这种象征性时，阐释这类古代文本是多么的棘手，而直译则寓意尽失。雪松、柏树、刺柏和产香的卡纳克图树提供树荫和香气；杏仁、槟榔、无花果、梨、葡萄和石榴在春天开花，夏末结果。[32]

在阿舒尔巴尼拔的雕塑饰板上频繁出现松树，它们的作用不仅仅是遮荫和芳香，由于松果和冷杉果的形状很吸引人，而且带果翼的松子还会成群坠落，是亚述宫殿中净化或给"生命之树"授粉的神使们持有的一种生殖力的特殊象征。[33]冷杉果与柽柳和椰枣一起，在仪式中用于驱魔。

我们知道在埃及有收集稀有异域植物的时尚。伟大的埃及女法老哈特谢普苏特（约公元前1473—前1458在位）因远征庞特（今厄立特里亚）而闻名，从那里带回了她在代尔·阿尔-巴哈里神庙墙壁浮雕上描绘的含香灌木。这些石刻图像保存至今；其中一些灌木很难在凯旋日之后存活下来，但至少与同样刻画在浮雕中的金项圈和象牙一样有趣，甚至比它们更有趣。稀有性创造了价值，激起了人们的关注和钦佩之情。尽管水平对称是埃及花园的一个明显特征，但哈特谢普苏特的设计可能在其他方面影响了尼尼微花园，因为值得注意的是，多层露台被悬崖包围，呈半圆形剧场布局，每级露台的柱廊都能俯瞰花园[*]。

当法老图特摩斯三世（约公元前1440年）从埃及进军黎凡特并在该地主要城市安插总督时，为了庆祝他的征服，他委托为卡纳克的阿蒙神庙制作一块浮雕，展示带回并种植在上埃及的异域植物（见图52）。其中一些植物已经从图像中得到识别，但没有附带的文本提供更多的背景。[34]它们被描绘成从主株上分离下来的结有果实的样本，尽管艺术惯例使得现代植物学的识别变得困难。很难说辛纳赫里布和他的顾问们是

---

[*] 此处作者描述的是哈特谢普苏特陵墓祭庙及（可能曾经存在的）附属花园的布局，即上文提到的代尔·阿尔-巴哈里神庙，这是神庙周边悬崖的现代名称。

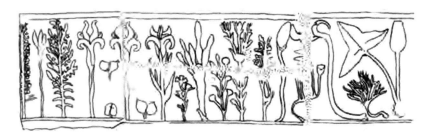

图 52　刻画植物的一块浮雕石板，出自卡纳克阿蒙神庙内的图特摩斯三世"植物庭院"

否知道埃及的这些收藏品，但将植物的不同部分分开展示的理念预示了上文提及的亚述植物学百科全书。从《尼姆鲁德酒表》中得知，埃及使节现身辛纳赫里布父亲的宫廷，这使得他们之间很可能存在交流，就花园设计进行过热烈的讨论。在互访中，亚述使节可能在卡纳克和代尔·阿尔-巴哈里观摩了浮雕，以及现有的埃及花园。[35]

　　四个世纪后，亚历山大大帝的士兵将带回日后泰奥弗拉斯托斯[*]汇总的植物学资料[36]，激发了人们研究比家乡更广泛的材料。在每个社会中，人们都会受到鼓舞，兴奋地去围观来自遥远国度的任何稀奇古怪的东西，无论是澳大利亚的鸭嘴兽、朗姆岛的肉豆蔻，还是月球表面的岩石。

　　亚述国王经常率军出征。骑术和驾驶战车、狩猎、摔跤、跑步、投掷和游泳都是古代军队需要的技能。在其他雕塑中，这些活动多是在境外真实战役场景中呈现出来的。[37] 在原始线摹图 IV 77 中，它们出现在尼尼微王家花园举行的体育表演中。赤身裸体的人抱持充气的皮囊游泳，其他人坐船渡马过水（见图 53）。看起来在水面上用绳子荡来荡去的人可能是在为攀缘高墙做练习。与军乐演奏一样，这种检阅有一个严肃的

---

　　*　泰奥弗拉斯托斯（公元前 371/370 ？—前 288 / 285），亚里士多德的弟子，在老师去世后执掌吕克昂学园，著有《论植物》。

图 53　原始线摹图 IV 77 细部，显示尼尼微宫殿花园中举办的体育活动

目的，即展示战争中的实用技能。竞技比赛亦有举办：赛跑据信与多位神灵的崇拜有关。[38]一条亚述道路被命名为"跑步比赛的国王之路"，由此推断主干道是比赛场地，就像在现代的马拉松比赛中。这类赛跑在日历中的特定日期举行，并且献给神灵；例如，在阿舒尔城，纪念纳布神的跑步比赛在第二个月举行[39]，纪念尼努尔塔的比赛在第九个月举行。[40] 摔跤是一项广受欢迎的运动，摔跤手有时在艺术作品中出现，杂技演员（或许是杂耍演员）服务于王室娱乐。其他宫殿雕塑展示用猎犬、网具以及猎鹰、战车和长矛打猎的场景，估计是在城墙之外较大的范围内进行的，但这些雕塑都不是辛纳赫里布委托制作的，与父亲萨尔贡和孙子阿舒尔巴尼拔迥异的是，他似乎摒弃了打猎。

　　在埃及，从第五王朝（公元前 2465—前 2323）开始，我们知道运动员要么裸体比赛，要么只穿戴阴茎护套或短裙参加比赛。作为浮雕和绘画的主题，他们的活动很受欢迎。[41]游泳经常得到刻画。最好的文献例证来自塔哈尔卡统治时期，他是与辛纳赫里布同时代的法老。这段文字刻在代赫舒尔遗址附近沙漠道路上的一块石碑上，被称为"塔哈尔卡的跑步石碑"，宣称法老下令将其称为"太阳之子塔哈尔卡麾下军队的跑步练习，愿他永生"，它纪念了一场伟大的比赛。法老吹嘘道：

> 在我的军队中，无人不为战斗而磨炼……他们来时如风至，像猎鹰一样用翅膀拍打空气。……国王亲自驾驭战车，激励他的军队奔跑。他与士卒一起在孟菲斯沙漠后奔驰，在"她已经得到满足"的时刻。他们在"日出"时到达法尤姆。他们在"她保卫她的主人"的时刻回到了皇宫。他嘉奖士卒中第一个到达的人，并安排他与自己的亲卫一起吃喝。他赞扬其他紧随第一名之后的人，并以各种方式奖励他们。[42]

这段文字以及它系于辛纳赫里布时代的定年，为解释原始线摹图IV 77中的部分场景提供了支撑，即在国王的宫殿花园中进行的是军事运动检阅。

其中一些体育项目通常被认为始于希腊，这与奥林匹亚和奥林匹克赛会的声名有关，那里易于辨识的市政建筑有助于彰显体育竞赛是多么受欢迎。大约在公元前8和前7世纪，竞技运动在奥林匹亚和德尔斐举办，然后传播到雅典和尼米亚。特定神祇是赞助人：阿波罗，相当于美索不达米亚的纳布，在德尔斐的比赛中受到崇敬；赫拉克勒斯，相当于美索不达米亚的涅伽尔（有时又被等同于尼努尔塔），被尊为奥林匹克赛会的创始人。[43]尽管在亚述和埃及没有发现类似的建筑，现在有证据表明体育运动在那里得到推崇。

在一座拥挤的城市里，家中充斥着忙碌的日常生活，隐私是一件奢侈事，找到一处安静的地方做爱绝非易事。一首爱情抒情诗以纳布和他的妃子塔什梅图之间的对话为形式，他们在一座花园里宣誓他们的爱情，用水果、鸟鸣和宝石的比喻来描述他们的意乱情迷。

> "我的主人，给我戴上戒指，让我在花园里给你带来快乐！"……
> "塔什梅图，她的大腿宛如平原上的羚羊。
> 塔什梅图，她的脚踝是西曼*的苹果。
> 塔什梅图的脚跟是黑曜石……
> 我的塔什梅图，你为何如此盛装打扮？"
> "以便我可以和你一起去花园，我的纳布。
> 让我去花园，去花园，去找我的主人"……
> "愿我的眼睛看到你的果实被采摘，
> 愿我的耳朵聆听你鸟儿的鸣叫。"……
> "让你的日子耽于花园，耽于与主人缠绵。
> 让你的夜晚在美丽的花园度过"。
> "让我的塔什梅图和我一起到花园里来……
> 愿她的眼睛看到我的果实被采摘！
> 愿她的耳朵聆听我鸟儿的鸣叫！"[44]

亭阁的正立面设有列柱，柱顶覆有精致的原伊奥尼亚式柱头，为花园中的隐私和约会提供了空间，同时也为国王提供了思考的独处之地，

---

* 埃兰地区（今伊朗西南部）的一座城镇。

也许还可以让国王在莺飞蝶舞中躲避聒噪的妻子们（如鲁德亚德-吉卜林的故事《跛脚的蝴蝶》中的所罗门）和居心叵测的廷臣（如希伯来《圣经·以斯帖记》中的亚哈随鲁）。这样一座亭阁再现了在沙漠中提供舒适和归隐的帐篷，内有象牙长榻、奢华挂件和美丽织物，可以阻隔阳光、风、灰尘、沙子和不受欢迎的打扰。

在尼尼微建造空中花园的时代，亚述的户外饮酒聚会是用美酒和音乐提供交谈和娱乐的场合，可能还有舞者、杂技演员、小丑和诗人出席。每当宫廷举办休闲聚会时，廷臣们就会朗诵智慧文学，发挥他们的风趣和才智，逗国王开心和叫好，小丑们则讲一些粗鲁的笑话。"智慧"文学包括探究虔敬与权力界限的对话。在这样的背景下，辛纳赫里布在其棱柱铭文中吹嘘的智慧和学问在某些场合会与王家花园联系起来，正如在铭文中所述。这种联系表明，在亚述，户外宴会相当于在花园中举行的希腊会饮。这种联系在刻画阿舒尔巴尼拔与王后在花园宴飨的浮雕上体现得淋漓尽致——其放置原位尚无法确定——周围是胜仗的战利品，包括埃兰人的弓、埃及人的项链，以及挂在树上的被斩首的埃兰国王首级（见图54）。国王手持酒碗，倚靠在沙发上，沙发形制与希腊酒会大致相同。露天音乐用弦乐器、打击乐器和管乐器演奏，营造出令人陶醉的氛围。从宴会上分配给王室成员、高级官员和外国代表以及音乐家的酒品的清单中，我们知道有几种地区类型的音乐：来自叙利亚和巴勒斯坦，包括来自幼发拉底河上游的马拉提亚、叙利亚阿勒颇附近阿尔帕德的演奏家，来自耶路撒冷（作为希西家贡赋的一部分送达）；来自卢里斯坦，以及亚述本地的音乐家。[45]与植物一样，音乐也是国际性的，反映出国王的深远影响力和他对臣民技艺的赏识。

因此，在古典时代，花园作为哲学家们散步和放松交谈之所，二

图54 阿舒尔巴尼拔和王后在花园里饮酒庆祝，周围是战利品。二人面部和国
王的手是在亚述灭亡后被凿掉的。高56厘米

者的关联源自很容易从亚述国王的花园宴会中衍生出来的一个传统。在塞琉古官员管辖尼尼微的时代，已有了哲学家们在花园中聚会和交流的习俗，有时是作为一个更普遍的教育氛围的组成部分。据说柏拉图、泰奥弗拉斯托斯和伊壁鸠鲁都把自己的私人花园用作严肃讨论和学习的聚会场所；泰奥弗拉斯托斯把他的花园遗赠给以吕克昂为中心的漫步派学派。[46]

　　只有尼尼微西南宫及北宫的少数受损和残碎的浮雕上留有对花园在亚述艺术中重要性的见证。如果说公元前9世纪的阿舒尔纳西尔帕二世曾委托制作描绘他在尼姆鲁德的花园的雕塑板，今日已不复存在；但公元前8世纪末和前7世纪初的萨尔贡、辛纳赫里布和阿舒尔巴尼拔的作品则无可疑义。可以辨识出三种不同的风格。第一种，花园是一个杳无人迹的景观，如萨尔贡在霍尔萨巴德的花园，以及阿舒尔巴尼拔在尼尼微北宫的浮雕板。第二种，花园作为一个举办活动的场所，如辛纳赫里布饰板的原始线摹图IV 77，刻画了体育竞赛和列柱支撑的走道；也是一个放松休憩之地，正如饰板所描绘的阿舒尔巴尼拔与妃子饮酒庆祝他对埃及和埃兰的军事胜利。第三种，花园是展示特定植物和动物的地方，如阿舒尔巴尼拔北宫的浮雕残片所示（见图9、11和12）。这些来自三个不同朝代的样本是潜在的更多数量浮雕板中硕果仅存的。原有数量中如此小比例的留存是由于不充分的发掘、岁月侵蚀、意外损失（许多精美的浮雕板在运往欧洲的途中遭遇海难）以及无法追踪的后期石材再利用。

在第一种风格中，无人的景观意味着花园是一片寂寥之地，大自然的美得到赞颂。这里的重点是设计、工程学和水流，模仿一处自然景观，这里的树木只有两种固定类型，可能分别是落叶树和常绿树。在这两块浮雕板中，流动的水得到强调，但以一种自然的方式表现出来，尽管是通过渡渠流入坡地上的花园。不同于后来四条水渠外加一个中央池塘的僵硬形式——这是伊朗查赫巴格*的典型，一座平坦的花圃——它并没有汇流进一个有精确几何形状的池塘或湖泊。这两块浮雕板都将亭阁呈现为一种非城市的特征。在萨尔贡的浮雕板上，人工山顶上的祭坛是对神灵居住的山峦的微缩隐喻，是一个与天空近距离接触的地方，天界盘旋其上。这使得人和神之间有了某种亲密关系，提醒人们太阳、月亮、行星和星座与人以及尘世息息相关，在这里，神的超越性对凡间接受者来说是直接可感的。在尼尼微的浮雕板上，国王明显保持克制，他并没有完全主导石碑上的场景，而是融入其中，花园是他宫殿的延伸，而他的宫殿就再现于相邻的浮雕板上。自然被简化了，神圣的崇拜被简化了，建筑被融入自然：自然和文化得到调和。

在第二种风格中，花园是一个以各种方式被社交化的场所：一个可以休憩、饮酒、与王后联欢、听音乐、展示战利品和观看体育赛事的地方；作为竞技展演的场所，它可以用作露天剧场。这个功能可能对设计

---

* 波斯风格的园林布局，以园径或水渠将整个花园平分为四个部分。

产生了有意识的影响，因为西西里的迪奥多鲁斯写道，空中花园就像一座剧场；列柱支撑的走道可以被理解为一处升高的观景点，预示了许多希腊化时代剧场在舞台后方开始设置列柱。总的来说，剧场容纳式的形状保护人们免受外界生活的侵扰和危险，满足沉思和愉快社交所需的放松心态，同时庇护树木免受狂风和大雨的侵袭。

至于第三种风格——仅有一块残片体现这一风格——人们非常注意表现缠绕在树上的葡萄藤蔓；修长而笔直的茎上的雏菊形花朵，以及以其异国情调的香气而闻名的百合花。狮子和母狮被理想化为宁静而温驯，暗示在国王掌控的环境中，即便动物世界也是和平的（见图55）。这个主题可能取自埃及：艾尔-阿玛尔那土丘的一座宫殿花园旁的壁画描绘了一头躺在葡萄藤下的狮子。[47]

所有三种风格都表现出一种理想化的倾向，无论是树木、人物还是动物，都在不受时间影响的环境中展示其完美的形态。在雕塑中，表现

图55 雕塑板残片上的理想化景观，显示狮子与葡萄藤下生长的花朵，来自尼尼微阿舒尔巴尼拔北宫的一面内墙。高98厘米，长178厘米

花园和人类的理想或完美形式成为可能。暴风雨的破坏、枯萎、意外的践踏都没有得到刻画，因为完美是工匠的愿望，他们的作品将反映出王权的理想及其与神灵的密切关系。在亚述雕塑中，完美理念在表现男性的手法中清晰可见，他们正值壮年，仅以服装、发型、珠宝和饰品来区分。同样，在基尼斯和马尔泰的岩雕上所刻画的神灵也可以通过他们所持的象征物和他们所站的动物来识别（见图27、28）。由于它们模仿神的造物，这种完美的模型后来被解读为是危险的，导致在艺术中周期性地避免刻画人类形象。即使在亚述后期，也有一种趋向非表现性艺术的势头，特别是在表现神灵方面，但它与对神和人理想形态的描绘并存，二者之间显然不存在张力。[48]

任何在花园里种过树的人都能意识到，子孙后代将从它们获取比自己更大的益处。如果我们承认阿舒尔巴尼拔的浮雕板上显示的是他祖父在尼尼微培育的花园，[49]我们就会发现这位贤孙认可了这一受惠，并将自己与他著名的祖父联系起来。委托创作这幅浮雕的决定可以理解为向一位伟大的国王表达敬意，后者的名声曾因可怕的行为而受到损害：辛纳赫里布被自己的一个儿子谋杀，以及他洗劫巴比伦时对该城造成的破坏。阿舒尔巴尼拔以一种隐晦的方式颂扬了他祖父的才智。

辛纳赫里布创造的世界奇迹一定不乏模仿者。在一个较小的规模上，或许可以对比辛纳赫里布在耶路撒冷的同时代人希西家挖掘的所谓西罗亚隧洞的水利工程。这条隧道被认为旨在注满西罗亚水池，这样一来水源可以流入国王的花园，该花园位于耶路撒冷唯一可以全年常绿的地方。隧道墙壁上以希伯来语雕刻的铭文与辛纳赫里布的文字一样，对劳工的工作有着极为不寻常的兴趣。在他的棱柱铭文中，辛纳赫里布显示出对工人辛劳的关注，他在铭文中写到他的前辈："在他们的制造方法中，他们令所有工匠精疲力竭"，但也有许多宫殿雕塑饰板展现为实现他的巨大建筑项目而处于辛劳工作中的人，特别是用滑板将巨大的牛形石像从采石场拖到尼尼微。[50]

希西家写道：

> ……［当隧洞］被凿穿。这就是打通的经过。当［采石工人还在挥舞着他们的］斧头，每个人都朝向他的同伴，当还有3肘尺便要凿通的时候，有一个人的声音（被听到）在呼唤他的同伴，因为右边［和左边］有一处重叠[*]。到了凿通的那一天，采石工们各自击穿岩石，以斧头对斧头，来迎接他的同伴。然后水从泉眼流向水池，长1200肘尺。巨岩的高度在采石工人的头上有100肘尺。

耶路撒冷的国王花园初次被提及是在《列王纪下》第25章第4节[†]，但我们对它古时的布局和外观一无所知。

《奥德赛》中对阿尔基诺奥斯花园的描述可能是受辛纳赫里布花园的启发；[51]伟大的教会教父纳齐安兹的格里高利[‡]确实将它们联系起来，而且人们注意到它们有相同的尺寸，约120米×120米。[52]存在影响的推测是否可以成立，取决于有争议的"荷马"的创作时间：是否由一位作者完成整部作品并很快成为正典，或者是否在相当长的一段时间内继续对核心叙述进行修订和补充。一元论者提出的日期是公元前8世纪——太早了，不可能受到辛纳赫里布世界奇迹的影响，而文本分析家们提出的补充和修订则是公元前6世纪，这就有可能受到来自公元前7世纪亚

---

[*] 可能指双向施工时发生偏移，作业面出现错位。
[†] 《列王纪下》第25章第4节："城被攻破，一切兵丁就在夜间从靠近王园、两城中间的门逃跑……"
[‡] 旧译"额我略·纳齐盎"。

述的影响。对阿尔基诺奥斯的宫殿和花园的描述均使用了符合亚述宫殿和花园的术语，但不适用于当时的东地中海地区。

院外有一座大果园距离宫门不远，

相当于四个单位的面积，围绕着护篱。

那里茁壮地生长着各种高大的果木，

有梨、石榴、苹果，生长得枝叶繁茂，

有芬芳甜美的无花果和枝繁叶茂的橄榄树。

它们常年果实累累，从不凋零，

无论是寒冬或炎夏……

那里有两道清泉，一泉灌溉果园，

另一道清泉取道院里在地下流动，

通向高大的宫邸，国人们也取用该泉流。

这一切均是神明对阿尔基诺奥斯的惠赐。[* 53]

包青铜的门槛、黄铜制的宫墙、镀银的柱子和门楣：这些都是亚述晚期建筑中已知的；有围墙的花园位于宫外而非内庭，靠近大门，盛开着石榴和无花果，这些水果在当时通常与地中海无关，而是与更东边的土地联系在一起。这些特征被认为可能是来自亚述的影响。

辛纳赫里布花园的一个明确特征是列柱支撑的走道，视线从那里穿过列柱廊，越过花园，可以看到外面的美景，这是希腊化近东随处可见的特征的结合。鉴于鲁福斯和斐洛都描述了世界奇迹的这一元素，吸纳尼尼微花园的这一特点是每个雄心勃勃的统治者的梦想。得

---

* 引自王焕生译：《奥德赛》，人民文学出版社1997年版，第120页。

益于作为世界奇迹的地位，辛纳赫里布的花园将成为原型和灵感的主要来源。

帕加马大祭坛是一个显而易见的比照，它三面被一座高大的列柱廊环绕，可以俯瞰凯库斯河的壮阔景致。负责设计和建造大祭坛的国王是欧迈尼斯二世（公元前197—前159在位）和阿塔卢斯二世（公元前158—前138在位），他们的"亚细亚化恋地情结"在最近的研究中得到了强调。[54]

另一个可能的模仿，同样有着惊人的规模，即大希律王（约公元前73—前4）在耶利哥的冬宫。在这里，不仅有俯瞰花园的柱廊，可以眺望柯尔特干谷的美景，还有非常显眼的高架桥，人工山之上建有一座较小的宫殿；以及一座地陷式花园，其宏伟的立面中心是一块半圆形露台。虽然拥有一方宽阔的泳池，但它是主宫殿庭院内的一个建筑性的长方形结构，不能与原始线摹图Ⅳ 77的"自然"湖泊相提并论（见图56）。[55]它更贴切的参照物是埃及花园，后者的主导性布局是水平对称和轴心对称的。希律是一个大兴土木的宫殿建造者，不仅在耶利哥，还在耶路撒冷、恺撒里亚和希罗迪乌姆，他心怀世界奇迹的抱负，因为约瑟夫斯写道，他在耶路撒冷建造的一座塔楼"与亚历山大里亚的法罗斯灯塔一样坚固而庞大"。[56]

另一处可能的模仿位于罗马城的中心地带：金宫。这座宫殿式别墅由尼禄（公元37—68在位）建造，它以奥皮安山为中心，设有列柱门廊，可以眺望罗马的各个山头。金宫坐落于一个花园中，后者的地基位于人工塑造的景观之上。广阔的场地上至少建有一座亭阁，在一组非凡的纪念性建筑群中心有一片湖水。[57]当时，罗马士兵为了遏制帕提亚日益增长的势力而驻扎在近东，他们会把美索不达米亚的奇迹故事带回罗马。那时，安提帕特的诗也在流传，诗中他声称目睹了空中花园，同

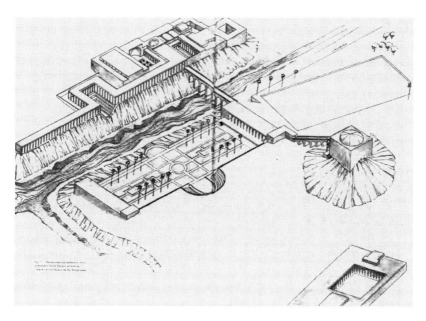

图56 大希律王的第三座冬宫，位于耶利哥，等距复原图显示了柱廊俯瞰有流水、人工景观和亭阁的花园

样，斯特拉博和西西里的迪奥多鲁斯的描述以及约瑟夫斯的叙述也为人传阅。尼尼微在当地将军的治理下，正经历伟大的复兴。因此，当尼禄以如此宏大的规模设计他的建筑群时，很可能特别参考了"巴比伦"的世界奇迹，并吸纳了辛纳赫里布的许多设计特点。金宫很快就被其他建筑所取代；湖水被抽干，大斗兽场就建在它的原址之上。

总之，在亚述帝国衰亡之后，于宫殿旁建造景观花园的亚述传统仍延续甚久。与庭院花园、墓地花园和神庙花园不同的是，它具有象征价值，可以彰显国王的智慧、对自然的掌控、广泛的影响力、克服季节性衰败的能力、传播丰产的角色，以及对农业和园艺的贡献。从耶路撒冷到帕加马，从耶利哥到罗马，人们发现来自尼尼微的影响广泛传播到异国他乡的蛛丝马迹。

注 释

1　From *Bacon's Essays*, ed. A. S. West (1931).

2　R. van Leeuwen, 'Cosmos, temple, house: building and wisdom in Mesopotamia and Israel', ed. R. J. Clifford, *Wisdom Literature in Mesopotamia and Israel* (2007), 67—90.

3　W. Andrae, *Das wiedererstandene Assur* (1938), 64, fig. 42.

4　限定条件及尚不明晰处见J. Renger and J. S. Cooper, *Reallexikon der Assyriologie*, vol. 4 (1975), s.v. 'Heilige Hochzeit', 251—269。

5　W. Mayer, 'Ein Mythos von der Erschaffung des Menschen', *Orientalia 56* (1987), 55—68; also J. van Seters, 'The creation of man and the creation of the king', *Zeitschrift für Alttestamentliche Wissenschaft 101* (1989), 333—342.

6　See J. Dixon Hunt and P. Willis, eds., *The Genius of the Place: The English Landscape Garden 1620—1820* (1988), 58.

7　George, *The Babylonian Gilgamesh Epic* (2003), e.g. 265 line 38, and 268 line 17（阿努纳基诸神的居所）, 576 line 54（某种邪神）, 602 lines 6—7（作为神灵居所的雪松山）。

8　译文据D. Katz, 'Enki and Ninhursaga, part one: the story of Dilmun', *Bibliotheca Orientalis 64* (2007), 568—589。有调整。

9　S. N. Kramer, 'Enki and Ninhursag: a paradise myth', ed. J. B. Pritchard, *Ancient Near Eastern Texts relating to the Old Testament* (1950), 36—41, 力推该观点, 并且仍得到例如 J. Day, *Yahweh and the Gods and Goddesses of Canaan* (2000), 29.的采信。正确的理解不晚于1983年, see B. Alster, 'Dilmun, Bahrain and the alleged paradise in Sumerian myth and literature', ed. D. Potts, Dilmun (1983), 39—74, and R. J. Clifford, *Creation Accounts in the Ancient Near East and the Bible* (1994), 35—38。

10　*Genesis* 4: 4b—5.［作者笔误, 应为2: 4b—5］

11　它在公元前9世纪的使用, 得到了一篇最近发现的双语文献的佐证。See e.g. A. Millard, 'The etymology of Eden', Vetus Testamentum 34 (1984), 103—105.

12　See J. Bremmer, 'Paradise: from Persia, via Greece, into the Septuagint', ed. G. Luttikhuizen, *Paradise Interpreted* (1999), 18—19.

13　See B. Childs, in *The Interpreter's Dictionary of the Bible* (1962), s.v. 'Eden, Garden Of'.

14　L. Valentine, ed., introductory memoir, in *The Poetical Works of John Milton* (1896), 17.

15　John Milton, *Paradise Lost IV*. 137—142, 引自弥尔顿亲手校订的1669年版。

16　See A. van der Kooij, 'The story of paradise in the light of Mesopotamian culture and literature', eds. K. Dell, G. Davies and Y. Koh, *Genesis, Isaiah and Psalms, Vetus Testamentum supplement 135* (2010), 16—21.

17　J. Asmussen, *Manichaean Literature* (1975), 117.

18　References in Chicago Assyrian Dictionary, vol. Š, s.v. šāru.

19　A. Wilkinson, *The Garden in Ancient Egypt* (1998), 132—133.

20　J. E. Reade, 'Ideology and propaganda in Assyrian art', ed. M. T. Larsen, *Power and Propaganda* (1979), 330 and 340.

21　See e.g. D. Stronach, 'The garden as a political statement: some case studies from the Near East in the first millennium B.C.', *Bulletin of the Asia Institute 4* (1990), 171—180.

22　M. Stol, *Reallexikon der Assyriologie*, vol. 10 (2003—2005), 505, s.v. 'Pflanzenkunde A'.

23　Alvarez-Mon, *The Arjan Tomb, Acta Iranica 49* (2010), 35. 对 *kutānum* 一词的最近讨论见 C. Michel and K. Veenhof, 'Textiles traded by the Assyrians in Anatolia', eds. C. Michel and M.-L. Nosch, *Textile Terminologies* (2010), 212 and 234。

24　K. R. Maxwell-Hyslop, 'Dalbergia sissoo Roxburgh', Anatolian Studies 33 (1983), 67—72; D. Potts, 'GIŠ.mes-magan-na (Dalbergia sissoo Roxb.) at Tell Abraq', *Arabian Archaeology and Epigraphy 10* (1999), 129—133. 阿布拉克土丘（Tell Abraq）位于今天的 Sharjah，邻近阿曼，我们知道辛纳赫里布的孙子阿舒尔巴尼拔接受过阿曼一个名叫伊兹基地方的进贡，当地至今仍有一座同名城镇。

25　Frahm, *Einleitung* (1997), 277.

26　Livingstone, *Court Poetry* (1989), no. 7 line 1.

27　B. Lion, 'Vignes au royaume de Mari', ed. J.-M. Durand, *Florilegium marianum, Recueil d'études en l'honneur de Michel Fleury* (1992), 107—113.

28　S. Parpola, *The Correspondence of Sargon II part 1* (1987), no. 226.

29　Parpola, *Correspondence* (1987), no. 227.

30　铭文在第 1 章有完整援引。

31　M. De Odorico, The Use of Numbers and Quantifications in the Assyrian Royal Inscriptions, *State Archives of Assyria Studies III* (1995), 141—142.

32　Grayson, *Assyrian Rulers of the Early First Millennium BC I (1114—859 BC)* (1991), 290.

33　See M. Giovino, *The Assyrian Sacred Tree* (2007), esp. 103—113.

34　Manniche, *An Ancient Egyptian Herbal* (1989), 13; Wilkinson, *The Garden in Ancient Egypt* (1998), 137—139; N. Beaux, *Le Cabinet de curiosités de Thoutmosis III* (1990).

35　J. V. Kinnier Wilson, *The Nimrud Wine Lists, Cuneiform Texts from Nimrud I* (1972), no. 4: rev. 14' (?), no. 9: rev. 19; and M. Feldman, 'Nineveh to Thebes and back: art and politics between Assyria and Egypt in the seventh century BCE', *Iraq 66* (2004), 141—150.

36　See P. M. Fraser, 'The world of Theophrastus', ed. S. Hornblower, *Greek Historiography* (1994), 167—192.

37　E. W. Budge, *Assyrian Sculptures in the British Museum: Reign of Assurnasirpal, 885—860 BC* (1914), plate XXI, 附有标题 "亚述士兵怀抱充气皮囊渡河"。

38　纳布、尼努尔塔和贝尔都有例证；see e.g. *Chicago Assyrian Dictionary* s.v.

'lismu', 许多经过校订的文献见Livingstone, *Court Poetry* (1989)。

39 Livingstone, *Court Poetry* (1989), no. 10, rev. 8.

40 Livingstone, *Court Poetry* (1989), no. 34, line 57.

41 W. Decker, *Sports and Games of Ancient Egypt* (1992).

42 Decker, *Sports* (1992), 64, 计算出在9小时内跑完了100公里。石碑上没有事件场景的图像。

43 See C. Morgan, *Athletes and Oracles* (1989), 220; more generally, M. Finley and H. Pleket, *The Olympic Games: The First Thousand Years* (1976).

44 Livingstone, *Court Poetry* (1989), no. 14, p. 37; see also M. Nissinen, 'Love lyrics of Nabu and Tašmetu: an Assyrian Song of Songs?' eds. M. Dietrich and I. Kottsieper, *Und Mose schrieb dieses Lied auf* (1998), 587—591.

45 Information from J. Kinnier Wilson, *Nimrud Wine Lists* (1972), with collations given by S. Dalley and J. N. Postgate, *Tablets from Fort Shalmaneser* (1984); also Luckenbill, *Annals of Sennacherib*, third campaign, lines 46—47.

46 See P. Mitsis, 'The institutions of Hellenistic philosophy', ed. A. Erskine, *A Companion to the Hellenistic World* (2003), 471.

47 Wilkinson, *The Garden in Ancient Egypt* (1998), 150.

48 See for example T. Ornan, 'The transition from figured to non-figured representations in first-millennium glyptic', ed. J. Goodnick Westenholz, *Seals and Sealings in the Ancient Near East* (1995), 39—56; and 'Idols and symbols: divine representation in first millennium Mesopotamian art and its bearing on the second commandment', *Tel Aviv 31* (2004), 90—121.

49 See Reade, *Assyrian Sculpture* (1983), 36.

50 Barnett et al., *Sculptures from the Southwest Palace* vol. 2 (1998), nos. 152—153.

51 E. Cook, 'Near Eastern prototypes of the palace of Alkinoos', *American Journal of Archaeology 108* (2004), 43—77; see also N. Luraghi, 'Traders, pirates, warriors: the proto-history of Greek mercenary soldiers in the eastern Mediterranean', *Phoenix 60* (2006), 1—47.

52 See Brodersen, *Die Sieben Weltwunder* (1996), 93 and 50.

53 Homer, *Odyssey* book VII, translation of E. V. Rieu (1946), 115.

54 A. Kuttner, '"Do you look like you belong here?" Asianism at Pergamon and the Makedonian diaspora', ed. E. S. Gruen, *Cultural Borrowings and Ethnic Appropriations in Antiquity* (2005), 137—206.

55 E. Netzer et al., *Hasmonean and Herodian Winter Palaces at Jericho: Final Report* (2001), esp. ch. 13, 'Planning and reconstruction of Herod's third palace'. I. Nielsen, *Hellenistic Palaces: Tradition and Renewal* (1994), 没有将亚述宫殿纳入候选模型，大概是认为它们（在希腊化时代）已经荡然无存。

56 Josephus, *Antiquities of the Jews* XVI. 9.

57 E. Segala, *Domus Aurea* (1999).

9 衰败与复兴：公元前612年之后的尼尼微

> 废墟，但岂是寻常废墟！把它当原料，城墙、宫殿、
> 抵得人家半个城的街市，都能兴建。
>
> ——拜伦《恰尔德·哈洛尔德游记》143.1—2
>
> 耶和华说："何况这尼尼微大城，其中不能分辨左手右
> 手的有十二万多人，并有许多牲畜，我岂能不爱惜呢？"
>
> ——《约拿书》第4章第11节

　　直到近期，一个公认的事实是尼尼微在公元前612年被彻底摧毁，古代世界最大和最长寿的城市之一遭完全废弃。如果尼尼微在亚述帝国灭亡时被彻底摧毁和洗劫，辛纳赫里布的花园及其复杂的浇灌系统怎么可能成为塞琉古和帕提亚时代著名的世界奇迹？如果希腊作家既没有目击花园，也没有读到碑铭，那么这些作家的详细描述如何可能写出，一套螺旋泵在那里扬水的知识怎么会得到传播？如果花园被夷平了，那么如果我们假设描绘花园的雕塑饰板在亚述的陷落中幸存下来，并且至少在亚历山大的时代，也许在之后的许多个世纪中仍然可见，那么古典文献的描述是否有可能依赖于它们（见图57、58）？

　　理论上，提到某个城市的可定年文本应该与该地的考古学证据相匹配。然而，就尼尼微而言，在公元前612年尼尼微被洗劫时，用于书

图57　尼尼微的第二座堡垒内比·尤努斯的景致

图58　尼姆鲁德的景致，前景是门道上的翼兽巨像，天际线上是尼努尔塔神庙
　　　的土丘和塔庙

写的载体发生了巨大的变化：无机的黏土（仅见于承载楔形文字）让位于有机的皮纸和纸莎草纸，后二者未能保存下来。此外，这座城市不再是王室驻地，因此它不再讴歌出新的纪念性铭文以勒石立碑。这些变化——从丰富的文字证据转为缺乏这类证据——强化了尼尼微被彻底摧毁的印象。象牙装饰品、金属物件和其他贵重物品的存留加强了这种印象。人们认为这些东西在沦陷后会被洗劫一空，除非破坏得如此彻底，以至于阻碍后人进入。

在19世纪中期，均受过良好教育的罗林森和莱亚德熟稔《旧约》，他们同时代的许多人仍然相信希伯来语文本是上帝的话语。事实上，一些欧洲人至今仍然认为希伯来语是上帝所说的语言，是人类的第一种语言，所以后来的所有语言都是由它衍生出来的：他们从德语中罗列出听起来像希伯来语的单词，并将这些相似之处解释为证明德语（以及所有其他语言）归根结底源自希伯来语。[1]一位法国人对同一概念的理解曾被伏尔泰讽刺过，据说后者在18世纪偶然听到过这句话："巴别塔带来的纷扰令语言被搞乱，真是太可惜了；要不是这样，大家就会一直说法语了。"这样的信念带来了对《圣经》文本进行字面理解。

《圣经》叙事借那鸿之言以世界末日般的口吻描述了尼尼微的陷落，预言火灾、洪水、刀剑和四散的居民将使这座城市"空荡、寂寥和荒芜"。"凡看见你的，都必逃跑离开你，说：'尼尼微荒凉了。'……你国中的关口向仇敌敞开……凡听你信息的必都因此向你拍掌。"[2]在尼尼微沦陷几个世纪后，克特西亚斯对该事件进行了夸张的描述。他的言辞被迪奥多鲁斯复述，直到最近还被认为是基本可信的；他将亚述最后一位国王"萨达纳帕鲁斯"描述为一个沉浸在香氛中、因性欲过度而枯槁的堕落君主，他写道："因为他是一个有如此个性的人，他不仅以一种可耻的方式结束自己的生命，还导致亚述帝国的彻底毁灭。"[3]我们现在认为，克特西亚斯是以讽刺手法写下这段话的，他恶作剧般将事件移花接木，编造了一些骇人的细节。[4]他的叙述将亚述的末代国王与之前阿舒尔巴尼拔悖逆的兄弟互换，后者在巴比伦称王，生活在历史上尼尼微沦陷前约三十六年。这段记述将尼尼微与巴比伦混为一谈。[5]难怪希腊人被绕晕了。

现代的历史学家们无法抵抗诱惑，依靠对克特西亚斯的字面解读，以催人泪下的归纳写就幻想化的段落。西德尼·史密斯在1925年写下这样的论断："亚述人的消失将永远是古代历史中一个独一无二且震撼人心的现象。其他类似的王国和帝国确实已经消逝，但其人民继续繁衍……似乎没有其他土地像亚述那样遭如此彻底的洗劫和掠夺……亚述人似乎过分投入于那些事（即'带有淫荡特质'），它们只能以种族自杀了结。"[6]

对尼尼微在公元前612年遭夷平的错误判断，促使第一批发掘者排除了后来有人在那里居住的可能性。最重要的发掘者是奥斯汀·亨利·莱亚德，他的畅销书《尼尼微及其遗迹》出版于1850年，而《尼尼微与巴比伦》则在三年后刊行。他所宣称的目标是寻找亚述雕塑，以丰富大英博物馆的藏品，因此他沿大宫殿群外墙开凿地道（见图59）。因这一做法，他错过了公元前7世纪建筑遗址上方地层堆积中保存的晚期历史遗迹。[7]虽然当时查尔斯·莱尔的《地质学原理》已经广为传阅，但严格的地层观察和科学的考古学方法还没有从古物学家的挖掘方法中孕育出来。[8]

莱亚德确信尼尼微在米底人和巴比伦人洗劫该城时被彻底摧毁。两个世纪后，色诺芬行军经过该地区时记录的亲眼所见，显然支持了对那鸿说法的直白解读。[9]援引色诺芬《长征记》作为证据，莱亚德于1853年写道：

我们的调查必须从第一个确定的年代开始，即尼尼微被波斯兼米底国王居阿沙雷斯和巴比伦国王那波帕拉萨尔的联军摧毁……我认为这必然很容易地承认，迄今为止在亚述发现的所有遗迹都应归于波斯征服之前的时期……当色诺芬路过尼尼微的遗迹时，它的名字已经被遗忘。[10]

图 59　莱亚德在尼尼微的发掘工作是通过挖掘地道抵达亚述建筑，绕过了后期的聚落遗址

20世纪20年代在尼尼微的英国发掘者也有同样的认识。当他们发表自己的成果时，楔形文字文献正在以一种或多或少连贯的方式进行编校，在公元前612年以后的楔形文献中没有提到尼尼微的字眼，因此这一认识似乎可以盖棺定论。[11]他们的理解看起来得到了1923年首次出版的提及尼尼微沦陷的楔形文字编年史的佐证，后者明确指出尼尼微"变成丘墟和瓦砾堆"。[12]他们写道："在公元前612年尼尼微陷落后，该地直到公元前3世纪甚至更晚，都荒无人烟。"[13]所有宫殿被摧毁的证据都被归咎于公元前7世纪晚期的事件。没有考虑后期事件可能造成宫殿与神庙的焚毁，因为它们被认为到那时已经是一堆瓦砾。[14]同样，当1987—1990年度的发掘发现士兵的骸骨横陈于城市的哈尔齐门内时[15]，发掘者毫不犹豫地将屠杀的日期定为公元前612年。

尼尼微成为终极毁灭和荒芜的代名词。米底人阿尔巴塞斯将"尼努斯"夷为平地的说法属于胜利者的吹嘘。[16]同样，琉善（约公元115—180）借访问地上世界的冥界摆渡人之口，报告生命和成就的短暂性。

> 至于尼尼微，艄公，它早就被毁灭了。它没有留下任何痕迹，人们甚至无法猜测它在哪里。巴比伦在那一头，有高塔和巨大城墙的地方，但不久之后，它就会像尼尼微一样难觅踪迹。[17]

琉善转述了一种刻板印象，说到底它根据被误解的毁灭话语，以及由神罚所执行的暴君的倒台。

最终研究表明，诸如"变成丘墟和瓦砾堆"这样的短语不应该从字面上理解。例如，苏撒的埃兰人在公元前第3千纪晚期将伟大的乌尔城变成了丘墟和瓦砾堆，而阿普库城在公元前900年左右也遭受了同样的命运，但这两个地方在之后不久再次繁荣起来。同样，埃兰人的首都苏撒在公元前646年左右被阿舒尔巴尼拔彻底掠夺、拆毁并迁移人口，但它还是恢复了，程度足以重建为一个独立的王国，并在公元前625年迎回了它被掳走的神像。在尼尼微，西南宫墙壁有的地方厚达12米，每边都有高大的石饰面保护，在莱亚德的时代，这些石墙仍然留在原位。如果要摧毁这些建筑的一部分以上，就需要付出超人的、不必要的努力。当时的征服者往往会选择几个具有象征意义的目标进行破坏。编年史和亚述年代记中使用的误导性短语是从正式挽歌的语言和图像中借来的，我们现在知道这种类型的礼仪文本是用来宣传复兴的，因此用在修复神圣建筑的仪式上。[18]通过夸大当下的悲惨以恳求神灵青睐的回归。他们确实回来了，正如《圣经》中的先知约拿在向上帝发出的徒劳呼吁中所表明的那样，他恳求上帝对有罪的人民实施他所预言的惩罚。[19]

帝国覆灭之前的内战持续了大约十八年，差不多是公元前627至前609年间。我们知晓这一点是因为在纳波尼杜母亲记录的亚述末年诸王名单中遗漏了三个名字，显然她没有支持这些人的派系。[20]那段动乱期会削弱亚述的中心地带，但不一定会对城市造成致命的打击。

近来历史学家们不太愿意接受色诺芬的描述和克特西亚斯的叙述，而是以更开放的心态看待考古证据。[21]尽管在库云吉克的部分宫殿中发现了厚厚的灰烬堆积[22]，这场大火严重损坏了许多浮雕石板，一座城门也被拆除，但没有确切的证据表明这场大火是在公元前612年点燃的还是后期征服的结果。公元前538年左右对尼尼微的后一次占领得到雅典纳乌斯的记录：

　　阿明塔斯*在他的《行程录》第三卷中说，在尼尼微有一座高

---

　　*　生平不详，著有《行程录》一书，讲述了亚历山大大帝东征期间亚洲各停驻之地的历史文化，原书已佚，部分片段经埃利安和雅典纳乌斯著作的转引得以流传下来。

丘，居鲁士在围攻该城时将其移除，以修建围困城市的包围墙；据说这座高丘是曾在尼尼微当过国王的萨达纳帕鲁斯的建造。[23]

另一次陷落发生在公元前90年左右，尼尼微落入亚美尼亚的提格兰之手，斯特拉波记述了此事[24]，塔西佗则提及了公元50年左右米特里达梯*对尼尼微的另一次征服。[25]

莱亚德的观察力和思考力足以认识到尼尼微后来有人定居的证据，并最终对自己先前的假设和由此推断出的年代表示怀疑。在《尼尼微与巴比伦》的结尾，他提到根据两位罗马历史学家，即公元1世纪的塔西佗和4世纪的阿米亚努斯·马塞利努斯的记载，尼尼微曾隶属帕提亚和萨珊波斯[26]；他认为尼尼微和霍尔萨巴德的一些最初被认为属于亚述后期的出土材料，年代实为希腊化时代。[27]在莱亚德的时代，尚无法清晰分辨亚述与后期的非希腊风格艺术。这种混淆最明显的例证是一个长1.83米的雕刻"门楣"，它被乔治·史密斯发现横陈在辛纳赫里布的宫殿里，并认为这是一个亚述雕塑的实物。我们现在知道，其风格是帕提亚式的，因此门楣（如果这确是其功能的话）属于罗马时期。莱亚德在尼尼微的后继者霍尔穆兹德·拉萨姆直到几十年后才发表报告，他写道："毫无疑问，宫殿的主要破坏是萨珊人所为"[28]，因为他发现许多亚述宫殿的雕塑被重新用于附近"某个富裕的萨珊人或阿拉伯人的大型建筑"；他还在北宫发现一处集有145枚萨珊银币的窖藏。[29]

帕提亚"门楣"不够长，无法覆盖西南王宫的原始门道；4米、3米和2米是那里大小各异的原始门道的大致宽度，因此即使是最窄的门道，也够不到支撑帕提亚"门楣"两端所需的重叠度（见图60）。原有的门

---

* 一作Meherdates、帕提亚国王Vonones I之子，起兵反叛在位的Gotarzes II，他在公元49—51年间僭称王号，最后兵败被俘。

图60　19世纪在尼尼微西南宫发现的帕提亚门楣。其设计曾被视为亚述作品。长1.83米，高0.26米

道也许被收窄了，或者这件雕刻的石构件被设计为另一种用途。无论如何，该物件的存在毫无疑问地表明，辛纳赫里布的西南宫遗址至少在一定程度上被社会精英占用，因为身份低微的寄居者不会安装大型的雕刻石构件。

如果宫殿被彻底毁坏达数个世纪，亚述浮雕板就会被掩埋，隐藏在数米高的碎石之下，因此无法被那个假定的"富裕的萨珊人或阿拉伯人"再利用。辛纳赫里布宫殿的一部分直到近期——1968年才被挖掘出来，在希腊化时期地层上发现了"石灰石和大理石制成的地板和地基"，以及立柱和重新使用的浮雕饰板，"它们曾经为王座厅增光添彩"。[30]

从公元前612年亚述覆灭至萨珊王朝时期，差不多有一千年的时间，当时阿米亚努斯·马塞利努斯提到了公元359年*的事件，那也是悖论作家斐洛的写作时代。从理论上讲，每一个地层的居住痕迹都应该在前一个和后一个地层之间找到。但在实际发掘中，即使文献清楚地表明该城在那段时间里很繁荣，但整个层位却经常缺失。[31]这些难题与涉及陶器和其他发现物的更广泛的年代问题交织在一起，变得更加棘手。这种不确定性见诸西南宫的一块浮雕饰板，饰板表面只被磨平了一部分，用来刻画一个新的马上骑手形象。[32]这些人物与周围的场景没有任何关联；这个骑兵与雅典帕特农神庙三角楣上的人物以及早期的亚述人像颇

---

* 指罗马帝国东西分治。

为相似。如果在公元前612年之后可以进入宫殿建筑，那么画面改动的发生就有一个较宽泛的时间范围候选。[33]如果添加的是一对缺失亚述语境——比如一场特定的战役——的人物，那么这种改动就表明缺乏王家参与或中央控制，这可能是后帝国时期的特点。

发掘人员惊讶地发现，公元前612年后不久，在辛纳赫里布宫殿不远处的纳布神庙进行了翻新。沿着神庙有一条铺设的路面，再利用了辛纳赫里布和阿舒尔巴尼拔的浮雕石板。[34]坎贝尔-汤普森和哈钦森在莱亚德之后挖掘了几十年，他们对在一个有灰烬的主要破坏层之上发现的东西感到很困惑。"要解释东角的三处修复并非易事。所有这些都是在破坏之后……事实上，在东南面有很多维修。"在纳布神庙东南面的所谓阿舒尔纳西尔帕二世的宫殿也发现类似的情况，同一批发掘人员也不情愿地承认那里在被毁之后有一些明显的修复。[35]负责修复纳布神庙的管理部门可能没有清理和修复每一个损坏点，但人们在访问一座古城或古堡时，往往会发现一些房间和大门已经得到清理和翻新，而其他地方却相当破败，不再具备功能。后来的发掘者在另外两个区域发现了破坏之后的四个有居住痕迹的地层堆积，而且可能早于塞琉古时期。[36]

最近，对尼尼微伊什塔尔大神庙的发掘报告和出土物品进行了全新的分析，表明原来被认为是帕提亚时期的维修实际上是在公元前612年后不久进行的，与纳布神庙的维修类似。相反，其他的修复或改造的迹象，原来认为是亚述时期的，因为那里有很多亚述材料被再利用，现在被认为属于帕提亚时期。[37]因此，有可能在尼尼微，对伊什塔尔的崇拜并未中断，而是经过修缮一直持续到帕提亚时代。在伊什塔尔神庙中发现了几个帕提亚或萨珊时代的罗马头盔，这可能是士兵们的奉献物，得益于她战争女神的角色（"战斗对她来说是一场游戏"），还有情欲主题的陶俑，[38]由于她爱情和生育女神的司职，所以被存放或供奉在那里。

关于尼尼微在公元前612年被洗劫的情况我们知之甚少，甚至不能确定后来谁控制了亚述的中心地带。但巴比伦人保留了一些控制权，因为同时期的一部编年史告诉我们，征服者那波帕拉萨尔吹嘘自己在攻下该城后，在那里接受贡品，估计是在一座宫殿里。如果只剩下冒烟的废墟和尘土飞扬的瓦砾，加之屋梁倒塌的危险，他就不会这么做。至少，这个细节表明，某座建筑的一部分仍然处于足够好的状态，可以被选作王家仪式的场所。

> （那波帕拉萨尔统治的）第十四年（即公元前612年……在巴比伦人攻克尼尼微之后）……阿卡德国王［和他的军队］一直进军到纳西比纳。掠夺和放逐……而鲁萨皮人被带到尼尼微，带到阿卡德王面前。[39]

那波帕拉萨尔对这座美妙的城市所遭受的破坏感到非常不安。纳波尼杜后来记录了先王对这场洗劫的反应：

> （至于）巴比伦国王——马尔杜克的作品，对他来说，掠夺是一种可憎的行为——他（那波帕拉萨尔）没有对任何神灵的信仰动一根手指头，而是蓬头垢面地四处踱步（服丧姿态），以地板为长榻，睡在上面。[40]

这一供认表明，曾有阻止破坏的尝试，而且一些宗教活动在该城仍然是允许的。因此，修复神庙的考古证据或可与新巴比伦文献中的那份供词相照应。

在尼尼微没有发现具体年份晚于公元前612年的泥板记录。然而，哈布尔河畔的亚述城市杜尔-卡利穆最近发现了确凿无疑的证据[41]，表明该城仍然举足轻重，在那里揭露出亚述后期的纪念性建筑，亚述风格的行政管理在接下来的五十年里一直没有中断，持续到尼布甲尼撒二世统治时期。[42]辛纳赫里布的棱柱和圆柱铭文的复制品——描述他如何创建宫殿花园——被存放在几座不同的城市，提高了它们长期保存的机会。

在尼尼微发现了少量年代不明的黏土板，上面写有埃兰语信函，对它们加盖的印章图案进行研究后推测，它们的年代很可能晚于公元前612年（见图61）。[43]这一推测虽然受到质疑[44]，但与一种新的认识相吻合，即埃兰的首都苏撒至公元前625年时已经从早前的破坏中恢复过来，来自一座高等级墓葬的新证据和对其陪葬品的分析证实了这一点。[45]居鲁士大帝被证明是埃兰人而不是波斯人，因此他对巴比伦的征服反映了埃兰势力的复兴。[46]在西南宫和北宫的一些雕塑饰板上，均有选择地破坏了亲亚述的埃兰人和那些与埃兰人作战的亚述国王的面容，这意味着这些房间在被洗劫后仍可进入，也许发生在一段时间后。[47]现在看来，当希腊历史学家指称"米底人"，强调居鲁士与米底王族的关系时，有

图61　刻有晚期埃兰语铭文滚印的印文，约公元前7世纪至前6世纪末，在尼尼微的伊什塔尔神庙上方地层发现。玉髓，2.2厘米 × 1.75厘米

可能隐含了埃兰人。[48]

与尼尼微一样，在附近的尼姆鲁德，考古学家预计会发现该城市在公元前612年遭遗弃，因为他们在挖掘时手里拿着色诺芬的《长征记》。[49]当人们阅读马洛温巨细无遗的发掘报告时，会发现在实际出土物与期望出土物之间存在的偏差和张力。他发现纳布神庙的"废墟"在公元前500年到前300年之间被重新占用[50]，在城堡地层上方出现了一连六个"绝非荒凉的村庄"[51]，在纳布神庙的周围和上方，延续了亚述风格的陶器和埋葬习俗。它的人民为制造玻璃建造了大型窑炉；他们从爱琴海北部的塔索斯远道进口最好的葡萄酒（因其烈度和香气闻名）[52]，并用银币和诸如滚印这样的古物陪葬死者。在随后的塞琉古王朝统治时期，发现了一枚有带状纹饰的精美的半球形玻璃碗，大体通透，但也略带黄色和棕色斑块，从其他地方的类似发现来看，这是一个可能在公元前3世纪末或公元前2世纪从亚历山大里亚进口的时尚物品。[53]20世纪80年代的重新挖掘发现，在下城区城墙内的一个大型建筑群中，至少有三层后亚述堆积，而且"所出陶器都与年代最近的亚述居住地层的陶器相同，它们在时间上不可能相差太远"。[54]在征服的灾难之后，很快就有了相当程度的重新居住；特别是，"一个后亚述时代的重要定居点得到了一座大型住宅的证实"，室内的阿契美尼德陶器被辨识出来。[55]

阿契美尼德时期的考古学存在尽人皆知的困扰，其范围远远超出尼尼微。除了波斯波利斯和帕萨尔加德的两个仪式中心，在那里，波斯国王引进了异域风格和外国工匠，新来的统治者没有可以强加给被征服城市的公民建筑传统，不像希腊人，后者的剧院、竞技场和体育馆昭示在古代世界各地的希腊存在。在亚述，宫殿被建造得如此宏伟和耐用，以至于很容易将它们移交新的管理机构使用，清理废弃物，雇用当地工人按照传统方式修复屋顶和门道。即便在巴比伦和乌鲁克——那里的文化和公民生活维持着很高的水准——人们也很难辨识出一座特定的阿契美尼德建筑。正如威廉·福格尔桑所言，波斯帝国"似乎没有对近东的物质文化产生太大的影响"，而那些古老的城市，其宏伟的建筑或多或少仍被保留下来，"往往为新兴的帝国提供行政基础设施"。[56]

公元前545年左右，居鲁士二世在帕萨尔加德建造他的礼仪之都时，他模仿的是尼尼微的宫殿建筑，而不是巴比伦或苏撒的建筑。他可能派遣工匠"前往萨尔贡和辛纳赫里布部分坍圮的宫殿，以近距离临摹原始模型"。[57]同样，当大流士一世在公元前515年左右，即尼尼微沦陷近一个世纪后建造波斯波利斯时，"外立面、楼梯和门道的浮雕上的大多数图案都可以在亚述找到对照……予人压倒性观感的是来自亚述的影响"，特别是来自尼尼微的辛纳赫里布西南宫。[58]如果尼尼微的宫殿在公元前612年被完全毁坏，那么在近一个世纪后规划这些阿契美尼德宫殿时，这些砖块结构就已遭严重侵蚀，因此不会激发功业卓著而又雄心勃勃的帝王们的模仿。对于王家赞助的建筑师和设计师来说，在开始设计帕萨尔加德之前，已经查看过尼尼微的宫殿和门廊，在帕萨尔加德的主要门道上，混身生物占主导地位，当地的安全在一定程度上有赖于它们。设计师和艺术家们会观摩辛纳赫里布在尼尼微的宫殿，以便复制和吸纳世界上最著名宫殿的奇迹。

作为阿契美尼德时期的一座主要城市，尼尼微的规模和重要性被《圣经》中的先知约拿大力宣扬，以他命名的希伯来经文*可能就是在那个时候创作的。但它的见证似乎被色诺芬的《长征记》抵消了。后者描述了公元前401年在巴比伦尼亚的库纳克萨战役是如何导致僭号者小居鲁士之死和他的希腊雇佣兵随之向北撤退的。这支"万人远征军"的余

---

* 即《旧约·约拿书》。

部穿越昔日亚述腹地的敌对领土，途经被毁坏和废弃的带有非亚述名字的城市。他在三十多年后写下了相关记述。

学者们普遍承认，作为一部对真实事件的描述，色诺芬的故事中存在一些难以令人满意的细节。[59]作为对一部现已佚失的早期记述的回应，色诺芬的参与程度被描述得不太可信，人们认为他对事件进行了修改，夸大了自己的英雄角色，并驳斥了关于贿赂、腐败和纯粹为个人致富而服役的指控。[60]在他日报式的记叙中有三个月的缺失，一个"巨大的空白"。[61]他在美索不达米亚指名的地方几乎没有一个可以从同时期文献中找到，本该提到的一些知名城市也没有出现在他的记录中。他甚至没有说出发生决战的地点——只是在别处称其为库纳克萨。他所描述的米底长墙无法在合适的地区找到。[62]安纳托利亚高原的雪以不真实的速度降落和消失。他没有提到，他的部队在底格里斯河谷东岸行进时，必须渡过下扎布河，这是一条很大的河流。

在到达亚述三大王都——尼尼微、尼姆鲁德和霍尔萨巴德所在的地区时，他提及名为拉里萨和梅斯皮拉的废弃城市。拉里萨是希腊语中可指代任何城堡的常见词，但梅斯皮拉在阿卡德语和希腊语中均不见踪影。[63]大多数学者认为这些是尼姆鲁德和尼尼微的替代名称，但它们在任何其他资料中都没有如此命名。色诺芬没有理由不知道尼尼微这个名字，因为他在世时和身后的各类文献中都使用这个名字：在克特西亚斯笔下是Ninus或Nineve，后来在斯特拉波[64]、迪奥多鲁斯、塔西佗[65]那里亦如此，再往后在马塞利努斯那里依然如故。[66]在托勒密埃及流行的阿拉姆语故事《阿希卡尔》和《阿舒尔巴尼拔与沙马什-舒姆-乌金》中，它被称为Ninue；在《约拿书》的作者笔下，它被称为Nineveh；在希腊次经《友弟德书》中，它被称为"Ninus，亚述历史悠久的首都"。亚述人将尼姆鲁德称为卡拉赫，这一点在斯特拉波对卡拉基内的提及中也得到了保留。[67]它们并不是唯二历经艰难岁月和历史变迁而保存至今的城市名称；许多其他城市的名字都见证了持续的定居。[68]在其他地方，城市公共生活的中断导致在其许久之后的复兴时会重新命名。

与色诺芬所描述的情况龃龉的还有公元前5世纪末王室出身的埃及总督阿尔沙马的一封信，信中提到他的使者携带书面许可穿越亚述，有权向亚述的庄园索取口粮。这些地区被一一指名，它们包括亚述心脏地带的几个部分，其中一个地区邻近尼尼微（见图62）。[69]阿尔沙马的行政人员在王室赞助的激励下，会修复和维护向他的农场和果园输送水源的坚固的基础设施。亚述人的水渠如此有价值，不可能被忽视。

如果色诺芬提及亚述城市的已知名称，会增加他叙述的真实性。他声称梅斯皮拉和拉里萨在被征服之前都属于米底人，色诺芬以传奇或小说的方式将征服分别归因于一片笼罩的乱云和一场雷暴。保存在一张纸莎草卷上的小说《尼诺斯和塞米拉米斯》长篇片段B，可追溯到公元1世纪初[70]，它呼应了《长征记》中的一些主题，特别是关于亚美尼亚人、渡河、山路上的冰雪，这种相似性促使人们认为《长征记》与色诺芬的《居鲁士的教育》一样具有若干小说特征。[71]当时，小说正逐渐流行——这是散文文学的一种新体裁——削弱了虚构与事实叙述之间的联系。创作散文小说的风气越来越盛，其中还糅杂了真实历史背景的润色，这或许可以解释为什么只保存了一些片段的克特西亚斯的《波斯志》似乎将历史事实与传说熔于一炉。

色诺芬认为亚述的一部分属于米底，对此我们无法找到其他证据。他的观点属于当时流行的以大帝国的兴衰为标准的世界历史观念。由于所谓的米底帝国是最近才衰落的，因此有一种猜测认为概括性的文学-历史模式影响了他的创作，提供了一幅亚述帝国霸权戏剧性终结后土地几乎空无一人的画面。色诺芬将亚述呈现为一片缺乏可见纪念物的土

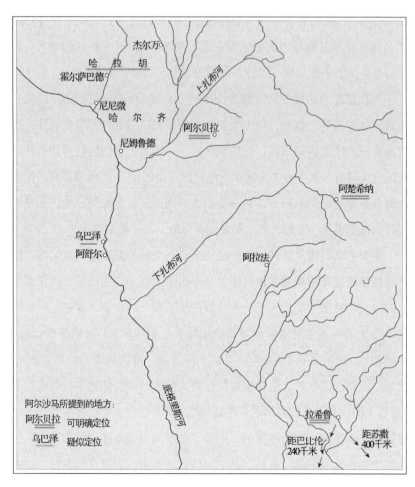

图 62　简图显示大流士二世统治时期的埃及总督阿尔沙马名下庄园的位置，约
　　　 公元前 425 年

地，暗示它在已知的历史之外，以调适公共纪念物作为历史性时间标记
的一般理念；纪念物的毁坏会废除历史。[72] 事实上，亚述的中心地带当
时肯定处于波斯阿契美尼德帝国的疆域内，在此之前隶属新巴比伦帝
国。总督阿尔沙马写下的信函表明，识字和会计在那里仍然有效；而这

些文化素质得益于城市生活和集中化教育。[73]

当我们转向塞琉古王朝和早期帕提亚王朝时，在尼尼微的古代亚述建筑内部和周围发现的希腊铭文、希腊化雕塑和钱币提供了可定年的证据，但没有希腊风格的公共建筑的痕迹，例如广场、剧院和赛车场。可资比较的是，除了巴比伦本城之外，塞琉古王朝统治下的巴比伦尼亚城市也缺乏类似的建筑。[74]

幸运的是，莱亚德发现了"几个蛇纹石和大理石的盘子以及花瓶的残片"，其中一块碎片上有一段来自埃及托勒密王朝——与塞琉古统治者是一个时代——的阿蒙祭司写下的铭文，[75]证实了尼尼微的国际联络。该迹象得到了在纳布神庙中发现的一段非凡铭文的加强，后者用整齐的希腊字母刻在一根石柱上，记录了阿斯克勒庇俄斯之子阿波罗法尼斯替阿波罗尼乌斯做的进献，后者被称为"城邦的将军和首席执法官"。它的年代约在公元前32年左右，所以石柱上的一行较早的铭文（已被抹去）可能是塞琉古时期的。[76]铭文中两个人名包含阿波罗之名，他被认为是美索不达米亚神纳布的希腊对应。[77]纳布神庙维修迹象的记录相当含糊，几乎无助于重建它在公元前612年之后的使用情况，但柱铭上记录的年代，可能是公元前32/31年，再考虑发现的地点，纳布神庙仍在使用的可能性得以成立。

证明尼尼微正式成为一座希腊城邦的进一步证据来自德米特里之子"执政官"阿波罗尼乌斯——与上文并非一人？——的希腊语献词，"执政官"头衔在巴尔米拉与"将军"一起使用。这段刻在一座巨大石祭坛上的铭文，是在公元前9世纪铭刻的献给七武神的亚述楔形文字旁边添加上去的，而且从未被抹去。[78]祭坛高0.68米，长1.03米，宽0.74米，模仿一件木制家具，上有狮爪形足接入石块。亚述铭文宣扬七武神，即昴宿星团在尼尼微的神威：

献给七武神，伟大的神，高贵的战士，芦苇丛的爱慕者，巡视山路之神，天地的测量者，维护神殿，聆听祈祷，接受请求，接受恳求，实现愿望；击倒敌人——慈悲的神，向他们祈祷是好的，他们居住在尼尼微……我，沙尔曼尼瑟，恩利尔神的特使，阿舒尔神的副手……将此献给七武神，我的主人，为我的生命，使我的日子长，我的年岁多，为我的种子和土地的繁荣，为我的王位的安全；为燃烧我的敌人，摧毁我所有的对手，使反对我的国王跪在我脚下，我将（这座祭坛）献给七神。

希腊语铭文是一句简单的献词：

执政官德米特里之子阿波罗尼乌斯。献给城邦。

此处的添加是表面性的。在霍尔萨巴德的七神庙中，一座圆顶拱廊大厅（帕提亚和萨珊时期特有的一种大厅）被建在庭院里，这意味着使用的连续性，也许还有崇拜的连续性。[79]尼尼微有一位将军/执政官，也许意味着这座城市是在塞琉古时期作为一个城邦重新奠基的，无论是在公元前300年前后塞琉古一世治下还是他的某个继承人时代。[80]

在塞琉古王朝的统治下，将军有多种职责：保卫他的辖区，这意味着军队在他的指挥下驻扎在尼尼微或其附近；管理王家土地；以及传达王家文件。[81]但并非所有这个头衔的任职者都有同样的权限，而阿波罗尼乌斯也许并非为塞琉古国王效力，因为这个头衔作为塞琉古帝国的遗迹继续得到使用。在尼尼微发现的安提奥库斯四世（公元前175—前164在位）的钱币为在任的将军提供了一个可能的统治时段，但目前还没有更好的证据来确定他的任职时间。

差不多在阿波罗尼乌斯统治尼尼微的同一时期，诗人帖撒罗尼迦的安提帕特前往"亚细亚"，拜访他在奇里乞亚的赞助人，"哦，光芒万丈的神……请允许我搭乘皮索的长船乘风破浪前往亚细亚之地"，他还声称目睹了空中花园。[82]他可能去了奇里乞亚的希拉波利斯-卡斯塔巴拉，这是一个重要的地点，因为在距其不远的塔尔苏斯，有一座辛纳赫里布建造的神庙，里面典型的亚述神像仍被刻画在塞琉古时期的牌饰和罗马帝国的钱币上，包括哈德良和伽利埃努斯发行的——证明辛纳赫里布的某种遗产在奇里乞亚仍然具有吸引力，即使它已经演变成了传奇故事。[83]

在尼尼微一座宫殿的地层下7米处，拉萨姆发现了一尊精美的赫拉克勒斯·埃皮特拉佩齐奥斯的雕像"（坐）在桌子上"，其年代为公元1或2世纪，上面刻有阿耳忒弥多鲁斯之子萨拉庇俄多鲁斯的名字，还有一位戴奥格尼斯的签名（见图版8）。雕像的高度刚刚超过半米。这是帕提亚时期精英们使用该宫殿建筑的绝佳证据。大致同一时期，在阿舒尔巴尼拔北宫的一座雕塑上，在一个无须人物的嘴边用希腊文加上了戴奥格尼斯这个名字，而且旁边似乎还有一段年代更早的、大部分被抹去的铭文（见图63）。[84]题字紧挨着驴子的图像，或许可以解读为："戴奥格尼斯是一头蠢驴！"[85]

尼尼微的希腊-亚述崇拜的一个重要证据来自尼尼微的第二座城堡内比·尤努斯，它与库云吉克（另一座城堡）隔科斯尔河相望。那里的一座神殿里有一尊高1.35米的石灰石雕像，这是一个身形颀长的有翼人物，被认为是赫尔墨斯（见图64）。这座雕像最初站立在一个基座上，收纳在一个按照亚述风格的布局建造的小型泥砖神殿内。这座建筑被证实是一座大得多的建筑群的一部分，后者包括若干间神殿。[86]这座雕像的头发涂成橙红色，翅膀上了红色和蓝色，眼睛镶嵌着珍珠母和蓝色玻璃，但没有手持双蛇杖——有蛇缠绕的魔杖，作为神使的赫尔墨斯通常手持它。雕像的年代为公元2世纪末或3世纪初。[87]

图63　在尼尼微阿舒尔巴尼拔宫殿的坡道中发现的一块石墙板上，戴奥格尼斯
　　　名字的希腊语涂鸦，仿佛是从一个无须的男孩嘴里说出的。

图64　石灰岩材质的赫尔墨斯雕像，涂有红色、蓝色和橙色；眼睛镶嵌玻璃和
　　　珍珠母。出自尼尼微。高135 cm

雪花石价值贵重，因为它必须从遥远的地方进口，所以是一种只适合社会上层人士的材料。一方精雕细琢的雪花石膏底座，与两或三件雕像适配，雕像早已破碎（见图65）。底座上有希腊语献词，或许可以译作"幸运常驻！"或是"献给欧蒂凯"——幸运女神。[88]如果是后者，通过参照在巴尔米拉和杜拉-欧罗巴斯发现的供奉提喀——"运势女神"的雕塑板，一种复原方案是城市女神可能以坐姿处于中心位置，提喀的形象站在她的左边，做胜利手势。这将成为正式重新奠基该城市的证据。

墓葬出土了公元2世纪帕提亚的精美金饰，富丽程度表明"他们是尼尼微定居点非常重要的成员，甚至可能是其领袖"。[89]墓中还发现了一枚提比略（公元前42—公元30）钱币和金箔上的图拉真（公元98—117在位）钱币印痕，表明罗马物品受到珍重，用作陪葬品。在尼尼微发现的一份公元3世纪的马其顿月名表显示塞琉古文化的影响持续存在。[90]

尼尼微的命运可以与霍尔萨巴德做一番比较。即使在今天，许多学者仍将后者视为在公元前705年萨尔贡死后被遗弃的城市，这令19世纪中期和20世纪中期在那里发掘的考古学家们的误导性断言得以延续。但至今仍未公布的有纪年的楔形文字记录表明[91]，在萨尔贡身后的一个世

图65　承放三座小雕像的雪花石膏底座，希腊语铭文可译为"献给欧蒂凯"，幸运女神，或"祝你好运"。长19.6厘米，高8.0厘米

纪里，它仍是一座行政中心。此外，现在认为该城所有主要建筑和房间在公元前612年后继续被使用。[92]尼布甲尼撒二世的一篇铭文将其称为亚述里亚的城市之一[93]，在阿契美尼德时期，它可能是哈拉胡地区的省会，彼时总督阿尔沙马在那里拥有地产。[94]生活简素的波斯人几乎没有留下自己的痕迹，也没有清除亚述住房的遗迹。

在尼尼微、尼姆鲁德和霍尔萨巴德这三座北方大都市中，值得注意的是，征服者和后来的定居者显然保留了许多亚述政权的重要遗迹，特别是泥板和象牙及其他珍贵材质的物件，仿佛是为了向亚述的伟大表示敬意。在尼姆鲁德的巨大建筑沙尔曼尼瑟堡，西南区域的两个房间里有公元前9和前8世纪的象牙，它们在亚述灭亡后该部分建筑被使用时没有得到清理。[95]在巴比伦，尼布甲尼撒统治时期的行政档案同样保留在他的宫殿里，当希腊化时期的统治者使用该建筑，并用希腊风格的瓦片修缮屋顶时，这些档案仍然没有被清理出去。[96]根据在受损建筑中发现的有纪年的文本、金属、石质和象牙等物件来推断破坏发生的时间是完全错误的。

在罗马时期，一个名为阿迪亚宾的新王国兴起，并成为一个以其首都阿尔贝拉为基地的强大势力，阿米亚努斯·马塞利努斯对尼尼微的描述是"阿迪亚宾的一座大都市"，这一点不容置疑。公元4世纪在那里供奉的神伊沙-贝尔/沙贝尔已被确认是伊什塔尔的亚述形式，并附有贝尔的敬称。[97]

西南宫或其一部分对造访者依然开放的确切时间尚无法详知。在伊朗西北部的塔格-博斯坦，一块摩崖雕塑描绘萨珊国王库思老二世（公元591—628在位）在沼泽地狩猎野猪（见图66）。[98]它与辛纳赫里布在西南宫内展示他在巴比伦尼亚南部沼泽地征伐巴比伦人的雕塑非常相似：狩猎者船只发动攻击的芦苇丛背景，以及不同情节并列和逐渐升高的展示方式，都极其相似，以至于不能被视为巧合。它们与萨珊艺术中常见的预示性布局明显不同，那些预示性布局下的人物是水平对称的。同样，法尔斯省萨尔马什哈德的一处可追溯到公元3世纪末的摩崖石雕，刻画萨珊国王巴赫拉姆二世（公元276—293在位）徒步刺杀一头饲养的狮子，而另一头狮子已死在他脚下，这一场景类似尼尼微北宫浮雕板上阿舒尔巴尼拔的猎狮。[99]如果这样的对比是妥当的，那么辛纳赫里布和阿舒尔巴尼拔的部分浮雕在公元6世纪依然可以观看到。

学者们凭借后见之明，罗列各种因素来"解释"一个帝国的崩溃。[100]感情充沛的布道者、克特西亚斯和西德尼·史密斯所青睐的申命记式的神学视角和道德腐败说曾经很流行，但现已过时；由纯理论推导出的社会经济解释往往没有文献或考古学的支撑；气候变化和地壳活动事件最近成为迅速而全面衰退的流行解释，但仍然无法准确地定年。

毫无疑问，尼尼微本身遭受了一场严重的衰退。资源会从旧的权力中心流失出去。就在最终的战败之前，全面的内战分裂了统治集团，这使得有效地征收和使用税收不再可能。维持同室操戈的军队所需的巨大开支，来自纳贡附庸的收益减少，更不用说不可能有新的征服了，这肯定意味着建筑和交通基础设施的迅速恶化。[101]农业将不可避免地衰退，导致城市的饥荒。由于缺乏可靠的证据，无法断言疫病或气候变化是否促成了危机。[102]

一座像公元前7世纪末的尼尼微这样的巨型城市，不会在一夜之间荒无人烟。由于它位于主干道上，控制底格里斯河的渡口，作为一座延续了数千年的城市，它的人民不会抛弃它。尼尼微宏伟的宫墙即使最猛烈的大火也无法将之摧毁。

可以肯定的是，聚焦于国族神祇阿舒尔和亚述王权的强大意识形态价值观已经瓦解，但这并不妨碍在亚述阿舒尔神庙的基址上建立的更

图66　伊朗西北部塔格－博斯坦石窟中的萨珊摩崖石刻，沼泽中的狩猎场景，让人联想起尼尼微西南宫辛纳赫里布的沼泽场景浮雕

现代的建筑中继续纪念这一崇拜，它一直持续到萨珊王朝伊始。即便到那时，阿拉姆语签名中依然可见人们用这位神祇的名字作为自己姓名的一部分。[103]尼尼微和阿尔贝拉的亚述女神伊什塔尔（希罗多德称为米莉妲）的崇拜者也通过阿拉姆语媒介延续传统信仰。尼尼微可能在整个新巴比伦时期（公元前612—前539）和大部分或全部阿契美尼德时期（公元前539—前333）一直处于贫困状态——差不多休眠了约两个世纪，直到在塞琉古统治下最终发生复兴。但在那段时期里，极其坚固的建筑——它的城墙、宫殿和神庙——即便受损，仍然屹立不倒，它的引水工程也是如此，让造访者赞叹不已：阿契美尼德波斯人从亚述晚期的艺术和建筑中获得的灵感，在帕萨尔加德和波斯波利斯都有体现，它们也

让在高加米拉驻营的亚历山大军队的斥候震撼不已。

文学上的夸张必须承担误导历史学家如此之久的部分责任。每当一座城市被攻陷，都是一场灾难，只能被理解为被其神灵抛弃。遭神灵遗弃的城市被比拟为被毁灭性洪水摧毁的城市，它的人民四散奔逃，城市沦为猫头鹰和豺狼的巢穴。在整个近东历史中，这一主题反复出现。乌尔、尼普尔、巴比伦、耶路撒冷——所有伟大的古城，都被他们的神抛弃了，彻底毁灭了。考古学，偶尔也包括文献，有时会讲述一个不同的故事。

总之，空中花园本身在希腊化及往后时代未必仍屹立不倒，也不一定能维持奇迹的标准以供参观，但拥有一些描绘花园的浮雕饰板的宫殿仍然，至少是部分可以参观，而且巴维安和杰尔万的宏伟工程依然醒目。本章收集的证据表明，在公元前612年之后的几个世纪里，人们仍然可以参观尼尼微，并目睹辛纳赫里布建造的世界奇迹的某些证据。

注　释

1　See S. Kessler-Mesguich, 'Les Grammaires occidentales de l'hébreu', ed. S. Auroux, *Histoire des idées linguistiques* (1992), 251—270.

2　*Nahum* ch. 3, supported by *Ezekiel* 31: 3—18. See e.g. P. Joyce, *Ezekiel: A Commentary* (2007), 185—186.

3　Diodorus Siculus, *Library of History*, II.23.4.

4　R. Bichler, 'Ktesias "korrigiert" Herodot: Zur literarischen Einschätzung der Persika', eds. H. Heftner and K. Tomaschitz, *Ad Fontes!* (2004), 105—116.

5　J. MacGinnis, 'Ctesias and the fall of Nineveh', *Illinois Classical Studies 13/1* (1988), 37—41. See also R. C. Steiner, 'The Aramaic text in demotic script', ed. W. Hallo, *The Context of Scripture* (1997), 309—327.

6　*Cambridge Ancient History, 3: The Assyrian Empire*, eds. J. B. Bury, S. A. Cook and F. E. Adcock (1st edn. 1925), 130—131.

7　Layard, Nineveh and its Remains, vol. 1 (1850), 31. See also B. Trigger, *A History of Archaeological Thought* (1989), 38—40.

8　P. R. S. Moorey, *A Century of Biblical Archaeology* (1991), 36, 将这场停滞的改观定为20世纪初叶。

9　Xenophon, *Anabasis* III. 4.

10　Layard, *Nineveh and its Remains*, vol. 2 (1850), 159 and 309.

11　由于缺乏年代精确的可比较陶器，考古地层的定年依赖文献、钱币和推定的艺术风格。缺乏碑铭和钱币导致得出城市废弃的结论。现在已知在美索不达米亚，直至塞琉古时期，钱币的使用依然非常罕见。

12　J.-J. Glassner, *Mesopotamian Chronicles* (2004), 222, line 45.

13　Campbell-Thompson and Hutchinson, 'The excavations on the temple of Nabu', *Archaeologia 79* (1929), 138.

14　R. Campbell-Thompson and R. Hutchinson, 'The British Museum excavations on the temple of Ishtar at Nineveh 1930—1931', *Liverpool Annals of Art and Archaeology 19* (1932), 73—74, 认识到将主要灰层定年到公元前612年存在问题。

15　D. Stronach, 'The fall of Nineveh', ed. S. Parpola and R. Whiting, *Assyria 1995* (1997), 315—318; D. Pickworth, 'Excavations at Nineveh: the Halzi gate', *Iraq 67* (2005), 295—316.

16　Diodorus Siculus, *Library of History*, II.28.7.

17　Lucian, *Charon*, 23.

18　关于这类挽歌文本在希腊化时代的孑遗，see T. Boiy, Late *Achaemenid and Hellenistic Babylon* (2004), 100, and C. Ambos, *Mesopotamische Baurituale aus dem 1. Jahrtausend v. Chr.* (2004), 55 and 61。

19　《约拿书》现在一般认为成书年代不晚于公元前5世纪晚期至4世纪早期。See e.g. J. A. Soggin, *Introduction to the Old Testament* (1976), 358—359.

20　S. Dalley, 'The transition from Neo-Assyrians to Neo-Babylonians: break or continuity?', *Eretz-Israel 27* (2003), 25—28.

21　A. Kuhrt, 'The Assyrian heartland in the Achaemenid period', ed. P. Briant, *Dans les pas des dix-mille, Pallas 43* (1995), 239—254; J. Curtis, 'The Assyrian heartland in the period 612—539 BC', ed. R. Rollinger, *Continuity of Empire* (2003), 157—167.

22　库云吉克和内比·尤努斯是尼尼微两座城堡土丘的名字。

23　Athenaeus, *Deipnosophistae*, XII. 529.

24　Strabo, *Geography*, XVI. 1.1.

25　Tacitus, *Annals*, XII. 12.

26　Ammianus Marcellinus, *History*, XVIII. 7.1.

27　Layard, *Nineveh and Babylon* (1853), 590—595, and note there.

28　Rassam, *Asshur and the Land of Nimrod* (1897), 35.

29   Rassam, *Asshur and the Land of Nimrod* (1897), 223. See also S. Simpson, 'Christians at Nineveh in late antiquity', *Iraq 67* (2005), 285 with references.

30   T. Madhloum, 'Nineveh: the 1967—1968 campaign', *Sumer 24* (1968), English section, 50.

31   文献和考古资料间分歧和矛盾的指向在A. Frendo, *Pre-exilic Israel, the Hebrew Bible, and Archaeology* (2011), e.g. 30—31得到了充分讨论。

32   BM 124773.

33   Reade, *Assyrian Sculpture* (1983), 40—41, plate 58 附有标题"约公元前 630—620年间",以满足年代早于公元前612年尼尼微陷落。这一定年当然可能性 很高。

34   Campbell Thompson and Hutchinson, 'The excavations on the temple of Nabu', *Archaeologia 79* (1929), 107—108.

35   Campbell Thompson and Hutchinson, 'The site of the palace of Ashurnasirpal at Nineveh', *Liverpool Annals of Archaeology and Anthropology 18* (1931), 90—92.

36   See J. Reade, *Reallexikon der Assyriologie*, vol. 9 (1998—2001), s.v. 'Ninive', 428b for references.

37   J. Reade, 'The Ishtar temple at Nineveh', *Iraq 67* (2005), 385—386.

38   S. James, 'Evidence from Dura Europus for the origin of late Roman helmets', *Syria 63* (1986), 117—119.

39   Glassner, *Mesopotamian Chronicles* (2004), 223.

40   Schaudig, *Die Inschriften Nabonids* (2001), Babylon Stela col. ii. 32 '—41'.

41   今天的Sheh Hamad。

42   H. Kühne, 'Thoughts about Assyria after 612 BC', ed. L. Al-Gailani et al., *Of Pots and Plans* (2002), 171—175. 在别处城镇周边的后续田野工作发现了其他 例证,一些例证现在被辨识出来自巴比伦的尼布甲尼撒宫殿,距离初次发现已过 去近百年。See O. Pedersén, 'Neo-Assyrian texts from Nebuchadnezzar's Babylon: a preliminary report', eds. M. Luukko et al., *Of God(s), Trees, Kings and Scholars* (2009), 193—199.

43   P. de Miroschedji, 'Glyptique de la find' Élam', *Revue d'Assyriologie 76* (1982), 51—63.

44   See Reade, *Reallexikon der Assyriologie*, vol. 9 (1998—2001), s.v. 'Ninive', 425b, and Potts, *The Archaeology of Elam* (1999), 301.

45   J. Alvarez-Mon, *The Arjan Tomb, Acta Iranica 49* (2010), 166—167 and 177 n. 17.

46   R. Rollinger, 'Der Stammbaum des achaimenidischen Königshauses', *Archaeologische Mitteilungen aus Iran 30* (1998), 155—209; M. Waters, 'Cyrus and the Achaemenids', *Iran 42* (2004), 155—209; D. T. Potts, 'Cyrus the Great and the kingdom of Anshan', eds. V. Curtis and S. Stewart, *Birth of the Persian Empire: The Idea of Iran* (2005), 1—22.

47   J. Reade, 'Restructuring the Assyrian sculptures', ed. R. Dittmann et al.,

Variatio delectat: Gedenkschrift für Peter Calmeyer (2000), 613.

48　米底和埃兰在公元前600年前后确凿无疑的语义重合被Potts, *Archaeology of Elam* (1999), 306指出。Lindsay Allen 推测"米底人"一词变成了希腊文献中某种类似"蛮族骑手"的意涵（待刊）。

49　Mallowan, *Nimrud and its Remains*, vol. 1 (1966), 286 'derelict city'; 299—300; vol. 2, 602.

50　Mallowan, *Nimrud and its Remains*, 1, 298.

51　Mallowan, *Nimrud and its Remains*, 1, 287 and 310.

52　See Canali di Rossi, *Iscrizioni dello estremo oriente greco: un repertorio* (2004), 45, no. 72 附有安法拉罐印章的照片。该卷提供了本章提及的所有希腊铭文的信息，并附有照片。

53　D. Barag, *Catalogue of Western Asiatic Glass in the British Museum*, vol. 1 (1985), no. 107.

54　D. Oates, *Studies in the History of Northern Iraq* (1968), 58.

55　P. Fiorina, 'Italian excavations at Nimrud-Kalhu: chronological and stratigraphical problems', eds. J. Curtis et al., *New Light on Nimrud* (2008), 53—56; P. Fiorina, 'Nimrud–Fort Shalmaneser: entrepôts et ateliers de la zone SW', eds. S. M. Cecchini, S. Mazzoni and E. Scigliuzzo, *Syrian and Phoenician Ivories* (2009), 37.

56　W. Vogelsang, *The Rise and Organisation of the Achaemenid Empire* (1992), 309—310.

57　D. Stronach, 'Anshan and Parsa: early Achaemenid history, art and architecture on the Iranian plateau', ed. J. Curtis, *Mesopotamia and Iran in the Persian Period* (1997), 35—53.

58　T. Kawami, 'A possible source for the sculptures of the audience hall, Pasargadae', *Iran 10* (1972), 146—148; M. Roaf, *Reallexikon der Assyriologie*, vol. 10 (2004), s.v. 'Persepolis'; see also Layard, *Nineveh and its Remains*, vol. 2 (1850), 288—291.

59　G. Cawkwell, *Xenophon: The Persian Expedition* (1972), introduction.

60　See V. Azoulay, 'Exchange as entrapment: mercenary Xenophon?', ed. R. Lane Fox, *The Great March* (2004), 289—304.

61　Lane Fox, *The Great March* (2004), introduction, 44—45.

62　H. Gasche, 'Habl aṣ-Ṣahr, nouvelles fouilles: l'ouvrage défensif de Nabuchodonosor au nord de Sippar', *Northern Akkad Project Reports 2* (1989), 23—70.

63　阿卡德语名词*mušpalu*"消沉、低地"被推测为与尼尼微隔底格里斯河相望的摩苏尔名字的早期形式（Meissner 和Lehmann提出，Reade信从），然而该词在任何地方都找不到作为地名的证据。

64　Strabo, *Geography*, XI. 14.

65　Tacitus, *Annals*, XII. 12.

66　Ammianus Marcellinus, *History*, XVIII. 7.1.

67　Strabo XVI. 1.1.

68　例如，Arba'il现作埃尔比勒（Erbil），Kar-Mullissi现作凯赖姆莱斯（Kermleis），Shusharra现作舍姆沙拉（Shemshara），Balad现作巴拉塔（Balaṭa），Melid现作Malatya，Harran现作哈兰（Harran）[原文如此]，Isana现作伊桑科伊（Isān köy），Nampigu现作孟比杰（Membidj），Naṣibina现作尼西宾（Nisibin），Raṣappa现作热舍普（Reṣep），Sarugu现作萨鲁伊（Saruj）。

69　B. Porten and A. Yardeni, *Textbook of Aramaic Documents from Ancient Egypt, 1: Letters (1986)*, 114, 但读作Halahhu，尼尼微东北的一个地区，而非Halṣu——第三个辅音字母已漫漶——Halzi有着正确的嗞音。Cf. Oates, *Studies in the History of Northern Iraq* (1968), 59—60; B. Porten, *Archives from Elephantine* (1968), 54 and 71; P. Briant, *Histoire de l'empire Perse* (1996), 377. See Dalley, forthcoming, eds. J. Ma and C. Tuplin.

70　S. A. Stephens and J. J. Winkler, *Ancient Greek Novels: The Fragments* (1995), 23.

71　J. R. Morgan, 'Fiction and history: historiography and the novel', ed. J. Marincola, *A Companion to Greek and Roman Historiography, vol. 2* (2007), 554.

72　See D. Feeney, *Caesar's Calendar* (2007), 102.

73　Porten and Yardeni, *Textbook of Aramaic Documents, 1: Letters* (1986), A6.9, and see Kuhrt, 'The Assyrian heartland in the Achaemenid period', ed. P. Briant, *Dans les pas des deux-mille, Pallas 43* (1995), 345.

74　See Boiy, *Late Achaemenid and Hellenistic Babylon* (2004), 288.

75　Layard, *Nineveh and Babylon* (1853), 594—595. 见J. Malek, *Topographical Bibliography*, vol. 7, s.v. 'Nineveh', Kha'ip的一个石花瓶残片，他是阿蒙神的副主祭。

76　"……大约高于中庭地面四英尺。" See now Canali di Rossi, *Iscrizioni, 40*, no. 64, using Reade, 'Greco-Parthian Nineveh', *Iraq 60* (1998), 69. 头衔*stratēgos*"将军"和*epistatēs*"首席执法官"同样在巴比伦和杜拉-欧罗帕斯使用。See L. Capdetrey, *Le Pouvoir séleucide: territoire, administration, finances d'un royaume hellénistique* (2007), 288—289.

77　非希腊人可能取个希腊名字，正如在巴比伦尼亚发生的那样。See e.g. Boiy, *Late Achaemenid and Hellenistic Babylon* (2004), 289.

78　Grayson, *Assyrian Rulers of the Early First Millennium BC II (858—745 BC)* (1996), 153—154, 提供了楔形文字的校订版。可能祭坛上的希腊铭文是后加的，而石柱铭文提到的阿波罗尼乌斯与祭坛铭文中的是同一人。关于希腊铭文见 Canali di Rossi, *Iscrizioni* (2004), 41, no. 65。

79　F. Safar, 'The temple of Sibitti at Khorsabad', *Sumer 13* (1957), 219—221.

80　Reade, 'Greco-Parthian Nineveh', *Iraq 60* (1998), 68.

81　Capdetrey, *Le Pouvoir séleucide* (2007), 288—289.

82　围绕这类声称之真实性的辩论，见 R. Thomas, *Herodotus in Context: Ethnography, Science and the Art of Persuasion* (2000), 200 with n. 73。

83　R. Syme, 'Galatia and Pamphylia under Augustus: the governorships of Piso,

Quirinus and Silvanus', *Klio 27* (1934), 127—131. See also S. Dalley, 'Sennacherib and Tarsus', *Anatolian Studies 49* (1999), 73—80, 提供了罗马时代塔尔苏斯依然对亚述留有记忆的证据。

84　这一观察承蒙Joyce Reynolds惠示，他以专家的眼光热心查看了该饰板。

85　Canali di Rossi, *Iscrizioni* (2004), 43, no. 67. J. Reade, 'More about Adiabene', *Iraq 63* (2001), 191—192, 猜测一个识字的希腊排水管挖掘工在仅仅距离饰板几英尺处施工。

86　M. Scott and J. McGinnis, 'Notes on Nineveh', *Iraq 52* (1990), 69.

87　M. Colledge, 'Sculptors'stone-carving techniques', *East and West 29* (1979), 232.

88　BM 115642. See Reade, 'Greco-Parthian Nineveh', *Iraq 60* (1998), 71 and fig. 5. 它的来源除了标注尼尼微外没有更多细节。其名字或许是对亚述语 *šēdu damqu*, "青睐的保护神" 的转借；另一种解释参见 Canali di Rossi, *Iscrizioni* (2004), no. 69。

89　J. Curtis, 'Parthian gold from Nineveh', *The Classical Tradition, British Museum Yearbook I* (1976), 47—66.

90　Corpus Inscriptionum Graecorum 4672. For the discovery see Campbell Thompson and Hutchinson, 'The excavations on the temple of Nabu at Nineveh', *Archaeologia 79* (1929), 142; Reade, *Reallexikon* (1998—2001), s.v. 'Nineveh', 写道 "或许时代错置"，但未做解释；Canali di Rossi, *Iscrizioni* (2004), 44 质疑了发现地点但未做考证。

91　See J. A. Brinkman, *Prelude to Empire* (1984), 54 n. 254.

92　Curtis, 'The Assyrian heartland', eds. G. Lanfranchi, M. Roaf and R. Rollinger, *Continuity of Empire?* (2003), 157—167.

93　R. Da Riva, *The Neo-Babylonian Royal Inscriptions: An Introduction* (2008), 22, Eurmeiminanki cylinder ii.10.

94　Dur-šarrukki在晚期巴比伦文献中是否可认定为霍尔萨巴德目前存在争议。

95　Fiorina, 'Nimrud–Fort Shalmaneser', ed. S. M. Cecchini et al., *Syrian and Phoenician Ivories* (2009), 45—46.

96　See Boiy, *Late Achaemenid and Hellenistic Babylon* (2004), 290.

97　尼尼微的伊什塔尔在亚述晚期已经被以贝尔指代。See Livingstone, *Court Poetry* (1989), no. 39, line 21.

98　See G. Herrmann, *The Iranian Revival* (1977), 17.

99　See L. Vanden Berghe, *Reliefs rupestres de l'Iran Ancien* (1984), cat. no. 94 with plate 38; and cat. no. 68 with plate 29; also S. Matheson, *Persia: An Archaeological Guide* (1976), 256.

100　M. Liverani, 'The fall of the Assyrian empire: ancient and modern interpretations', eds. S. Alcock et al., *Empires* (2001), 374—391.

101　N. Yoffee, 'The collapse of ancient Mesopotamian states and civilization', eds.

N. Yoffee and G. Cowgill, *The Collapse of Ancient States and Civilizations*(1988), 57; N. Yoffee, 'Notes on regeneration', eds. G. Schwartz and J. L. Nichols, *After Collapse: The Regeneration of Complex Societies* (2006), 222—227.

102　See Giovino, *The Assyrian Sacred Tree* (2007), Chapter 9.

103　A. Livingstone, 'Remembrance at Assur: the case of dated Aramaic memorials', eds. M. Luukko et al., *Of God(s), Trees, Kings and Scholars* (2009), 151—156.

结　论

但我要让我所学到的一点东西流传于世，以便有比我更高明的人能够猜测真理，并在他的工作中证明和驳斥我的错误。为此，我将欣喜不已，因为我曾是一个工具，使这一真理得到了揭示。

——阿尔布雷希特·丢勒，转引自卡尔·波普尔《猜想与反驳》

本书表明，空中花园建在尼尼微，而不是巴比伦，由辛纳赫里布，而不是尼布甲尼撒或塞米拉米斯建造。终于有了具体的证据，为揭示一个复杂问题的答案带来曙光。对公元前7世纪亚述碑铭的正确破译与晚近希腊作家描述中的关键要素吻合。辛纳赫里布的宫殿花园符合世界奇迹的标准：从基尼斯的运河起点到杰尔万的渡渠，再到尼尼微的城堡和花园本身，以及宫殿中描绘花园场景的墙面浮雕，整个项目在理念上是宏大的，在工程上是雄伟的，在艺术上是精湛的。

1854年，霍尔穆兹德·拉萨姆在尼尼微的北宫发掘时，发现了一块描绘花园的浮雕，"一座有三个尖拱的桥"，他还指出，"这被亚述学家认定为是对巴比伦空中花园的呈现"。[1]（见图11）他认为尼尼微描绘花园的浮雕是巴比伦景致的一幅图像。[2]尽管它与空中花园的希腊记叙有明显的相似性，但有三个主要原因导致没有人去追究它与世界奇迹直接相关的可能性。约瑟夫斯曾明确声称巴比伦的尼布甲尼撒是花园建造者。

此外，没有理由认为尼尼微曾被称为"巴比伦"，也没有理由认为辛纳赫里布被称为"尼布甲尼撒"。尼尼微据信在公元前612年被彻底摧毁；若事实如此，辛纳赫里布的宫殿花园在有机会进入希腊传统之前，早就被抛弃和忽视了。

但据鲁福斯所言，著名的空中花园建造得如此之坚固，以至于它繁荣了许多世纪，而且由于巴比伦一直持续有人居住直至伊斯兰时期，学者们可以相信他的话。

> 尽管时间的流逝逐渐破坏和摧毁了不仅人类的作品，而且还有大自然本身的作品，但这个巨大的建筑，尽管被如此多的树木根系压着，并承受着这么大一片森林的重量，仍然屹立不倒。

由于这些原因，许多人认为亚述证据和希腊文献之间的匹配表明，辛纳赫里布的花园是一个半世纪后尼布甲尼撒在巴比伦建造的真正空中花园的先驱。

本书的所有论点都源于对亚述原始文本的更优理解。现藏于大英博物馆的尼尼微阿舒尔巴尼拔宫殿的浮雕石板呈现了那些后世记叙中的其他元素。对另一块饰板所绘的线摹图，现在被称为原始线摹图IV 77，显示与希腊作家记叙吻合的另一个惊人特征（见图11）。[3]有了这一核心证据，其他明显的困难就可以得到解决，毫无疑问，亚述国王辛纳赫里布在他的首都尼尼微建造了这座花园，他亲口宣称这是所有民族的奇迹。建造世界奇迹的概念可以追溯到该时期，并延续到随后伟大的巴比伦国王尼布甲尼撒二世的统治时代。

为了支撑新的解读，找出了一些尼尼微存续的证据，以及巴比伦本城以外的城市也可以被称为"巴比伦"的例证。最重要的是，整个宫殿、花园和浇灌系统的复杂程度之精妙不言而喻，足以成为一个奇迹，正如辛纳赫里布本人描述的那样。

从公元前 700 年前后辛纳赫里布建造花园并写下他的棱柱铭文，到公元 400 年左右斐洛将他的描述付诸笔端，可以设想几个场景以解释知识和兴趣在 11 个世纪内的存续。

假设花园在公元前 612 年被完全毁坏，青铜螺旋泵遭熔化，其槽位被砸碎，人们可以假设，公元前 331 年，亚历山大的部下通过杰尔万和高加米拉的当地知识理解了所有的结构和外观细节，但同时关于亚述国王、塞米拉米斯或尼布甲尼撒是建造者的传说已经大量涌现。后来，在塞琉古和帕提亚早期，当尼尼微再次成为一座大都市并由一位将军治理时，花园的外观在两座部分坍圮的宫殿中的两块浮雕上仍然可见，这维持了对一个消失奇迹的公众兴趣。在这种情况下，古典作家的所谓眼见为实的描述不能按字面理解。然而，仍有一个问题：需要知识渊博的导游来解释水是通过螺旋泵从渡渠隐秘地提升到花园顶部的，因为这些在浮雕板上很可能是看不到的。

如果在拜占庭的斐洛写作时，西南宫和北宫均有几块完整的、或多或少没有损坏的描绘花园的饰板仍然可见，如果当时空中花园不再有人打理，人们可能会期望提到这样一个事实：它只存于雕塑中，而人们只能看到遭破坏的遗迹。这样的主题对于希腊和拉丁文人来说是一个乐于接受的浪漫话题，也是一个艺格敷词的精妙范例。当罗马诗人塞克斯图斯·普洛佩提乌斯思考世界奇迹的短暂性和毁灭时，他没有提及空中花园。当一些较早的世界奇迹被较年轻的奇迹所取代时，比如在纳齐安兹的格里高利的名录中，这座花园仍然被囊括在内。

另一方面，假设花园在公元前 612 年的劫难中幸存下来，那波帕拉萨尔能够阻止对螺旋泵的抢劫和对其安放槽位的破坏，花园在阿契美尼德、塞琉古和帕提亚早期一直保持着间歇性的翻新。部分损毁的宫殿中的两块浮雕也将被造访者目睹。然而，到了亚历山大时代，亚述的居民已经无法阅读楔形文字，所以建造者的名字就变成了传说。前往尼尼微的游客可以看到螺旋泵的运行，而屋顶上的树木，在列柱支撑的走道上仍然存活，这依然是一个令人震撼的特征。在这种情况下，古典作家就可以获取目击者的描述。

仍难以确定的是，将水提升到花园顶部的机械是否能保持工作状态，或者是否在塞琉古统治时期得到修复。如果铸铜螺旋泵在公元前612年或之后不久被洗劫一空，花园的顶部层级就会干涸，留下列柱悬廊及其承载枯树的沉重屋顶。即使没有遭到掠夺，这些螺旋泵也可能锈蚀了，不过值得注意的是，在苏撒发现的公元前12世纪的巨大青铜"护栏"在卢浮宫仍然保存完好。如果那波帕拉萨尔在破坏者到达花园之前成功地制止了重大的掠夺活动——"马尔杜克憎恶的一种行为"——那么螺旋泵可能在最低程度的维护下继续运行数个世纪，直到首任将军的公民自豪感将花园再次置于坚实的管理之下。

在公元前700年后的几个世纪里，将山地水源引到尼尼微周围的花园、果园和田地的坚固工程是否仍在运转？可能隶属该系统的沙拉拉特水坝直到20世纪还在使用，而杰尔万渡渠今天仍可辨识。即使公元前612年的敌人伐倒树木，破坏设施，但对城市周边地区来说，丰富的水源基本供应仍然如故。城市通过贸易获得的收入减少，以及伴随着法律和秩序崩溃而来的不可避免的逃税行为，也不会阻止水的流动，即使部分渠道遭破坏或堵塞。可能会诱发一些暂时性的洪水，但这片排水良好的土地不太可能退化太多，而且当地劳动力可以根据需要进行修复。

至为关键的是渡渠的状况。如果它没有被损坏，或是得到立即修复，它就能确保城堡仍然能吸引精英居住。即使对螺旋泵的知识退化为——斯特拉博和拜占庭的斐洛援引的——文学素材和民间记忆，通过渡渠供水的花园下半部分依然可以正常运转。

本书提供的解答主要始于1854年尼尼微出土的亚述雕塑，远在笔者出生之前。从浩如烟海的已发表论文看，现在许多学者已接受空中花园应归属辛纳赫里布建于尼尼微。[4]这座古代奇迹的三个相互关联但又彼此独立的部分现在已经得到辨识。一个是花园本身，它包括多层平台和亭阁，方便地设置在宫殿旁边，以及它巧妙地吸纳的、创新的扬水系统。另一个是复杂的水道网络——渡渠、运河、水闸、暗渠和水坝，将水源从山地引到城堡上的花园。第三是雕刻繁缛的石窟、摩崖石刻和泉眼，水源从这里汲取，离目的地如此遥远。

而空中花园由尼布甲尼撒大帝在巴比伦建造，这是在学校传授的事实，可以在百科全书和古代历史课本中得到"确认"。挑战这样一个普遍接受的史实似乎是傲慢的表现，是最糟糕的修正主义学术研究。但亚述学是一门相对年轻的学科，在这种情况下，有必要尝试新的理解。当然，陈旧的、被取代的认识不可能从百科全书中删除，但即使在亚述学和古代史中，一些曾经看起来稳妥的观点也遭舍弃。知识汇编在收集一代人的公认智慧方面起到了很好的作用，但就像考古地层一样，随着时间和研究的推进，它们会被后来的层次覆盖，成为过去的遗迹，保存着他们的时代被误导的定论和不再得到承认的假说。

该问题的所有方面并非均已解决。螺旋泵是如何旋转的仍是个未知数。花园的位置虽然合理，但也是基于一种较可靠的推测。辛纳赫里布的两任前后相继的王后塔什梅图-沙拉特和娜吉雅在其中所扮演的角色亦是一种假说。辛纳赫里布本人在多大程度上是这个项目背后的天才，他（以及他的父亲）是否启发了一位天才的工程师和建筑师，任何一类古代美索不达米亚的资料都不太可能会透露。

研究有时会引导人走上意想不到的道路。两个偶然的发现是弥尔顿在《失乐园》第四卷中用希腊人对花园的描述来形容伊甸园，以及以西结对亚述的描述，将亚述等同于花园及其灌溉渠道，这个花园如此美妙，以至于挑战了上帝。辛纳赫里布的狂妄展现在把自己放在基尼斯的诸主神行列中，与以西结的指责若合符契。

另一个令人满意的成果是展示了辛纳赫里布继位时亚述工程学是多么先进。自1877年——在发现阿舒尔巴尼拔宫殿中的浮雕板后二十三年——以来我们已经取得了长足的进步，当时刘易斯·摩尔根将"窑烧砖……渡渠和下水道……真拱、天平……和字母文字"的发明归功于希腊和罗马文明。[5]主要得益于考古工作，现在学界普遍承认，所有这些发明在古典希腊文明兴起前，在古代近东已是稀疏平常。

辛纳赫里布现在可以与后世的伟大帝王们并驾齐驱。尼禄有金宫，法国的太阳王路易十四有凡尔赛宫，普鲁士的腓特烈大帝有无忧宫，亨利八世有无双宫，所有这些宫殿的伟大建造者都将花园作为其整体设计的一个组成部分。

像其他六座一样，这座"奇迹"真的存在过，不能再被贬低为想象之物，一个没有史实基础的传说，或是尼尼微花园仅是真实事物的前身。献给辛纳赫里布，亚述国王，将创造古代世界七大奇迹之一的功劳归名于他。

注　释

1　Rassam, *Asshur and the Land of Nimrod* (1897), 33.

2　Rassam, *Asshur and the Land of Nimrod* (1897), 355.

3　Layard, *Nineveh and Babylon* (1853), 232, also reproduced in Barnett et al., *The Sculptures of Sennacherib* (1998), plates 223—225.

4　R. M. Czichon, *Reallexikon der Assyriologie*, vol. 9 (1998—2001), 202, s.v. 'Nebukadnezar'; in *The Garden Book* (Phaidon 2000) s.v. 'Sennacherib'; Boiy, *Late Achaemenid and Hellenistic Babylon* (2004), 64; 大英博物馆官网在2007年更新后提示这可能是正确的解读; Van der Spek, 'Berossus as a Babylonian chronicler and Greek historian', ed. Van der Spek, *Studies in Ancient Near Eastern World View and Society* (2008), 302—304.

5　L. Morgan, *Ancient Society* (1877); see K. Greene, ed. Oleson, *Oxford Handbook of Engineering* (2008), 62—63.

附录　棱柱铭文描述宫殿和花园的段落

现存两个版本，一个收藏于巴格达，另一个在芝加哥：A. Heidel, 'The octagonal Sennacherib Prism in the Iraq Museum', *Sumer 9* (1953), 152—170, 将其年代定为公元前694年；而 D. D. Luckenbill, *The Annals of Sennacherib* (1924), 系年为公元前689年，下文笔者的译文和注释依从海德尔书中提供的阿卡德语文本，col. v.53—viii.13, pp. 152—170, 有所修订。

记录的载体是一方黏土棱柱，这表明该文本被隐藏起来，是为留给后人的。海德尔释读的棱柱是在尼尼微的西城墙中发现的。

对源于"颂体史诗方言"的语法形式，以及主要见于《创世史诗》中的罕见词汇的使用，表明这篇铭文旨在作为高雅文学作品保存下来。

1. 第五栏第53—63行以史诗口吻描述尼尼微，称该城的建立是在天界已规划好的，作为所有男神和女神的居所，呼应了《创世史诗》中巴比伦的诞生。亚述人被描述为"恩利尔的子民"，这意味着声称尼尼微与尼普尔平起平坐。[1] *Lalgar*一词指涉阿普苏，即地下的淡水，这是一个罕见的文学用例；同样罕见的词汇还有*durušu*"基地"和*pelludê*

"仪式"。

当时尼尼微是崇高的大城，伊什塔尔钟爱的城市，诸位男神和女神的所有仪式都在这里举行，永恒的据点，不朽的基地，其规划在时间之初就被绘制在苍穹的文字中，其建筑也在那时被公布出来；一个智慧之地，隐藏的知识为各种巧妙的技艺而存在。各种各样的仪式，来自拉尔加的秘密都在其中谋划，在我之前，我的先王和祖先自古以来就在亚述行使统治权，并治理恩利尔的子民。

2. 第五栏第64—76行。辛纳赫里布强调先王在规划和建造城市方面的不足。*kummu* 一词翻译为"居所"，通常用来指神灵的殿堂。

然而，他们中甚至没有人想过要拓宽城市的住宅区，重建城墙或拉直街道和开挖运河、培育新的果园，更不用带头倡导。也没有人考虑或评估城中的宫殿，这是一个政府所在地的居所，其中的住宿条件太差，其工艺也不够精良。

3. 第五栏第77—86行。国王构思了他睿智的计划，并集结被征服的人民进行建设劳动。这段文字包含了两个典型的颂体史诗方言的删除后缀。

我亲自筹划，我主动作为，我，辛纳赫里布，世界之王，亚述之王，遵照神的计划执行这项工作。我将迦勒底、亚兰、曼奈、库埃、奇里乞亚、非利士丁和推罗等地的人民连根拔起，因他们没有顺从我的统治，我让他们肩挑背扛，让他们做砖。

4. 第五栏第87行—第六栏第14行。他重申，他需要更替先王建造的不敷用的宫殿，先王对施工管理不善，使船只沉没，损害了工人的健康。

之前的宫殿有360肘尺长，95肘尺宽，所以它的住宿条件太差了——我的先王和祖先们建造的宫殿是作为政府所在地，但没有足够巧妙地完成它的施工。他们在底格里斯河对岸的塔斯提亚特开采用于制作守护神巨像的白色石灰石，以看守他们的门道。为了建造船只，他们在国土全境的森林中造成了大树的短缺，然后在阿亚尔月，也就是春暖花开的时候，他们很难把巨像运过河岸；他们在码头渡口弄沉了一些大船，并耗尽了他们的劳动力，他们使劳工因精疲力竭而生病，但最终还是艰难地把巨像运来，安装在他们的门道上。

5. 第六栏第15—27行。描述了河水的混乱和破坏力，以及国王为控制河水所采取的措施。

这条易发洪水的河流，在以前洪水泛滥时一股激流曾涌到宫殿附近，使宫殿地基周围形成一片沼泽，令其基础松动。[2]我将小宫殿完全拆除。我将易发洪水的河道从城市中心改道，并将其流溢的水导向城市后方周边的土地。沿着河道的半亩地，我用沥青粘合了四道巨大的石灰石板，并在上面铺设了取自芦苇丛的芦苇和藤条。

6. 第六栏第28—38行。国王用挖出的泥土创造了额外的空间，以扩展他宫殿的可用地块。

从科斯尔河到城郊，有一方长340肘尺、宽289肘尺的空地，我把它作为额外的土地。我把它加到早期城市平台的范围内，并把顶部提高到通高190道砖的水平。为了防止填土的地基随着时间的推移因水流的力量而松动，我用大块的石灰石包裹它的下部结构，并强化了它的土垒。

7. 第六栏第39—65行。国王具体说明了新宫殿的巨大规模和相邻的亭榭，以及在其建造和装潢中使用的稀有及昂贵材料。国王将雪花石和象牙制成的门道女性雕像定义为一个奇迹，字面意思是"令人瞠目"，这可能表明公众有时可以进入。两次使用叙述性的现在时，同样见于史诗；有四例删除后缀和两例ŠD动词词干，这是颂体史诗辞令的又一特征。

我增加宫殿的轮廓到侧面700肘尺，正面440肘尺，并扩大了它的居住空间。我用金、银、铜、红玉髓角砾、雪花石、象牙、乌木、黄杨木、花梨木、雪松、柏木、松木、榆木和印度木建造其他宫殿式亭榭，作为我的王家寓所，我还在大门对面建造了一座像北叙利亚宫殿一样的廊厅。我在上面架设了雪松木和柏木的横梁，它们气味香甜，生长在阿马努斯和西拉拉的群山。我把雪松、柏树、松树和印度木材质的门叶用银带和铜带包裹起来，固定在门框上。在私人公寓的上层房间里，我凿出有格子的窗户。我在它们的门边放置守护女神像，用雪花膏和象牙制成，手持鲜花，彼此牵手，它们散发着优雅和魅力，它们是如此美丽，我把它们造就为一个奇迹。至于主室内的天花板，我照亮了它们的黑暗，使它们像白昼一样明亮。我用带圆泡的银钉和铜钉环绕着它们的内部。我用蓝色釉面的烤砖装饰穹顶、门楣和所有的檐口，以使我宫殿里的装潢华丽夺目，并使我手指的触摸更加舒适。

8. 第六栏第66行—第七栏第6行。阿舒尔和伊什塔尔二神向国王揭示了西拉拉山中巨大树木的新来源，以及西部山区大块雪花石的新来源。

当时，阿舒尔和伊什塔尔，他们恩准了我的祭司任期，并呼唤我的名字，向我揭示了一个地方，那里盛产巨大的雪松，它们自古以来一直在生长，已长得相当巨大，隐秘地矗立在西拉拉山中；他们还向我告知雪花石所在，在我先王们的时代，雪花石特别珍贵，用来制作匕首柄。在 Til Barsip 地区的 Dargila 村，我发现了用于制作巨大储物罐的角砾岩，这是以前从未发现过的。在尼尼微附近的巴拉泰地区，白色石灰岩按照诸神的旨意大量显现，我制作了巨大的雪花石公牛巨像和其他肢体动物形象，它们由一整块石头制成，比例完美，高高地站在其底座上；雪花石母牛巨像具有最迷人的特征，它们的身体像明亮的白昼一样闪耀，还有角砾岩材质的高大门槛石。我把这些石块从它们的基体两边切开，把它们拖进尼尼微，用于我宫殿的工程。我以宁库拉之手[3]，用白色的石灰石造出公牛巨像和母牛巨像，并令它们的形态完美。

9. 第七栏第7—52行。国王描述了他用铜铸造柱子和迈步行进的狮子（形状的柱础）的新方法[4]，它们与雪花石材质的公牛和母牛巨像一起，被称为第二个奇迹。

在过往时代，我的先王们塑造铜像以模仿真实的形态，放在神庙里展示，在他们的制造方法中，由于缺乏技艺和未能掌握原理，他们令所有工匠精疲力竭；他们需要如此多的油料、蜡和酥油来完成工作，以至于他们在自己的土地上造成一场短缺——我，辛纳赫里布，所有王侯的领袖，熟识各种技艺，采纳很多建议并深思熟虑以着手这项工作。巨大的铜柱，巨大的迈步狮子，在我之前没有任何一个国王建造过这类作品，用宁什库带来的、在我身上臻于完美的技艺，在我的智慧和内心渴望的促使下，我发明了一种铸铜技术，娴熟制造铜器。宛如神的智慧附体，我创造了圆柱体（*gišmahhu*-高大的树干）和螺旋泵（*alamittu*-枣椰树），财富之树的泥土模具；十二头凶猛的狮子巨像以及十二头强健的公牛巨像，它们都是完美的铸件；二十二头母牛巨像，蕴含宜人的诱惑，充满了性吸引力；我一次又一次地把铜液注入泥模；我使它们的铸件完美，好像它们每个只重半舍客勒。然后在其中两头铜牛身上涂抹琥珀金。我把雪花石公牛巨像以及白色石灰岩公牛和母牛巨像一起安放在我的王家亭榭的门闩处。我将高大的铜柱与粗壮的雪松木柱——阿马努斯山的赠礼一道用铜条和锡条包裹，将它们立在狮形底座上，然后安装门扇将门道封上。我把雪花石母牛巨像和镀琥珀金的铸铜母牛巨像以及铸锡母牛巨像摆放在一起，将表面打磨光亮，还把乌木、柏木、雪松、桧木、松木和印度木的柱子安装在上面，柱身镶嵌*pasallu*-金和银，并把它们放置在居住区域，我的政府所在地，作为它们的门柱。角砾石和雪花石材质的门槛石，以及大块石灰石材质的门槛石，我都安放在它们的基础周边，我把它们造就为一个奇迹。

10. 第七栏第53—63行。他描述了浇灌花园的新装置，亭榭的完工，宫殿周围地面的抬升，宫殿的命名，以及植物栽培。

为了终日汲水，我让人制作绳索、铜缆和铜链，我在蓄水池上设置了大圆柱体和枣椰树–螺旋泵，而非桔槔。我使那些王家亭榭看起来恰到好处。我抬高了宫殿周围的高度，使之成为所有民族的奇迹。我将它命名为"无双宫"。我在它旁边布置了一个模仿阿马努斯山的花园，各种芳香植物、木本果树、生长在山区和迦勒底的树木，以及产羊毛的树木，都种植在园内。

11. 第七栏第64—74行。他扩大了尼尼微的住宅区，并建造了巨大的外防御墙和内防御墙。本节有连词省略，这是文学风格的一个标志，在此用破折号表示。

尼尼微的聚落周长自古以来就是9300肘尺，在我之前的统治者也没有建造过外防御墙或内防御墙——我在以前的尺寸之上，从环绕城市的外围增加了12515（肘尺），并确认其大小为21815肘尺。对于它的大墙——被称为"它的光芒能击倒敌人的墙"——我在石灰石上打造地基，使它厚达40块砖。我把它的高度提高到180道砖头。

12. 第七栏第75行—第八栏第13行。国王指名了他建在新城墙上的十五座城门。第一个动词用的是叙述性的现在时态。辛纳赫里布将大部分城门以神的名字命名，同时也以它们所朝向的城镇命名，辛纳赫里布将尼尼微变成一个"众神之门"，这也是巴比伦名字的含义。其他碑铭则命名有十四或十八座城门。将*sekru*用于*zikru*"命名"是一种文学用法。

我把十五座门作为通过它通往四面八方的开口：门内外都有双行道，为进来的人和出去的人（并行不悖）。

阿舒尔神之门通往城堡："愿阿舒尔的仆人无往不利"

辛纳赫里布之门通往哈尔齐区："战胜一切敌人"

沙马什神之门，通往加格尔地区："恩利尔恩准我的统治"

穆利苏女神之门通往卡-穆利西城："辛纳赫里布的统治得到了牛车星座的首肯"

坡道之门："摆脱了禁忌的肉体"

通往希巴尼巴城之门："来自谷物和畜群诸神的好运在那里是可以依靠的"

通往哈拉胡区之门："带来山中的鲜果"

东面共有七座城门，开向南方和东方；我宣布了它们的名字。

猎苑的阿达德神之门：[5]"阿达德给国家带来丰收"

塔尔比苏城的涅伽尔神之门："厄拉，我敌人的煞星"

辛之门："神圣的发光体，守护我的王冠"

共有三座开向北方的城门；我以诸神的名字来称呼它们。

浇灌地之门："掌控我的泉水的埃阿神"

码头之门："让人类安居的产品进入"

沙漠之门："苏木-艾尔（以实玛利？）和泰玛之人的贡赋从这里进来"

兵工厂之门：“储存一切”

汉杜里之门：[6]“沙鲁尔神，击倒国王敌人的神圣武器”

共有五座开向西方的城门：于是我宣布了它们的名字。

注　释

1　亦见第4章选择用*kirimāhu*指代花园时援引的理由。

2　在贝利诺棱柱的一个相近段落中，述及了失控的河水冲毁王陵，这暗示它是本篇铭文该部分的一个扩展版本。

3　手艺人的保护神，尤其是石料切割工和雕塑师。

4　这些可见于北宫的阿舒尔巴尼拔浮雕饰板，see Reade, *Assyrian Sculpture* (1983), 40 fig. 56 with caption。

5　选用的词汇是*ambassu*。这个名字表明那是城外的一座猎苑，与*kirimāhu*有别。

6　*handuri*或许意为城墙的马面。

致 谢

由于这项研究的启动距今超过18年，有太多人为本书的写作提供助力，以至无法一一提及。由于它颠覆了长期以来的认识，我想特别诚挚地感谢那些从一开始便支持这项工作的人，当时质疑之声依然强烈。他们包括克里斯托弗·达利，特别在工程学方面的讨论，以及阅读和批评历版草稿中的巨大帮助；卡伊·布罗德森；玛格丽特·德劳尔、戴维·奥茨和格扎·韦尔姆提供了对讲座的反馈；戴维·斯特罗纳克；1999年制作BBC节目《古人的秘密》的西蒙·雷克斯和他的团队，特别是安德鲁·莱西探讨青铜铸造并绘制复原图；埃莉诺·罗布森指出了楔形文字数学文献中的一个有用线索；英国皇家植物园邱园的约翰·德兰斯费尔德对枣椰树的细节提供了帮助；戴维·乌西什金敦促我寻找空中花园的效仿者。

对于特定问题的讨论，我感谢Spaans Babcock水利设备公司的马克·布朗、乔治·考克威、罗宾·莱恩·福克斯、诺尔玛·富兰克林、利兹·弗鲁德、乔伊丝·雷诺兹、约翰·罗素、休·谢拉特、格雷厄姆·索弗、阿里·范德科艾、斯蒂芬妮·韦斯特和马丁·沃辛顿。我感谢约翰·博德曼、莱恩·切恩、马里奥·杰莫纳特、凯瑟琳·格利森、奥德丽·戈登-沃克、萨拉·格尔、伊丽莎白·麦考利、阿瑟·麦格雷戈、戴维·奥特维尔和克里斯·史卡瑞。牛津大学赛克勒图书馆的工作人员和藏书帮了大忙。克里斯托弗·达利、丽贝卡·达利和萨拉·肖阅读了后期书稿，他们各不相同的批评见解带来了修订，特别是当他们被亚述学的专业术语、计算机写作导致的不规范以及对非专业读者而言不充分的解释所困扰时。我还要特别诚挚地感谢牛津大学出版社的一位匿名读者。至于书中依然存在的判断、事实或行文上的错误，责任由我一人承担。

换个角度来说，我想感谢那些反对这项工作的人，至少一开始因为他们，激励我付出更大的努力。他们中的一些人已经承认接受了我的观点。

我感谢以下邀请和安排讲座的机构和个人。1993 年在伊拉克英国考古学院；已故的罗斯玛丽·尼科尔森为兰贝斯花园历史博物馆；1995 年萨拉·卡休和亨丽埃塔·麦考尔为英国博物馆协会；1995 年利兹·波特敦为牛津考古学会。1996 年，Lutfi Al-Soumi 为阿勒颇历史学会；1998 年拉米亚·盖拉尼为伦敦韦斯特格罗夫路库法画廊（为援助伊拉克儿童）；1999 年克里斯托弗·科尔曼为伦敦布鲁姆斯伯里学校；2001 年露辛达·刘易斯-克罗斯比为牛津园艺学会下属 Sunningwell 艺术学校；2003 年菲利普·塔隆和已故的安德烈·菲内为比利时高等研究所；2004 年弗吉尼亚·黑斯廷斯为牛津海丁顿第三世纪大学；2005 年牛津瑞雷楼的继续教育部门；2005 年哈佛大学的艾琳·温特。卡伊·布罗德森安排我于 2005 年在曼海姆、海德堡、弗赖堡和因斯布鲁克讲学；2005 年在巴斯的皇家文学和科学协会；2007 年在牛津的皮特河博物馆；2008 年在威尼斯的人文高级研讨会与卢乔·米拉诺；以及 2011 年在荷兰的荷兰古代近东学会与迪德里克·梅杰。在所有这些场合，进行中的研究都从听众的评论和提问中受益。

我深深感铭已故的特里·鲍尔，他在细致讨论如何复原尼尼微花园后绘制了精美图纸，感谢安德鲁·莱西绘制的线图；还要感谢马里昂·考克斯绘制的火盆和狗狗形象。

最重要的是，我衷心致谢在尼尼微历史和考古学的方方面面做出巨大工作的其他学者，特别是朱利安·里德。尤其从参考书目中可以看出，如果没有他从1967年起直至最近的详尽研究，这本书的大部分内容是无从下笔的。

斯蒂芬妮·达利

参考文献

Restricted to works quoted in footnotes, and a very few other works that were consulted with profit.

Abdul-Razak, W. 1979. 'Ishtar Gate and its inner wall', *Sumer* 35, 116–117.

Albenda, P. 1986. *The Palace of Sargon, King of Assyria*. Paris: Éditions recherche sur les civilisations.

Allinger-Csollich, W., Heinisch, S. and Kuntner, W. 2010. 'Babylon. Past, present, future: the project "Comparative Studies Babylon–Borsippa": a synopsis', eds. P. Matthiae and L. Romano, *Rome, 6th International Congress for the Archaeology of the Ancient Near East*. Wiesbaden: Harrassowitz, 29–38.

al-Rawi, F. N. H. 1985. 'Nabopolassar's restoration on the wall Imgur-Enlil at Babylon', *Iraq* 47, 1–13.

——and Roaf, M. 1984. 'Ten Old Babylonian mathematical problems from Tell Haddad', *Sumer* 43, 175–218.

Alster, B. 1983. 'Dilmun, Bahrain and the alleged paradise in Sumerian myth and literature', ed. D. T. Potts, *Dilmun: New Studies in the Archaeology and Early History of Bahrain*. Berlin: Reimer, 39–74.

al-Tikriti, W. Y. 2002. 'The origin of the Falaj: further evidence from the United Arab Emirates', eds. L. Al-Gailani-Werr, J. E. Curtis, H. Martin, A. McMahon, J. Oates and J. E. Reade, *Of Pots and Plans: Papers on the Archaeology and History of Mesopotamia and Syria presented to David Oates*. London: NABU Publications, 339–355.

Alvarez-Mon, J. 2010. *The Arjan Tomb: At the Crossroads of the Elamite and Persian Empires*. Acta Iranica 49. Leuven: Peeters.

Ambos, C. 2004. *Mesopotamische Baurituale aus dem 1. Jahrtausend v. Chr: Mit einem Beitrag von A. Schmitt*. Dresden: Islet.

——2010. 'Building rituals from the first millennium BC: the evidence from the ritual texts', eds. M. J. Boda and J. Novotny, *From the Foundations to the Crenellations*, Alter Orient und Altes Testament 366. Münster: Ugarit-Verlag, 221–238.

Ammianus Marcellinus. *History*.

Andrae, W. 1938. *Das wiedererstandene Assur*. Munich: C. H. Beck.

Angenot, V. 2008. 'A Horizon of Aten in Memphis?', *Journal of the Society for the Study of Egyptian Antiquities* 35, 7–26.

Annus, A. 2006. 'The survivals of the ancient Syrian and Mesopotamian intellectual traditions in the writings of Ephrem Syrus', *Ugarit-Forschungen* 38 (published 2007), 1–25.

Antipater, see Gow and Page, *Greek Anthology* IX.

Aravantinos, V. L., Kountouri, E. and Fappas, I. 2006. 'To mykēnaiko apostraggistiko systēma tēs Kopaidas', *Proceedings of the 2nd International Conference on Ancient Greek Technology*. Athens, 557–564.

Asmussen, J. P. 1975. *Manichaean Literature: Representative Texts chiefly from Middle Persian and Parthian Writings*. New York: Delmar.

As-Soof, B. 1970. 'Mounds in the Rania plain and excavations at Tell Basmusian 1956', *Sumer* 26, 65–104.

Athenaeus, *Deipnosophistae*, Loeb edn. transl. C. B. Gulick. London: Heinemann, 1941, rev. edn. 1969.

Azoulay, V. 2004. 'Exchange as entrapment: mercenary Xenophon?', ed. R. Lane Fox, *The Long March*. New Haven and London: Yale University Press, 289–304.

Bacon, Francis. 1597. *Essay, Of Gardens*, ed. A. S. West. Cambridge: Cambridge University Press, 1931.

Bagg, A. M. 2000. *Assyrische Wasserbauten*, Baghdader Forschungen 24. Mainz-am-Rhein: Philipp von Zabern.

——2007. *Die Orts- und Gewässernamen der neuassyrischen Zeit, Teil 1: Die Levante*. Répertoire géographique des textes cunéiformes, vol. 7/1. Wiesbaden: Harrassowitz.

Bahrani, Z. 2003. *The Graven Image*. Philadelphia: University of Pennsylvania Press.

Barag, D. 1985. *Catalogue of Western Asiatic Glass in the British Museum*, vol. 1. London: British Museum Press.

Barnett, R. D. 1976. *Sculptures from the North Palace of Assurbanipal at Nineveh (668–627)*. London: British Museum Publications.

——Bleibtreu, E. and Turner, G. 1998. *The Sculptures from the Southwest Palace of Sennacherib*. London: British Museum Press.

Barr, J. 1974. 'Philo of Byblos and his Phoenician History', *Bulletin of the John Rylands University Library of Manchester* 57, 17–68.

Basmachi, F. 1976. *Treasures of the Iraq Museum 1975–1976*. Baghdad.

Battini, L. 1999. 'Réflexions sur les noms des portes urbaines en Mesopotamie', *Isimu* 2, 31–46.

Baynham, E. 1998. *Alexander the Great: The Unique History of Quintus Curtius*. Ann Arbor: University of Michigan.

Beaulieu, P.-A. 1993. 'The historical background of the Uruk Prophecy', eds. M. E. Cohen, D. Snell and D. Weisberg, *The Tablet and the Scroll*. Festschrift for W. W. Hallo. Potomac, Md.: CDL, 41–52.

——1997. 'The cult of AN.ŠÁR/Aššur in Babylonia after the fall of the Assyrian empire', *State Archives of Assyria Bulletin* 11, 55–74.

——1998. 'Ba'u-asītu and Kaššaya, daughters of Nebuchadnezzar II', *Orientalia* New Series 67, 173–201.

Beaux, N. 1990. *Le Cabinet de curiosités de Thoutmosis III: Plantes et animaux du 'jardin botanique' de Karnak*. Leuven: Peeters.

Becker, A. and Becker, U. 1991. '"Altes" und "Neues" Babylon', *Baghdader Mitteilungen* 22, 501–511.

Becker, A. S. 1995. *The Shield of Achilles and the Poetics of Ekphrasis*. Baltimore: Rowman and Littlefield.

Beddome, R. H. 1869. *The Flora Sylvatica for Southern India*, vol. 1.

Besnier, M.-F. 1999. 'La Conception du jardin en Syro-Mésopotamie à partir des textes', *Ktema* 24, 195–212.

Beyer, D. 1996. 'Jardins sacrés d'Émar au Bronze Récent', ed. G. Siebert, *Nature et paysage dans la pensée et l'environnement des civilisations antiques*. Paris: de Boccard, 11–19.

Bianchi, R. S. 1990. 'Egyptian metal statuary of the Third Intermediate Period (c.1070–656 BC) from its Egyptian antecedents to its Samian examples', *Small Bronze Sculpture of the Ancient World*. Malibu: Paul Getty Museum, 61–84.

Bichler, R. 2004. 'Ktesias "korrigiert" Herodot: Zur literarischen Einschätzung der Persika', eds. H. Heftner and K. Tomaschitz, *Ad Fontes!*, Festschrift für Gerhard Dobesch. Vienna: im Eigenverlag der Herausgeber, 105–116.

——and Rollinger, R. 2005. 'Die Hängenden Gärten zu Ninive—Die Lösung eines Rätsels?', ed. R. Rollinger, *Von Sumer bis Homer*, Festschrift für Manfred Schretter, Alter Orient und Altes Testament 325. Münster, Ugarit-Verlag, 153–218.

Biddle, M. 1999. 'The gardens of Nonsuch: sources and dating', *Garden History* 27, 145–183.

Birot, M. 1974. *Lettres de Yaqqim-Addu, gouverneur de Sagaratum*. Archives Royales de Mari XIV. Paris: Paul Geuthner.

Black, J. 1987. 'Nebuchadnessar II's cross-country wall north of Sippar: Babylonian textual evidence'. *Northern Akkad Project Reports* 1, 15–20.

——Cunningham, G., Robson, E. and Zolyomi, G. 2004. *The Literature of Ancient Sumer*. Oxford: Oxford University Press.

Blaylock, S. 2009. *Tille Höyük 3.1 The Iron Age: Introduction, Stratification and Architecture*. London: British Institute at Ankara, Monograph 41.

Boiy, T. 2004. *Late Achaemenid and Hellenistic Babylon*. Leuven: Peeters.

——2007. 'Assyriology and the history of the hellenistic period', *Topoi* 15, 7–20.

Borger, R. 1956. *Inschriften Asarhaddons Königs von Assyrien*. Archiv für Orientforschung, Beiheft 9, reprint Osnabrück: Biblio-Verlag 1967.

——1988. 'König Sanheribs Eheglück', *Annual Review of the Royal Inscription of Mesopotamia Project* 6, 5–11.

——1996. *Beiträge zum Inschriftenwerk Assurbanipals*. Wiesbaden: Harrassowitz.

Börker-Klähn, J. 1982. *Altvorderasiatische Bildstelen und vergleichbare Felsreliefs*. Baghdader Forschungen 4. Mainz: Deutsches Archäologisches Institut Abteilung Baghdad.

Botta, P.-E. and Flandin, E. 1846–50. *Monument de Ninive*. 5 vols. Paris.

Boucharlat, R. 1995. 'Archaeology and artifacts of the Arabian peninsula', ed. J. M. Sasson, *Civilizations of the Ancient Near East*, vol. 2, 1335–1353.

Bremmer, J. N. 1999. 'Paradise: from Persia, via Greece, into the Septuagint', ed. G. P. Luttikhuizen, *Paradise Interpreted*. Leiden and Boston: Brill, 1–20.

Briant, P. 1996. *Histoire de l'empire Perse*. Paris: Fayard.

Brinkman, J. A. 1984. *Prelude to Empire: Babylonian Society and Politics 747–626 BC*. Philadelphia: Occasional Publications of the Babylonian Fund 7.

——1988. 'Textual evidence for bronze in Babylonia in the Early Iron Age, 1000–539 BC', ed. J. E. Curtis, *Bronze-Working Centres of Western Asia c.1000–539 B.C.* London and New York: Kegan Paul International, 135–68.

Brodersen, K. 1992. *Reiseführer zu den Sieben Weltwundern: Philon von Byzanz und andere antike Texte*. Frankfurt am Main and Leipzig: Insel Verlag.

——1996. *Die Sieben Weltwunder: Legendäre Kunst- und Bauwerke der Antike*. Munich: C. H. Beck.

Browne, Thomas. *The Garden of Cyrus*.

Budge, E. A. W. 1914. *Assyrian Sculptures in the British Museum, Reign of Assurnasirpal, 885–860 BC*. London: British Museum.

Burkert, W. 1992. *The Orientalizing Revolution: Near Eastern Influence on Greek Culture in the Early Archaic Age*. Cambridge, Mass.: Harvard University Press.

Burstein, S. M. 1978. *The Babyloniaca of Berossus*. Malibu: Undena Publications.

Callatay, F. de, 1996. 'Abdissarès l'Adiabénien', *Iraq* 58, 135–145.

Calmeyer, P. 1994. 'Babylonische und assyrische Elemente in der achaimenidischen Kunst', ed. H. Sancisi-Weerdenburg, *Continuity and Change*, Achaemenid History 8. Ann Arbor, 131–147.

Campbell Thompson, R. and Hutchinson, R. W. 1929. 'The excavations on the temple of Nabu at Nineveh', *Archaeologia* 79, 103–148.

————1931. 'The site of the palace of Ashurnasirpal at Nineveh, excavated in 1929–30 on behalf of the British Museum', *Liverpool Annals of Archaeology and Anthropology* 18, 79–112.

—— and Hamilton, R. W. 1932. 'The British Museum excavations on the temple of Ishtar at Nineveh 1930–1931', *Liverpool Annals of Art and Archaeology* 19, 55–116.

Canali di Rossi, F. 2004. *Iscrizioni dello estremo oriente greco. Un repertorio: Inschriften griechischer Städte aus Kleinasien*, vol. 64. Bonn: Dr. Rudolf Habelt GMBH.

Capdetrey, L. 2007. *Le Pouvoir séleucide: territoire, administration, finances d'un royaume hellénistique*. Rennes: Presses Universitaires.

Cawkwell, G. 1972. *Xenophon. The Persian Expedition*. Harmondsworth: Penguin Classics.

Chapot, V. 1902. 'Antiquités de la Syria du Nord', *Bulletin de correspondance hellénique* 26, 205–206.

Charpin, D. 2008. 'Archivage et classification: un récapitulatif de créances à Mari sous Zimri-Lim', *Proceedings of the 51st Rencontre Assyriologique Internationale*. Chicago: Oriental Institute, 3–15.

Childe, V. Gordon. 1932. *New Light on the Most Ancient East: The Oriental Prelude to European Prehistory*. London: Routledge, 1952.

Childs, B. S. 1962. 'Eden, Garden of'. *The Interpreter's Dictionary of the Bible*. Nashville and New York: Abingdon Press.

Clarke, K. 1999. 'Universal perspectives in historiography', ed. C. S. Kraus, *The Limits of Historiography: Genre and Narrative in Ancient Historical Texts*. Leiden: Brill, 249–279.

Clayton, P. and Price, M. J., eds. 1988. *The Seven Wonders of the Ancient World*. London: Routledge.

Clifford, R. J. 1994. *Creation Accounts in the Ancient Near East and the Bible*. The Catholic Biblical Quarterly Monograph Series 26. Washington DC, 35–38.

Cogan, M. 1977. 'Ashurbanipal Prism F: notes on scribal techniques and editorial procedures', *Journal of Cuneiform Studies* 29, 97–107.

Cole, S. W. and Machinist, P. 1998. *Letters from Priests to the Kings Esarhaddon and Assurbanipal*, State Archives of Assyria XIII. Helsinki: Helsinki University Press.

Coleman, K. M. 2006. *Martial: Liber Spectaculorum*. Edited with introduction, translation and commentary. Oxford: Oxford University Press.

Colledge, M. 1979. 'Sculptors' stone-carving techniques in Seleucid and Parthian Iran, and their place in the "Parthian" cultural milieu: some preliminary observations', *East and West* 29, 221–240.

Collins, P. 2006. 'Trees and gender in Assyrian art', *Iraq* 68, 99–107.

Collon, D. 1987. *First Impressions: Cylinder Seals in the Ancient Near East*. London: British Museum Publications.

Cook, E. 2004. 'Near Eastern prototypes of the Palace of Alkinoos', *American Journal of Archaeology* 108, 43–77.

Cotterell, B. and Kamminga, J. 1990. *Mechanics of Pre-industrial Technology*. Cambridge: Cambridge University Press.

Craddock, P. T. 1995. *Early Metal Mining and Production*. Edinburgh: Edinburgh University Press.

Crane, E. 1999. *The World History of Bee-keeping and Honey-hunting*. London: Duckworth.

Curtis, J. E. 1976. 'Parthian gold from Nineveh', *The Classical Tradition*, British Museum Yearbook I, 47–66.

——1988. *Bronzeworking Centres of Western Asia c.1000–539 B.C.* London and New York: Kegan Paul International.

——1999. 'Glass inlays and Nimrud ivories', *Iraq* 61, 59–69.

Curtis, J. E. 2003. 'The Assyrian heartland in the period 612–539 BC', ed. R. Rollinger, *Continuity of Empire*, Padua: S.a.r.g.o.n. Editrice e Libreria, 157–167.

——2005. 'The Achaemenid period in northern Iraq', ed. P. Briant, *L'Archéologie de l'Empire achéménide: nouvelles recherches*. Persika 6, Paris: De Boccard, 342–7.

——McCall, H., Collon, D. and Al-Gailani Werr, L. eds. 2008. *New Light on Nimrud*. London: British Institute for the Study of Iraq.

Czichon, R. M. 1998–2001. *Reallexikon der Assyriologie*, vol. 9 s.v. 'Nebukadnezar', 202.

Dalley, S. M. 1988. 'Neo-Assyrian textual evidence for bronze-working centres', ed. J. E. Curtis, *Bronzeworking Centres of Western Asia c.1000–539 B.C.* London and New York: Kegan Paul International, 97–110.

——1991. 'Ancient Assyrian textiles and the origins of carpet design', *Iran* 29, 117–135.

——1993. 'Nineveh after 612 BC', *Altorientalische Forschungen* 20, 134–147.

——1994. 'Nineveh, Babylon and the Hanging Gardens: cuneiform and Classical sources reconciled', *Iraq* 56, 45–58.

——1997. 'The Hanging Gardens of Babylon at Nineveh', eds. H. Waetzoldt and H. Hauptmann, *Proceedings of the 39th Rencontre Assyriologique International, Heidelberg 1992*. Heidelberger Studien zum Alten Orient Band 6, 19–24.

——1999. 'Sennacherib and Tarsus', *Anatolian Studies* 49, 73–80.

——2000. 'Hebrew TAHAŠ, Akkadian DUHŠU, faience and beadwork', *Journal of Semitic Studies* 45, 1–19.

——2001–2. 'Water management in Assyria from the ninth to the seventh centuries BC', *ARAM* 13–14, 443–460.

——2002. 'More about the Hanging Gardens', eds. L. Al-Gailani-Werr, J. E. Curtis, A. McMahon and J. E. Reade, *Of Pots and Plans: Studies presented to David Oates*. Cambridge: Macdonald Institute, 67–73.

——2003. 'Why did Herodotus not mention the Hanging Gardens?', eds. P. Derow and R. Parker, *Herodotus and his World*. Oxford: Oxford University Press, 171–189.

——'The transition from Neo-Assyrians to Neo-Babylonians: break or continuity?', in *Eretz-Israel: Archaeological, Historical and Geographical Studies* 27, Hayim and Miriam Tadmor Volume. Jerusalem: Israel Exploration Society, 25–28.

——2005. 'Water supply for cities in the late eighth and seventh centuries BC: Assyria and Urartu', eds. A. Çilingiroglu and G. Darbyshire, *Anatolian Iron Ages* 5, British Institute at Ankara Monograph 31. London, 39–43.

——2005. 'The language of destruction and its interpretation', *Baghdader Mitteilungen* 36, 275–285.

——2005. 'Semiramis in History and Legend', ed. E. Gruen, *Cultural Borrowings and Ethnic Appropriations in Antiquity*. Stuttgart: F. Steiner Verlag, 11–22.

——2008. 'Babylon as a name for other cities including Nineveh', *Proceedings of the 51st Rencontre Assyriologique Internationale 2005 = Studies in Ancient Oriental Civilization*, no. 62, eds. R. D. Biggs, J. Myers and M. T. Roth. Chicago: Oriental Institute, 25–33.

——and Oleson, J. P. 2003. 'Sennacherib, Archimedes and the water screw: the context of invention in the ancient world', *Technology and Culture* 44, 1–26.

——and Postgate, J. N. 1984. *Tablets from Fort Shalmaneser*. Cuneiform Texts from Nimrud III. London: British School of Archaeology in Iraq.

—— 'The Greek novel *Ninus and Semiramis*: its background in Assyrian and Seleucid history and monuments', ed. T. Whitmarsh, *The Romance between Greece and the East*, Cambridge University Press, forthcoming.

Dandamaev, M. 1997. 'Assyrian traditions during Achaemenid times', eds. S. Parpola and R. Whiting, *Assyria 1995*. Helsinki: Helsinki University Press, 41–48.

Da Riva, R. 2008. 'The Nebuchadnezzar twin inscriptions of Brisa (Wadi esh-Sharbin, Lebanon): transliteration, and translation', *Bulletin d'archéologie et d'architecture libanaises* 12, 229–333.

——2008. *The Neo-Babylonian Royal Inscriptions: An Introduction*. Münster: Ugarit-Verlag.

Day, J. 2000. *Yahweh and the Gods and Goddesses of Canaan*. Journal of the Society for the Study of the Old Testament, Supplement Series 265. Sheffield: Sheffield Academic Press.

Decker, W. 1992. *Sports and Games of Ancient Egypt*. New Haven and London: Yale University Press.

Deller, K.-H. 1985. 'SAG.DU UR.MAH, Löwenkopfsitula, Löwenkopfbecher', *Baghdader Mitteilungen* 16, 327–346.

De Odorico, M. 1995. *The Use of Numbers and Quantifications in the Assyrian Royal Inscriptions*. State Archives of Assyria Studies III. Helsinki: Helsinki University Press.

Dijksterhuis, E. J. 1956. *Archimedes*. Copenhagen: Munksgaard.

Diodorus Siculus. *Library of History* book II, transl. C. H. Oldfather, Loeb edn. Cambridge, Mass.: Harvard University Press, 1933.

Dixon Hunt, J. and Willis, P. eds. 1988. *The Genius of the Place: The English Landscape Garden 1620–1820*. Cambridge, Mass., and London: Massachusetts Institute of Technology Press.

Drower, M. S. 1956. 'Water supply, irrigation, and agriculture', eds. C. Singer, E. J. Holmyard, A. R. Hall and T. I. Williams, *A History of Technology* II, Oxford: Clarendon Press, 528–532.

Eidem, J. 1992. *The Shemshara Archives, 2: The Administrative Texts.* Copenhagen: Munksgaard.

Ekschmitt, W. 1984. *Die sieben Weltwunder: Ihre Erbauung, Zerstörung und Wiederentdeckung.* Mainz am Rhein: P. von Zabern.

Ephal, I. and Tadmor, H. 2006. 'Observations of two inscriptions of Esarhaddon', eds. Y. Amit *et al., Essays on Ancient Israel in its Near Eastern Context. A Tribute to Nadav Naʾaman.* Winona Lake, Ind.: Eisenbrauns, 155–170.

Farber, G. 1997. 'Inanna and Enki', eds. W. Hallo and K. Lawson Younger, *The Context of Scripture,* vol. 1. Leiden: Brill, 522–526.

——1987–1990. *Reallexikon der Assyriologie,* vol. 7, s.v. 'me', 610–613.

Feeney, D. 2007. *Caesar's Calendar.* Berkeley and Los Angeles: University of California Press.

Feldman, M. 2004. 'Nineveh to Thebes and back: art and politics between Assyria and Egypt in the seventh century BCE', *Iraq* 66, 141–150.

Finkel, I. 1982. *The Series SIG7 = ALAN = Nabnītu,* Materials for the Sumerian Lexicon XVI. Rome: Pontifical Biblical Institute.

——1988. 'The Hanging Gardens of Babylon', eds. P. Clayton and M. J. Price, *The Seven Wonders of the Ancient World.* London: Routledge.

——and Seymour, M. 2008. *Babylon Myth and Reality.* Exhibition catalogue, London: British Museum.

Finley, M. I. 1965. 'Technical innovation and economic progress in the ancient world', *Economic History Review* 18, 29–45.

——1975. *The Use and Abuse of History.* London: Chatto and Windus.

——and Pleket, H. W. 1976. *The Olympic Games: The First Thousand Years.* London: Chatto and Windus.

Fiorina, P. 2008. 'Italian excavations at Nimrud-Kalhu: chronological and stratigraphical problems', eds. J. Curtis, H. McCall, D. Collon and L. Al-Gailani Werr, *New Light on Nimrud,* Proceedings of the Nimrud Conference 2002. London: British Institute for the Study of Iraq, 53–56.

——2009. 'Nimrud–Fort Shalmaneser: entrepôts et ateliers de la zone SW', eds. S. M. Cecchini, S. Mazzoni and E. Scigliuzzo, *Syrian and Phoenician Ivories.* Pisa: Edizioni ETS, 27–46.

Fleming, D. 1989. 'Eggshell Ware Pottery in Achaemenid Mesopotamia', *Iraq* 51, 165–185.

Forbes, R. J. 1965. *Cosmetics and Perfumes.* Studies in Ancient Technology II. 2nd edn. Leiden: Brill.

——1972. *Copper; Tin and Bronze; Antimony and Arsenic; Iron.* Studies in Ancient Technology IX, 2nd edn. Leiden: Brill.

Frahm, E. 1994. 'Die Bilder in Sanheribs Thronsaal', *Nouvelles assyriologiques brèves et utilitaires* 55 (1994).

——1997. *Einleitung in die Sanherib-Inschriften.* Archiv für Orientforschung Beiheft 26.

——2000. 'Die *akītu*-Häuser von Ninive', *Nouvelles assyriologiques brèves et utilitaires* 66 (2000).

——2005. 'Wer den Halbschekel nicht ehrt—nochmals zu Sanheribs angeblichen Münzen', *Nouvelles assyriologiques brèves et utilitaires* 45 (2005).

——2010. 'Counter-texts, commentaries, and adaptations: politically motivated responses to the Babylonian Epic of Creation in Mesopotamia, the biblical world, and elsewhere', ed. A. Tsukimoto, *Conflict, Peace and Religion in the Ancient Near East*. Orient 45, 3–33.

——2011. *Babylonian and Assyrian Text Commentaries: Origins of Interpretation*. Guides to the Mesopotamian Textual Record vol. 5. Münster: Ugarit-Verlag.

Frame, G. 1995. *Rulers of Babylonia from the Second Dynasty of Isin to the End of Assyrian Domination (1157–612 BC)*. Royal Inscriptions of Mesopotamia Babylonian Periods Volume 2. Toronto: Toronto University Press.

Franklin, N. 2011. 'From Megiddo to Tamassos and back: putting the "proto-Ionic capital" in its place!', eds. I. Finkelstein and N. Na'aman, *Fire Signals of Lachish*, Festschrift for David Ussishkin. Winona Lake, Ind.: Eisenbrauns, 129–140.

Fraser, P. M. 1994. 'The world of Theophrastus', ed. S. Hornblower, *Greek Historiography*. Oxford: Clarendon Press, 167–192.

Frayne, D. 1997. *Ur III Period (2112–2004 BC)*. Royal Inscriptions of Mesopotamia Early Periods 3/2. Toronto: Toronto University Press.

Freeth, T., Jones, A., Steele, J. M. and Bitsakis, Y. 2008. 'Calendars with olympiad display and eclipse prediction on the Antikythera mechanism', *Nature* 454, 614–617.

Frendo, A. 2011. *Pre-exilic Israel, the Hebrew Bible, and Archaeology*. New York and London: T & T Clark.

Fuchs, A. 1994. *Die Inschriften Sargons II aus Khorsabad*. Göttingen: Cuvillier Verlag.

——1996. 'Die Inschrift vom Ištar-Tempel', chapter VII in R. Borger, *Beiträge zu Inschriftenwerk Assurbanipals*. Wiesbaden: Harrassowitz, 258–96.

Fugmann, E. 1958. *Hama: Fouilles et recherches 1931–1938*, vol. 2/1, *L'Architecture des périodes pré-hellénistiques*. Copenhagen: National Museum.

Gallagher, W. 1996. 'The Istanbul stela of Nabonidus', *Wiener Zeitschrift für die Kunde des Morgenlandes* 86, Festschrift for H. Hirsch, 119–126.

Gasche, H. 1989. 'Habl aṣ-Ṣahr, nouvelles fouilles: l'ouvrage défensif de Nabuchodonosor au nord de Sippar', *Northern Akkad Project Reports* 2, 23–70.

George, A. R. 1992. *Babylonian Topographical Texts*. Orientalia Lovaniensia Analecta 40. Leuven: Peeters.

——1995. 'The bricks of E-sagil', *Iraq* 57, 173–197.

——1997. 'Marduk and the cult of the gods of Nippur at Babylon', *Orientalia* 66, 65–70.

——2003. *The Babylonian Gilgamesh Epic: Introduction, Critical Edition and Cuneiform Texts*. Oxford: Oxford University Press.

Ghirshman, R. 1968. *Tchoga Zanbil: Temenos, temples, palais, tombes*. Mémoires de la délégation en Perse 40 vol. 2. Paris: Geuthner.

Gille, B. 1956. 'Machines', eds. C. Singer, E. J. Holmyard, A. R. Hall and T. I. Williams, *A History of Technology* II. Oxford: Clarendon Press.

Giovino, M. 2007. *The Assyrian Sacred Tree: A History of Interpretations*. Orbis Biblicus et Orientalis 230. Göttingen: Academic Press Fribourg, Vandenhoeck and Ruprecht.

Glassner, J.-J. 2004. *Mesopotamian Chronicles*. Atlanta: Society of Biblical Literature.

Goblot, H. 1979. *Les Qanats: Une technique d'acquisition de l'eau*. Industrie et artisanat 9, École des hautes études en sciences sociales. Paris and New York: Éditions Mouton.

Goode, P. and Lancaster, M., eds. 1986. *Oxford Companion to Gardens*. Oxford: Oxford University Press.

Goold, G. P. 1995. *Chariton, Callirhoe*. Loeb edn. Cambridge, Mass.: Harvard University Press.

Gow, A. and Page, D. L. 1968. *The Greek Anthology: The Garland of Philip*. Cambridge: Cambridge University Press.

Grayson, A. K. 1963. 'The Walters Art Gallery inscription of Sennacherib', *Archiv für Orientforschung* 20, 83–96.

——1970. *Assyrian and Babylonian Chronicles*. Texts from Assyrian and Babylonian Sources 5. New York: J. J. Augustin.

——1991. *Assyrian Rulers of the Early First Millennium BC I (1114–859 BC)*. Royal Inscriptions of Mesopotamia, Assyrian Periods 2. Toronto: Toronto University Press.

——1996. *Assyrian Rulers of the Early First Millennium BC II (858–745 BC)*. Royal Inscriptions of Mesopotamia, Assyrian Periods 3. Toronto: Toronto University Press.

Greenberg, M. 1997. *Ezekiel 21–37*. Anchor Bible commentary. New York etc.: Doubleday.

Greene, K. 2000. 'Technical innovation and economic progress in the ancient world: M. I. Finley reconsidered', *Economic History Review* 53, 29–59.

Groeber, K. 1925. *Palästina, Arabien und Syrien: Baukunst, Landschaft, Volksleben*. Berlin: Verlag von Ernst Wasmuth A.G.

Gutzwiller, K. 2009. *A Guide to Hellenistic Literature*. Oxford: Blackwell.

Hägg, T. 1983. *The Novel in Antiquity*. Oxford: Blackwell.

Haller, A. 1953. *Die Gräber und Grüfte von Assur*, Wissenschaftliche Veröffentlichungen der Deutschen Orient-Gesellschaft 65.

Hallo, W. W. and Lawson Younger, K. eds. 1997. *The Context of Scripture*. Leiden: Brill.

Hannah, R. 2008. 'Timekeeping', ed. J. P. Oleson, *Oxford Handbook of Engineering and Technology in the Classical World*. New York: Oxford University Press, 740–758.

Harmatta, J. 1974. 'Les Modèles littéraires de l'édit babylonien de Cyrus', *Acta Iranica* 1, 29–44.

Haupt, P. 1907. 'Xenophon's account of the fall of Nineveh', *Journal of the American Oriental Society* 28, 99–107.

Hawkins, J. D. 1999. *Corpus of Hieroglyphic Luwian Inscriptions*. Berlin: Walter de Gruyter.

Haynes, D. 1992. *The Technique of Greek Bronze Statuary*. Mainz am Rhein: Philipp von Zabern.

Heidel, A. 1953. 'The octagonal Sennacherib prism in the Iraq Museum', *Sumer* 9, 117–188.

Helck, W. et al. 1972–1992. *Lexikon der Aegyptologie*. Wiesbaden: Harrassowitz.

Hendel, R. 2009. 'Other Edens', ed. J. D. Schloen, *Exploring the Longue durée*. Essays in Honor of Lawrence E. Stager. Winona Lake, Ind.: Eisenbrauns, 185–9.

Hercher, R. 1858. *Aeliani de natura animalium, . . . Porphyrii philosophi . . . Philonis Byzantii*. Paris.

Herodotus. *The Histories*. Transl. A. de Sélincourt. Harmondsworth: Penguin, 1954.

Herrmann, G. 1977. *The Iranian Revival*. Oxford: Elsevier-Phaidon.

——1992. *Ivories from Nimrud V: The Small Collections from Fort Shalmaneser*. London: British School of Archaeology in Iraq.

Hodge, T. 2000. 'Qanats', ed. O. Wikander, *Handbook of Ancient Water Technology*. Leiden: Brill, 35–38.

Homer. *Iliad*.

——*Odyssey*.

Hope-Simpson, R. 1998. 'The Mycenaean highways', *Classical Views. Échos du monde classique* 42, 239–260.

Hornblower, S. and Spawforth, A. 1996. *Oxford Classical Dictionary*. 3rd edn. Oxford: Oxford University Press.

Horowitz, W. 1991. 'Antiochus I, Esagil and a celebration of the ritual for the renovation of temples', *Revue d'Assyriologie* 85, 75–77.

——1998. *Mesopotamian Cosmic Geography*. Winona Lake, Ind.: Eisenbrauns.

Howard-Carter, T. 1983. 'An interpretation of the sculptural decoration of the second millennium temple at Tell Al-Rimah', *Iraq* 45, 64–72.

Humphrey, J. W., Oleson, J. P. and Sherwood, A. N. eds. 1998. *Greek and Roman Technology: A Sourcebook*. London: Routledge.

Hunger, H. 1968. *Babylonische und assyrische Kolophone*. Alter Orient und Altes Testament 2. Kevelaer and Neukirchen-Vluyn.

Huxley, M. 2000. 'Sennacherib's addition to the temple of Assur', *Iraq* 62, 107–137.

Invernizzi, A. 1989. 'L'Heracles Epitrapezios de Ninive', eds. L. de Meyer and E. Haerinck, *Archaeologia Iranica et Orientalis: Miscellanea in honorem Louis Vanden Berghe*, vol. 2. Gent: Peeters.

Jacobsen, T. and Lloyd, S. 1935. *Sennacherib's Aqueduct at Jerwan*. Oriental Institute Publications 24. Chicago: Chicago University Press.

James, S. 1986. 'Evidence from Dura Europus for the origins of the late Roman helmets', *Syria* 63, 107–134.

Jewish Encyclopaedia 1938 s.v. 'Adiabene'. London: Shapiro, Vallentine.

Josephus. *Jewish Antiquities.*

Joyce, P. M. 2007. *Ezekiel: A Commentary*. Edinburgh: T & T Clark.

Kataja, L. and Whiting, R. 1995. *Grants, Decrees and Gifts of the Neo-Assyrian Period*, State Archives of Assyria XII. Helsinki: Helsinki University Press.

Katz, D. 2007. 'Enki and Ninhursaga, part one: the story of Dilmun', *Bibliotheca Orientalis* 64, 568–589.

Kawami, T. 1972. 'A possible source for the sculptures of the audience hall, Pasargadae', *Iran* 10, 146–148.

Kemp, M. 1992. *The Science of Art: Optical Themes in Western Art from Brunelleschi to Seurat*. New Haven and London: Yale University Press.

Kessler-Mesguich, S. 1992. 'Les Grammaires occidentales de l'hébreu', ed. S. Auroux, *Histoire des idées linguistiques*. Liège: P. Mardaga, 251–270.

Khoury, R. 1988. 'Babylon in der ältesten Version über die Geschichte der Propheten im Islam', eds. G. Mauer and U. Magen, *Ad bene et fideliter seminandum: Festgabe für K.-H. Deller*, Alter Orient und Altes Testament 220. Münster: Ugarit-Verlag, 123–144.

King, L. W. 1902. *Cuneiform Texts in the British Museum*, vol. 15, London: British Museum.

Kinnier Wilson, J. V. 1972. *Nimrud Wine Lists*. Cuneiform Texts from Nimrud I. London: British School of Archaeology in Iraq.

Kleingünther, A. 1933. *Protos Heuretēs*. Leipzig: Dieterisch'sche Verlagsbuchhandlung.

Klengel-Brandt, E. 1990. 'Gab es ein Museum in der Hauptburg Nebukadnezars II. in Babylon?', *Forschungen und Berichte* 28, 41–47.

Koch, E. 2001. *Mughal Art and Imperial Ideology: Collected Studies*. New Delhi and Oxford: Oxford University Press.

Koch-Westenholz, U. 1995. *Mesopotamian Astrology: An Introduction to Babylonian and Assyrian Celestial Divination*. Copenhagen: Museum Tusculanum Press.

Kohlmeyer, K. 2009. 'The Temple of the Storm God in Aleppo during the Late Bronze and Early Iron Ages', *Near Eastern Archaeology* 72, 190–202.

Koldewey, R. 1914. *Das wiedererstehende Babylon*. Leipzig: J. C. Hinrichs.

——1931. *Die Königsburgen von Babylon* I. Leipzig: J. C. Hinrichs.

König, F. W. 1955–1957. *Handbuch der chaldischen Inschriften*. Graz: E. Weidner.

——1965. *Die elamische Königsinschriften*. Archiv für Orientforschung, Beiheft 16. Graz: E. Weidner.

Korenjak, M. and Rollinger, R. 2001. '"Phokylides" und der Fall Ninives', *Philologus, Zeitschrift für antike Literatur und ihre Rezeption*, 145/2, 195–202.

Korfmann, M. O. 2005. *Troia/Wilusa: Guidebook*, revised edn. Tübingen: Çanakkale-Tübingen Troia Vakfi.

Kose, A. 1999. 'Die Wendelrampe der Ziqqurrat von Dūr Šarrukīn—keine Phantasie vom Zeichentisch', *Baghdader Mitteilungen* 30, 115–137.

Kosmin, P. forthcoming. 'Monarchic ideology and cultural interaction in the Borsippa cylinder'.

Kramer, S. N. 1955. 'Enki and Ninhursag: a paradise myth', ed. J. B. Pritchard, *Ancient Near Eastern Texts related to the Old Testament*. 2nd edn. Princeton: Princeton University Press, 36–41.

Kraus, C. S. 1999. *The Limits of Historiography: Genre and Narrative in Ancient Historical Texts*. Leiden: Brill.

Krebernik, M. 1998–2001. *Reallexikon der Assyriologie*, vol. 9, s.v. 'Ninlil (Mulliltu, Mulissu)', 452–461.

Kühne, H. 2002. 'Thoughts about Assyria after 612 BC', eds. L. Al-Gailani-Werr, J. Curtis, H. Martin, A. McMahon, J. Oates and J. E. Reade, *Of Pots and Plans: Studies presented to David Oates*. Cambridge: Macdonald Institute and London: NABU Publications.

Kuhrt, A. 1995. 'The Assyrian heartland in the Achaemenid period', ed. P. Briant, *Dans les pas des dix-mille*, Pallas 43, 239–254.

——and Sherwin-White, S. 1987. *Hellenism in the East*. London: Duckworth.

——1991. 'Aspects of Seleucid royal ideology: the cylinder of Antio-chus I from Borsippa', *Journal of Hellenic Studies* 111, 71–86.

Kuttner, A. 2005. '"Do you look like you belong here?" Asianism at Pergamon and the Makedonian diaspora', ed. E. S. Gruen, *Cultural Borrowings and Ethnic Appropriations in Antiquity*, Oriens et Occidens 8. Wiesbaden: Franz Steiner Verlag, 137–206.

Laessøe, J. 1951. 'The irrigation system at Ulhu, 8th century BC', *Journal of Cuneiform Studies* 5, 21–32.

——1953. 'Reflexions on modern and ancient Oriental water works', *Journal of Cuneiform Studies* 7, 5–26.

——1954. 'The meaning of the word *alamittu*', *Compte rendu de la Rencontre Assyriologique Internationale 1952*, Paris, 150–156.

Lancaster, L. 2008. 'Roman engineering and construction', ed. J. P. Oleson, *The Oxford Handbook of Engineering and Technology in the Classical World*, chapter 10. Oxford: Oxford University Press.

Landsberger, B. 1937. *ana ittišu*, Materials for the Sumerian Lexicon 1. Rome: Pontifical Biblical Institute.

——1958. *HAR-ra = hubullu V–VII*, Materialien zum sumerischen Lexikon, vol. 6. Rome: Pontifical Biblical Institute.

Lane Fox, R. 1973. *Alexander the Great.* London: Allen Lane.

——ed. 2004. *The Great March: Xenophon and the Ten Thousand.* New Haven: Yale University Press.

Langdon, S. 1912. *Die neubabylonischen Königsinschriften.* Vorderasiatische Bibliothek 4. Leipzig: J. C. Hinrich'sche Buchhandlung.

Larsen, M. T. 1994. *The Conquest of Assyria: Excavations in an Antique Land.* London and New York: Routledge.

Lawrence, A. W. 1973 (3rd edn.) and 1983 (4th edn.). *Greek Architecture.* Harmondsworth: Penguin.

Layard, A. H. 1850. *Nineveh and its Remains.* London: John Murray.

——1853. *Discoveries in the Ruins of Nineveh and Babylon.* London: John Murray.

Leichty, E. 2011. *The Royal Inscriptions of Esarhaddon, King of Assyria (680–669 BC).* Royal Inscriptions of the neo-Assyrian period vol. 4. Winona Lake, Ind.: Eisenbrauns.

Lewis, M. J. T. 2001. *Surveying Instruments of Greece and Rome.* Cambridge: Cambridge University Press.

Liddell, H. G. and Scott, R. 1996. *Greek–English Lexicon,* 9th edn. Oxford: Clarendon Press.

Lightfoot, J. 2003. *Lucian, On the Syrian Goddess.* Oxford: Oxford University Press.

Lion, B. 1992. 'Vignes au royaume de Mari', ed. J.-M. Durand, *Florilegium marianum: Recueil d'études en l'honneur de Michel Fleury,* Mémoires de N.A.B.U.1. Paris: SEPOA, 107–113.

Lipinski, E. 2000. *The Aramaeans: Their Ancient History, Culture, Religion.* Leuven: Peeters.

Liverani, M. 2001. 'The fall of the Assyrian empire: ancient and modern interpretations', eds. S. Alcock, T. d'Altroy, K. Morrison and C. Sinopoli, *Empires: Perspectives from Archaeology and History.* Cambridge: Cambridge University Press, 374–391.

Livingstone, A. 1989. *Court Poetry and Literary Miscellanea,* State Archives of Assyria vol. III. Helsinki: Helsinki University Press.

——2009. 'Remembrance at Assur: the case of dated Aramaic memorials', eds. M. Luukko, S. Svärd and R. Mattila, *Of God(s), Trees, Kings and Scholars.* Studies in Honour of Simo Parpola. Helsinki: Finnish Oriental Society, 151–156.

Lloyd, S. 1978. *The Archaeology of Mesopotamia.* London: Thames and Hudson.

Loud, G. and Altman, C. B. 1938. *Khorsabad Part II: The Citadel and the Town.* Chicago: Chicago University Press.

Löw, I. 1924. *Die Flora der Juden,* vol 2. Vienna and Leipzig: R. Löwit.

Luckenbill, D. D. 1924. *The Annals of Sennacherib.* Oriental Institute Publications 2. Chicago: Chicago University Press.

Luraghi, N. 2006. 'Traders, pirates, warriors: the proto-history of Greek mercenary soldiers in the eastern Mediterranean', *Phoenix* 60, 1–47.

Luttikhuizen, G. P., ed. 1999. *Paradise Interpreted: Representations of Biblical Paradise in Judaism and Christianity*. Leiden: Brill.

Macginnis, J. 1988. 'Ctesias and the fall of Nineveh', *Illinois Classical Studies* 13/1, 37–41.

——1989. 'Some inscribed horse troughs of Sennacherib', *Iraq* 51, 187–192.

Madhloum, T. 1968. 'Nineveh: the 1967–1968 campaign', *Sumer* 24, 45–51.

Malbran-Labat, F. 1995. *Les Inscriptions royales de Suse*. Paris: Louvre.

Malek, J. *et al.* 2000. *Topographical Bibliography of Ancient Egyptian Hieroglyphic Texts, Reliefs, and Paintings, 7: Nubia, the Deserts, and Outside Egypt*. Oxford: Griffith Institute, Ashmolean Museum, s.v. 'Nineveh'.

Mallowan, M. E. L. 1966. *Nimrud and its Remains*. London: Collins.

Manniche, L. 1989. *An Ancient Egyptian Herbal*. London: British Museum Press.

Maryon, H. and Plenderleith, H. J., 1954. 'Fine metalwork', eds. C. Singer, E. J. Holmyard, A. R. Hall and T. I. Williams, *A History of Technology*, vol. 1. Oxford: Clarendon Press, 623–662.

Matheson, S. A. 1976. *Persia: An Archaeological Guide*. London: Faber and Faber, revised version.

Maxwell-Hyslop, K. R. 1983. 'Dalbergia sissoo Roxburgh', *Anatolian Studies* 33, 67–72.

Mayer, W. R. 1987. 'Ein Mythos von der Erschaffung des Menschen', *Orientalia* 56, 55–68.

Mazar, A. and Panitz-Cohen, N. 2007. 'It is the land of honey: bee-keeping in Iron Age IIA Tel Rehov—culture, cult and economy', *Near Eastern Archaeology* 70, 202–219.

Melville, S. 1999. *The role of Naqia/Zakutu in Sargonid Politics*. State Archives of Assyria Studies IX. Helsinki: Helsinki University Press.

Merrilees, P. H. 2005. *Catalogue of the Western Asiatic Seals in the British Museum, Cylinder Seals, 6: Pre-Achaemenid and Achaemenid Periods*. London: British Museum Press.

Meyers, P. 1988. 'Characteristics of casting revealed by the study of ancient Chinese bronzes', ed. R. Maddin, *The Beginning of the Use of Metals and Alloys*. Cambridge, Mass.: The MIT Press, 283–295.

Michel, C. and Veenhof, K. R. 2010. 'Textiles traded by the Assyrians in Anatolia', eds. C. Michel and M.-L. Nosch, *Textile Terminologies in the Ancient Near East and Mediterranean from the Third to the First Millennia BC*. Oxford: Oxbow, 210–271.

Millar, F. 1993. *The Roman Near East 31 BC–AD 337*. Cambridge, Mass.: Harvard University Press.

Millard, A. R. 1984. 'The Etymology of Eden', *Vetus Testamentum* 34, 103–105.

Milton, John. *Paradise Lost. The Poetical Works of John Milton*, see Valentine, *The Poetical Works of John Milton* (1896).

Mitsis, P. 2003. 'The institutions of Hellenistic philosophy', ed. A. Erskine, *A Companion to the Hellenistic World*. Oxford: Blackwell, 464–476.

Moorey, P. R. S. 1982. *Ur 'of the Chaldees'*. London: Book Club Associates; see also Woolley, *Excavations at Ur: A Record of Twelve Years' Work* (1954).

——1991. *A Century of Biblical Archaeology*. Cambridge: Lutterworth Press.

——1999. *Ancient Mesopotamian Materials and Industries: The Archaeological Evidence*. Winona Lake, Ind.: Eisenbrauns.

Moortgat, A. 1940. *Vorderasiatische Rollsiegel*. Berlin: Gebr. Mann Verlag.

Morgan, C. 1989. *Athletes and Oracles*. Cambridge: Cambridge University Press.

Morgan, J. R. 2007. 'Fiction and history: historiography and the novel', ed. J. Marincola, *A Companion to Greek and Roman Historiography*, vol. 2. Oxford: Wiley-Blackwell, 553–564.

Morgan, L. 1877. *Ancient Society: or, Researches in the Lines of Human Progress from Savagery through Barbarism to Civilization*. Chicago: Charles H. Kerr.

Nagel, W. 1978. 'Wo lagen die "Hängende Gärten" in Babylon?', *Mitteilungen der Deutschen Orient-Gesellschaft* 110, 19–28.

Negahban, E. O. 1996. *Marlik: The Complete Excavation Report*. Philadelphia: University Museum, Pennsylvania.

Nesselrath, H.-G. 1999. 'Herodot und Babylon', ed. J. Renger, *Babylon: Focus mesopotamischer Geschichte*. Saarbrücker Druckerei und Verlag.

Netzer, E. 2001. *Hasmonean and Herodian Winter Palaces at Jericho. Final report*, chapter 13, 'Planning and reconstruction of Herod's third palace'. Jerusalem: Israel Exploration Society.

Neugebauer, O. and Sachs, A. 1945. *Mathematical Cuneiform Texts*. New Haven: American Oriental Society and American Schools of Oriental Research.

Nielsen, I. 1994. *Hellenistic Palaces: Tradition and Renewal*. Aarhus: Aarhus University Press.

Nissinen, M. 1998. 'Love lyrics of Nabu and Tašmetu: an Assyrian Song of Songs?', eds. M. Dietrich and I. Kottsieper, *Und Mose schrieb dieses Lied auf*, Festschrift for O. Loretz. Alter Orient und Altes Testament 250. Münster: Ugarit-Verlag, 587–591.

Novak, M. 2004. 'Hilani und Lustgarten', ed. M. Novak, F. Prayon and A.-M. Wittke, *Die Aussenwirkung des späthethitischen Kulturraumes*, Alter Orient und Altes Testament 323. Münster: Ugarit-Verlag, 299–305.

Novotny, J. 2010. 'Temple building in Assyria: evidence from royal inscriptions', eds. M. J. Boda and J. Novotny, *From the Foundations to the Crenellations*. Alter Orient und Altes Testament 366. Münster: Ugarit-Verlag, 109–140.

Oates, D. 1968. *Studies in the Ancient History of Northern Iraq*. London: British Academy.

——and Oates, J. 2001. *Nimrud: An Assyrian Imperial City Revealed*. London: British School of Archaeology in Iraq.

Oleson, J. P. 1984. *Greek and Roman Mechanical Water-Lifting Devices: The History of a Technology*. Toronto: Toronto University Press.

——2000. 'Irrigation', ed. O. Wikander, *Handbook of Ancient Water Technology*. Leiden: Brill, 183–215.

——2008. *Oxford Handbook of Engineering and Technology in the Classical World*. Oxford: Oxford University Press.

Oppenheim, A. L. 1965. 'On royal gardens in Mesopotamia', *Journal of Near Eastern Studies* 24, 328–333.

——1964. *Ancient Mesopotamia: Portrait of a Dead Civilization*. Chicago: Chicago University Press.

Orchard, J. J. 1978. 'Some miniature painted glass plaques from Fort Shalmaneser, Nimrud, part I', *Iraq* 40, 1–22.

Ornan, T. 1995. 'The transition from figured to non-figured representations in First-Millennium glyptic', ed. J. Goodnick Westenholz, *Seals and Sealings in the Ancient Near East*. Jerusalem: Bible Lands Museum, 39–56.

——2004. 'Idols and symbols: divine representation in First Millennium Mesopotamian art and its bearing on the second commandment', *Tel Aviv* 31, 90–121.

——2007. 'The god-like semblance of a king: the case of Sennacherib's rock reliefs', eds. J. Cheng and M. Feldman, *Ancient Near Eastern Art in Context: Studies in Honor of Irene J. Winter*. Leiden and New York: Brill, 161–178.

Parpola, S. 1987. *The Correspondence of Sargon II part 1*. State Archives of Assyria, vol. 1. Helsinki: Helsinki University Press.

——1993. *Letters from Assyrian and Babylonian Scholars*, State Archives of Assyria, vol. 10. Helsinki: Helsinki University Press.

——and Porter, M. 2001. *The Helsinki Atlas of the Near East in the Neo-Assyrian Period*. The Casco Bay Assyriological Institute and the Neo-Assyrian Text Corpus Project. Helsinki: Helsinki University Press.

Parry, D. 2005. *Engineering in the Ancient World*. Stroud: Sutton Publishing.

Paterson, A. 1915. *Assyrian Sculptures: Palace of Sinacherib*.

Pearson, L. 1960. *The Lost Histories of Alexander*. New York: American Philological Association.

Pedersén, O. 1998. *Archives and Libraries in the Ancient Near East 1500–300 BC*. Bethesda, Md.: CDL Press.

——2005. *Archive und Bibliotheken in Babylon: Die Tontafeln der Grabung Robert Koldeweys 1899–1917*. Saarbrücken: In Kommission bei SDV.

——2009. 'Neo-Assyrian texts from Nebuchadnezzar's Babylon: a preliminary report', eds. M. Luukko, S. Svärd and R. Mattila, *Of God(s), Trees,*

Kings and Scholars. Neo-Assyrian and Related Studies in Honour of Simo Parpola. Helsinki: Finnish Oriental Society, 193–9.

Peeters, P. 1925. 'Le "Passionaire d'Adiabène"', *Analecta Bollandiana* 43, 261–304.

Philo Judaeus, 'On the confusion of tongues'.

Pickworth, D. 2005. 'Excavations at Nineveh: the Halzi gate', *Iraq* 67, 295–316.

Pinker, A. 2006. 'Nahum and the Greek tradition on Nineveh's fall', *Journal of Hebrew Scriptures* 6 (online journal).

Place, V. 1867. *Ninive et l'Assyrie*, vol. 2. Paris.

Plutarch. *Life of Marcellus.*

Polinger Foster, K. 2004. 'The Hanging Gardens of Nineveh', *Iraq* 66, 207–220.

Pomeroy, S. 1994. *Xenophon, Oeconomicus: A Social and Historical Commentary.* Oxford: Clarendon Press.

Pongratz-Leisten, B. 1994. *Ina šulmi erub: Die kulttopographische und ideo-logische Programmatik der akītu-Prozession in Babylonien und Assyrien im 1. Jahrtausend v. Chr.* Baghdad Forschungen 16.

Porten, B. 1968. *Archives from Elephantine: The Life of an Ancient Jewish Military Colony.* Berkeley and Los Angeles: University of California Press.

——and Yardeni, A. 1986. *Textbook of Aramaic Documents from Ancient Egypt I Letters.* Winona Lake, Ind.: Eisenbrauns.

Porter, B. and Moss, R. see Malek, J.

Postgate, C., Oates, D. and Oates, J. 1997. *The Excavations at Tell Al-Rimah: The Pottery.* London: British School of Archaeology in Iraq.

Postgate, J. N. 1970. 'An Assyrian altar from Nineveh', *Sumer* 26, 133–136.

——1998–2001. *Reallexikon der Assyriologie*, vol. 9, s.v. 'Negub'.

——and Reade, J. E. 1976–1980. *Reallexikon der Assyriologie*, vol. 5, s.v. 'Kalhu'.

Potts, D. T. 1990. 'Some horned buildings in Iran, Mesopotamia and Arabia', *Revue d'Assyriologie* 84, 33–40.

——1999. 'GIŠ.mes.magan.na (Dalbergia sissoo Roxb.) at Tell Abraq', *Arabian Archaeology and Epigraphy* 10, 129–133.

——1999. *The Archaeology of Elam.* Cambridge: Cambridge University Press.

——2005. 'Cyrus the Great and the Kingdom of Anshan', eds. V. Curtis and S. Stewart, *Birth of the Persian Empire: The Idea of Iran.* London: I. B. Tauris, 1–22.

Pritchard, J. B. 1950. *Ancient Near Eastern Texts relating to the Old Testament.* Princeton: Princeton University Press.

Quintus Curtius Rufus. *History of Alexander.* Translated by J. C. Rolfe. Loeb edn., 1946.

Radt, W. 1988. *Pergamon: Geschichte und Bauten, Funde und Erforschung einer antiken Metropole.* Cologne: DuMont Buchverlag.

Rassam, H. 1897. *Asshur and the Land of Nimrod*. New York.

Rawson, J. 2010. 'Carnelian beads, animal figures and exotic vessels: traces of contact between the Chinese states and Inner Asia, ca.1000–650 BC', *Archaeology in China*, 1: *Bridging Eurasia*, 1–42.

Reade, J. E. 1978. 'Studies in Assyrian geography I: Sennacherib and the waters of Nineveh', *Revue d'Assyriologie* 73, 47–72.

——1979. 'Assyrian architectural decoration: techniques and subject-matter', *Baghdader Mitteilungen* 10, 17–49.

——1979. 'Ideology and propaganda in Assyrian art', ed. M. T. Larsen, *Power and Propaganda: A Symposium on Ancient Empires*, Mesopotamia 7. Copenhagen: Akademisk Forlag, 329–343.

——1983. *Assyrian Sculpture*. London: British Museum Publications.

——1987. 'Was Sennacherib a feminist?', ed. J.-M. Durand, *La Femme dans le Proche-Orient Antique*, Compte Rendue de la 33e Rencontre Assyriologique Internationale. Paris; Éditions recherche sur les civilisations, 39–146.

——1998. 'Greco-Parthian Nineveh', *Iraq* 60, 65–84.

——1998–2001. *Reallexikon der Assyriologie*, vol. 9, s.v. 'Ninive'.

——1998. 'Assyrian illustrations of Nineveh', *Iranica Antiqua* 33, 81–94.

——2000. 'Restructuring the Assyrian sculptures', eds. R. Dittmann *et al.*, *Variatio delectat: Gedenkschrift für Peter Calmeyer*, Alter Orient und Altes Testament 272. Münster: Ugarit-Verlag, 607–625.

——2000. 'Alexander the Great and the Hanging Gardens of Babylon', *Iraq* 62, 195–217.

——2001. 'More about Adiabene', *Iraq* 63, 187–200.

——2002. 'Shiru Maliktha and the Bandwai canal system', eds. L. Al-Gailani-Werr, J. E. Curtis, A. McMahon and J. E. Reade, *Of Pots and Plans: Studies presented to David Oates*. Cambridge: Macdonald Institute, 309–318.

——2005. 'The Ishtar Temple at Nineveh', *Iraq* 67, 347–390.

——2008. 'Nineteenth-century Nimrud: motivation, orientation, conservation', ed. J. E. Curtis *et al.*, *New Light on Nimrud*. London: British Institute for the Study of Iraq, 1–21.

Renger, J. and Cooper, J. S. 1975. *Reallexikon der Assyriologie*, vol. 4, s.v. 'Heilige Hochzeit', 251–269.

Rivaroli, M. 2004. 'Nineveh from ideology to topography', *Iraq* 66, 199–205.

Roaf, M. 2004. *Reallexikon der Assyriologie*, vol. 10, s.v. 'Persepolis'.

Robertson, D. S. 1969 (reprint). *Greek and Roman Architecture*. Cambridge: Cambridge University Press.

Robson, E. 1997. 'Three Old Babylonian methods for dealing with "Pythagorean" triangles', *Journal of Cuneiform Studies* 49, 51–72.

Rochberg, F. 2000. 'Scribes and scholars: the *tupšar Enūma Anu Enlil*', eds. J. Marzahn and H. Neumann, *Assyriologica et Semitica*, Festschrift for

Joachim Oelsner. Alter Orient und Altes Testament 252. Münster: Ugarit-Verlag, 359–375.

Rollinger, R. 1998. 'Der Stammbaum des achaimenidischen Königshauses oder die Frage der Legitimität der Herrschaft des Dareios', *Archäologische Mitteilungen aus Iran und Turan* 30, 155–209.

——2000. 'Schwimmen und Nichtschwimmen im Alten Orient', ed. Christoph Ulf, *Ideologie—Sport—Aussenseiter Aktuelle Aspekte einer Beschäftigung mit der antiken Gesellschaft*. Innsbruck: Institut für Sprachwissenschaft der Universität Innsbruck, 147–165.

——2006. 'The terms "Assyria" and "Syria" again', *Journal of Near Eastern Studies* 65, 283–287.

Romer, J. and Romer, E. 1995. *The Seven Wonders of the World: A History of the Modern Imagination*. London: Michael O'Mara.

Royle, J. F. 1839. *Illustrations of the Botany and Other Branches of the Natural History of the Himalayan Mountains and of the Flora of Cashmere*, vol. 2.

Russell, J. M. 1991. *Sennacherib's Palace without Rival at Nineveh*. Chicago: Chicago University Press.

——1997. 'Sennacherib's Palace Without Rival revisited: excavations at Nineveh and in the British Museum archives', eds. S. Parpola and R. Whiting, *Assyria 1995*. Helsinki: Helsinki University Press, 295–306.

——1999. *The Writing on the Wall: Studies in the Architectural Context of Late Assyrian Palace Inscriptions*. Winona Lake, Ind.: Eisenbrauns.

Sack, R. 2004. *Images of Nebuchadnezzar: The Emergence of a Legend*. 2nd, revised and expanded edn. Selinsgrove, Pa.: Susquehanna University Press; London and Toronto: Associated University Presses.

Safar, F. 1947. 'Sennacherib's project for supplying Erbil with water', *Sumer* 3, 23–5.

——1957. 'The temple of Sibitti at Khorsabad', *Sumer* 13, 219–221.

Sagona, A. and Zimansky, P. 2009. *Ancient Turkey*. London: Routledge.

Sartre, M. 2005. *The Middle East under Rome*. Cambridge, Mass.: Harvard University Press.

Sauvage, M. 1998. *La Brique et sa mise en œuvre en Mésopotamie des origines à l'époque achéménide*. Paris: Éditions recherche sur les civilisations.

Schaudig, H.-P. 2001. *Die Inschriften Nabonids von Babylon und Kyros' des Grossen*. Alter Orient und Altes Testament 256. Münster: Ugarit-Verlag.

——2010. 'The restoration of temples in the Neo- and Late Babylonian periods', eds. M. Boda and J. Novotny, *From the Foundations to the Crenellations*. Alter Orient und Altes Testament 366. Münster: Ugarit-Verlag, 141–164.

Schwartz, G. and Nichols, J. L., eds. 2006. *After Collapse: The Regeneration of Complex Societies*. Tucson, Ariz.: University of Arizona Press.

Scott, M. L. and Macginnis, J. 1990. 'Notes on Nineveh', *Iraq* 52, 63–74.

Scurlock, J. 1983. 'Berossus and the fall of the Assyrian empire', *Revue d'Assyriologie* 77, 95–96.

——1990. 'The Euphrates flood and the ashes of Nineveh', *Historia* 39, 382–384.

Segala, E. 1999. *Domus Aurea.* Milan: Electa.

Simpson, S. 2005. 'Christians at Nineveh in late antiquity', *Iraq* 67, 285–94.

Smith, G. 1875. *Assyrian Discoveries.* London.

Smith, S. 1925. *Cambridge Ancient History*, 1st edn. 1925, vol. 3, *The Assyrian Empire*, eds. J. B. Bury, S. A. Cook, and F. E. Adcock. Cambridge: Cambridge University Press.

So, J. and Bunker, E. C. 1995. *Traders and Raiders on China's Northern Frontier.* Washington DC: Smithsonian Institute.

Soggin, J. A. 1976. *Introduction to the Old Testament.* London: SCM Press.

Steiner, R. C. 1997. 'The Aramaic text in demotic script', eds. W. Hallo and J. Lawson Younger, *The Context of Scripture*. Leiden: Brill, 309–327.

Stephens, S. A. and Winkler, J. J. 1995. *Ancient Greek Novels: The Fragments.* Princeton: Princeton University Press.

Stevenson, D. W. W. 1992. 'A proposal for the irrigation of the Hanging Gardens of Babylon', *Iraq* 54, 35–55.

Stol, M. 2003–5. *Reallexikon der Assyriologie,* vol. 10, s.v. 'Pflanzenkunde'.

Stone, E. C., Linsley, D. H., Pigott, V., Harbottle, G. and Ford, M. T. 1998. 'From shifting silt to solid stone: the manufacture of synthetic basalt in ancient Mesopotamia', *Science* 280, 2091–2093.

Strabo, *Geography*, transl. Horace Leonard Jones, Loeb edn. 1932 revised 1969.

Streck, M. 1916. *Assurbanipal und die letzten assyrischen Könige.* Leipzig: J. C. Hinrichs.

——1998–2001. *Reallexikon der Assyriologie,* vol. 9, s.v. 'Nebukadnezar II'.

——2010. 'Grosses Fach Altorientalistik: Der Umfang des keilschriftlichen Textkorpus', *Mitteilungen der Deutschen Orient-Gesellschaft zu Berlin,* 142, 35–58.

Stronach, D. 1990. 'The garden as a political statement: some case studies from the Near East in the first millennium B.C.', *Bulletin of the Asia Institute* 4, 171–80.

——1997. 'The fall of Nineveh', eds. S. Parpola and R. Whiting, *Assyria 1995*. Helsinki: Helsinki University Press, 315–318.

——1997. 'Anshan and Parsa: early Achaemenid history, art and architecture on the Iranian plateau', ed. J. Curtis, *Mesopotamia and Iran in the Persian Period*. Proceedings of a Seminar in Memory of V. G. Lukonin. London: British Museum Press, 35–53.

Syme, R. 1934. 'Galatia and Pamphylia under Augustus: the governorships of Piso, Quirinus and Silvanus', *Klio* 27, 1–148.

Tacitus. *Annals.*

Tadmor, H. 1994. *The Inscriptions of Tiglath-Pileser III King of Assyria.* Jerusalem: Israel Exploration Society.

Taylor, P. 2006. *Oxford Companion to the Garden.* Oxford: Oxford University Press.

Teixidor, J. 1967. 'The kingdom of Adiabene and Hatra', *Berytus* 17, 1–11.

——1987. 'Parthian officials in Lower Mesopotamia', *Mesopotamia* 22, 187–93.

Thomas, R. 2000. *Herodotus in Context Ethnography, Science and the Art of Persuasion.* Cambridge: Cambridge University Press.

Thureau-Dangin, F. 1924. 'Les Sculptures rupestres de Maltai', *Revue d'Assyriologie* 21, 185–197.

Trigger, B. 1989. *A History of Archaeological Thought.* Cambridge: Cambridge University Press.

Tuplin, C. 1991. 'Modern and ancient travellers in the Achaemenid empire: Byron's Road to Oxiana, and Xenophon's Anabasis', eds. H. Sancisi-Weerdenburg and J. W. Drijvers, *Achaemenid History* 7, 37–57.

Turner, G. 1970. 'The state apartments of late Assyrian palaces', *Iraq* 32, 177–213.

Ur, J. 2005. 'Sennacherib's northern Assyrian canals: New insights from satellite imagery and aerial photography', *Iraq* 67, 317–345.

Ussishkin, D. 1982. *The Conquest of Lachish by Sennacherib.* Tel Aviv: Tel Aviv University Publications of the Institute of Archaeology, 6.

Valentine, L. ed. 1896. *The Poetical Works of John Milton.* London and New York: F. Warne and Co.

Van de Mieroop, M. 2004. 'A tale of two cities: Nineveh and Babylon', *Iraq* 66, 1–5.

Vanden Berghe, L. 1984. *Reliefs rupestres de l'Iran Ancien.* Brussels: Musées Royaux d'Art et d'Histoire.

van der Kooij, A. 2010. 'The story of paradise in the light of Mesopotamian culture and literature', eds. K. J. Dell, G. Davies and Y. Koh, *Genesis, Isaiah and Psalms.* Vetus Testamentum Supplement 135, in Honour of J. Emerton. Leiden and Boston: Brill, 3–22.

Van der Spek, R. 1995. Review of R. Rollinger, *Herodots Babylonischer Logos. Orientalia* New Series 64, 474–477.

——2000. 'The šatammus of Esagila in the Seleucid and Arsacid periods', eds. J. Marzahn and H. Neumann, *Assyriologica et Semitica: Festschrift für Joachim Oelsner.* Alter Orient und Altes Testament 252. Münster: Ugarit-Verlag, 437–446.

——2006. 'The size and significance of the Babylonian temples under the Successors', eds. P. Briant and F. Joannès, *La Transition entre l'empire achéménide et les royaumes hellénistiques.* Persika 9, 261–307.

——2008. 'Berossus as Babylonian chronicler and Greek historian', eds. R. van der Spek *et al.*, *Studies in Ancient Near Eastern World View and Society, presented to Marten Stol,* Bethesda, Md.: CDL Press, 277–318.

Van Leeuwen, R. C. 2007. 'Cosmos, temple, house: building and wisdom in Mesopotamia and Israel', ed. R. J. Clifford, *Wisdom Literature in Mesopotamia and Israel*. SBL seminar series. Leiden and Boston: Brill, 67–90.

Van Nuffelen, P. 2004. 'Le Culte royal de l'empire des Séleucides: une réinterprétation', *Historia* 53, 278–301.

Van Seters, J. 1989. 'The creation of man and the creation of the king', *Zeitschrift für Alttestamentliche Wissenschaft* 101, 333–342.

Verbrugghe, G. and Wickerstam, J. 1996. *Berossos and Manetho, introduced and translated: Native Traditions in Ancient Mesopotamia and Egypt*. Ann Arbor: University of Michigan Press.

Vitruvius. *De Architectura*.

Vogelsang, W. 1992. *The Rise and Organisation of the Achaemenid Empire: The Eastern Iranian Evidence*. Leiden: Brill.

Walker, C. B. F. 1981. *Cuneiform Brick Inscriptions*. London: British Museum.

Wallenfels, R. 2008. 'A new stone inscription of Nebuchadnezzar II', ed. M. Ross, *From the Banks of the Euphrates: Studies in Honour of Alice Louise Slotsky*. Winona Lake, Ind.: Eisenbrauns, 267–294.

Waters, M. 2004. 'Cyrus and the Achaemenids', *Iran* 42, 91–102.

Weissert, E. 1997. 'Royal hunt and royal triumph in a prism fragment of Ashurbanipal', eds. S. Parpola and R. Whiting, *Assyria 1995*. Helsinki: Helsinki University Press, 339–358.

West, M. L. 1995. 'The date of the Iliad', *Museum Helveticum* 52, 204–219.

White, Gilbert. 1876. *Natural History and Antiquities of Selborne*. London: Macmillan.

Wikander, O. 2000. *Handbook of Ancient Water Technology*, Leiden: Brill.

——2008. 'Sources of energy and exploitation of power', ed. J. P. Oleson, *Oxford Handbook of Engineering and Technology in the Classical World*. Oxford: Oxford University Press, 136–157.

——2008. 'Gadgets and scientific instruments', ed. J. P. Oleson, *Oxford Handbook of Engineering and Technology in the Classical World*. Oxford: Oxford University Press, 785–799.

Wilcox, H. 1999. 'Milton and Genesis: interpretation as persuasion', ed. G. P. Luttikhuizen, *Paradise Interpreted: Representations of Biblical Paradise in Judaism and Christianity*. Leiden: Brill, 197–208.

Wilkinson, A. 1998. *The Garden in Ancient Egypt*. London: Rubicon Press.

Wilson, A. 2008. 'Hydraulic engineering and water supply', ed. J. P. Oleson, *Oxford Handbook of Engineering and Technology in the Classical World*. Oxford: Oxford University Press, 285–318.

——2008. 'Machines in Greek and Roman Technology', ed. J. P. Oleson, *Oxford Handbook of Engineering and Technology in the Classical World*. Oxford: Oxford University Press, 337–366.

Wiseman, D. J. 1983. 'Mesopotamian gardens', *Anatolian Studies* 33, 137–144.

Woolley, C. L. 1929. *The Sumerians*. Oxford: Clarendon Press.

——1954. *Excavations at Ur: A Record of Twelve Years' Work*. London: Benn, revised by P. R. S. Moorey, 1982, *Ur 'of the Chaldees'*.

Worthington, M. 2012. *Principles of Akkadian Textual Criticism*. Studies in Ancient Near Eastern Records I. Berlin: de Gruyter.

Yamauchi, E. M. 2003. 'Athletics in the Ancient Near East', eds. R. Averbeck, M. Chavalas and D. Weisberg, *Life and Culture in the Ancient Near East*. Bethesda, Md.: CDL Press, 491–500.

Yardley, J. C. 1997. *Justin: Epitome of the Philippic History of Pompeius Trogus, Books 11–12*. Oxford: Clarendon Press.

Yildirim B. 2004. 'Identities and empire: local mythology and the self-representation of Aphrodisias', ed. B. E. Borg, *Paideia: The World of the Second Sophistic*. Berlin: Walter de Gruyter, 23–52.

Yoffee, N. 1988. 'The collapse of ancient Mesopotamian states and civilization', eds. N. Yoffee and G. Cowgill, *The Collapse of Ancient States and Civilizations*. Tucson, Ariz.: University of Arizona Press, 44–68.

——2006. 'Notes on regeneration', eds. G. Schwartz and J. L. Nichols, *After Collapse: The Regeneration of Complex Societies*. Tucson, Ariz.: University of Arizona Press, 222–227.

Zadok, R. 1984. *Assyrians in Chaldaea and Achaemenid Babylon(ia?)*. *Assur* 4/3.

译名对照表

Abu Dhabi 阿布扎比

Achaemenid period 阿契美尼德时期

Adad-nirari III, king 阿达德-尼拉里三世

Adiabene (kingdom) 阿迪亚波纳（王国）

aflaj (water channels) 水渠

Agarum 阿加鲁姆

Ahasuerus 亚哈随鲁

Akhenaten, king 埃赫那吞

akītu-house / festival 阿基图之屋 / 阿基图节

Al-Ain-Buraimi (oasis) 阿尔艾因-布赖米大绿洲

alabaster 雪花石膏

alamittu (male date-palm) 雄性枣椰树

Alcinous'palace 阿尔基诺奥斯的宫殿

Alexander the Great 亚历山大大帝

Alexander Romance《亚历山大罗曼史》

Alexandria (city) 亚历山大里亚（城市）

Amanus mountains 阿马努斯山

Amarna (city) 阿玛尔那（城市）

ambassu (game park) 猎苑

Ammianus Marcellinus 阿米亚努斯·马塞利努斯

Amun 阿蒙

An-shar 安沙尔

Anabasis (Xenophon)《长征记》（色诺芬）

Antigone 安提戈涅

Antikythera mechanism 安提基希拉装置

Antiochus I, king 安提奥库斯一世

Antiochus III, king 安提奥库斯三世

Antiochus IV, king 安提奥库斯四世

Antipater of Sidon 西顿的安提帕特

Antipater of Thessalonica 帖撒罗尼迦的安提帕特

Anu (sky-god) 安努

Anunnaki gods of the Underworld 地府的阿努纳基诸神

Aphrodisias-Nineveh-on-Meander,

Turkey 土耳其梅安德河畔阿佛洛狄西亚-尼尼微

Aphrodite of Cnidos (goddess) 克尼多斯的阿佛洛狄忒（神祇）

apiculture 养蜂业

Apollo (god) 阿波罗（神祇）

Apollonius (son of Demetrius) 阿波罗尼乌斯（德米特里之子）

Apollophanes (son of Asklepiades) 阿波罗法尼斯（阿斯克勒庇俄斯之子）

Apsu 阿普苏

aqueducts 渡渠

Arbaces the Mede 米底人阿尔巴塞斯

Arbela (city-site in Iraq) 阿尔贝拉（伊拉克城址）

archetypes 原型

Archimedean screw 阿基米德螺旋泵

Archimedes 阿基米德

archon 执政官

Ardericca (village) 阿德里卡（村庄）

Arpad (city-site in Syria) 阿尔帕德（叙利亚城址）

Arshama, satrap of Egypt 阿尔沙马

Artaxerxes I, king 阿塔薛西斯一世

Artemis 阿耳忒弥斯

Asalluhi (god) 阿萨路希（神祇）

Ashur (god) 阿舒尔（神祇）

Ashur (temple of) 阿舒尔神庙

Ashur (city) 阿舒尔（城市）

Ashur-nadin-shumi, king 阿舒尔-纳丁-舒米

Ashurbanipal, king 阿舒尔巴尼拔

Ashurnasirpal II, king 阿舒尔纳西尔帕二世

ašlu (long string) 长绳

Assyria 亚述 / 亚述里亚

Atalya (queen) 阿塔莉娅（王后）

Atargatis temple, Hierapolis 阿塔加提斯神庙

Athena (goddess) 雅典娜（神祇）

Attalus II, king 阿塔卢斯二世

Ayni (site in Turkey) 艾尼（土耳其遗址）

Azarqiel (astronomer) 阿扎基耶尔（天文学家）

Babylon 巴比伦

Babylonia 巴比伦尼亚

Babyloniaca (Berossus)《巴比伦尼亚志》（贝罗索斯）

Babylonian Akītu-Chronicle《巴比伦阿基图编年史》

Bahram II, king 巴赫拉姆二世

Balaṭa (site in N.Iraq) 巴拉塔（北伊拉克遗址）

Ball, Terry (illustrator) 特里·鲍尔（画家）

Bandwai canal 班德威运河

Banks, Joseph (naturalist) 约瑟夫·班克斯（博物学家）

basalt, synthetic 合成玄武岩

Bastam (site in Iran) 巴斯塔姆（伊朗遗址）

Bastion of Warad-Sin at Ur (in S.Iraq) 乌尔的瓦拉德-辛堡（南伊拉克）

Bavian-Khinnis 巴维安-基尼斯

bee-keeping 养蜂业

Bel-Marduk temple tower 贝尔-马尔杜克塔庙

Berossus (priest of Marduk) 贝罗索斯（马尔杜克祭司）

bīt hilāni (palace) 叙利亚式廊厅

Bodrum (town in Turkey) 博德鲁姆（土耳其城镇）

Bonacossi, Daniele Morandi (archaeologist) 达尼埃莱·莫兰迪·博纳科西（考古学家）

Borsippa (city-site in S.Iraq) 博尔西帕
main temple 大神庙（南伊拉克遗址）

bridge 桥梁

Brodersen, Kai (scholar) 凯·布罗德森（学者）

bronze 青铜

Browne, Sir Thomas 托马斯·布朗爵士

būrtu (well, cistern) 水井、蓄水池

Butterfly that Stamped, The (Kipling)《踩脚的蝴蝶》（吉卜林）

Caicus river (in Turkey) 凯库斯河（土耳其）

Calah 卡拉赫

Calceolaria darwinii (plant) 达尔文蒲包花（植物）

Callimachus of Cyrene 昔兰尼的卡利马库斯

Callisthenes 卡利斯提尼

Calpurnius Piso, L. 卢基乌斯·卡普尼乌斯·皮索

camera lucida 投影绘图仪

Campbell Thompson, Reginald 雷金纳德·坎贝尔-汤普森

Carchemish (city-site in Turkey / Syria) 卡切米什（土耳其/叙利亚城址）

Cassius (mountain) 卡西乌斯山

Cedar Mountain 雪松山

cerd (water-raising system) 辘轳

Chaereas and Callirhoe (Chariton)《喀雷阿斯与卡利尔霍》（喀里通）

chahar bagh (Persian-style garden) 查赫巴格

Chamaerops humilis 欧洲棕

Chariton 喀里通

Chicago Assyrian Dictionary《芝加哥亚述学词典》

Childe, Gordon 戈登·柴尔德

China 中国

Christie, Agatha 阿加莎·克里斯蒂

Cilicia (region in Turkey) 奇里乞亚（土耳其地区）

Clayton, Peter 彼得·克莱顿

Cleitarchus 克雷塔库斯

cogs 齿轮

coinage 钱币

Collection of Sights in Lands throughout the World, A (Callimachus)《世界令人惊叹的七座建筑》（卡利马库斯）

Colosseum (in Rome) 大斗兽场（罗马）

Colossus of Rhodes 罗得岛巨像

columns, pillars 柱

色列城址）

Laessøe, Jorgen (Assyriologist) 尤尔根·莱索（亚述学家）

Lakhmids 拉赫米德人

lament literature, lamentations 挽歌体，挽歌

Larissa (city name) 拉里萨（城市名）

Latin 拉丁文

Layard, Austen Henry 奥斯汀·亨利·莱亚德

Levant (region) 黎凡特（地区）

libraries and archives 图书馆与档案

Library of History (Diodorus Siculus)《历史集成》（西西里的迪奥多鲁斯）

lighthouse of Alexandria 亚历山大里亚灯塔

lismu (running race) 赛跑

Lloyd, Seton (archaeologist) 劳埃德·塞顿（考古学家）

Lord Steadfast Tree (god) "坚定的树王"（神祇）

Louis XIV, king 路易十四

Lucian 琉善

Luckenbill, Daniel 丹尼尔·勒肯比尔

Lugal-asal (god) "白杨树之王"（神祇）

Lugal-gishimmar (god) "枣椰树之王"（神祇）

Lyceum 吕克昂

Lyell, Charles (geologist) 查尔斯·莱尔（地理学家）

Macedonian month names 马其顿月名

Magnolia sieboldii (plant) 天女木兰（植物）

Malatya (city-site in Turkey) 马拉提亚（土耳其城址）

Mallowan, Max E. L. (archaeologist) 马克斯·E. L. 马洛温（考古学家）

Maltai (rock sculpture site) 马尔泰（石刻遗址）

Mani 摩尼

Marduk (god) 马尔杜克（神祇）

Marduk-apla-iddina II, king 马尔杜克－阿普莱迪纳二世

Mari (city-site in Syria) 马瑞（叙利亚城址）

Marly (château de) 马尔利城堡

Marlik tombs (Iran) 马尔利克墓群（伊朗）

Mars (god) 玛尔斯（神祇）

Mausoleum (in Turkey) 摩索拉斯王陵（土耳其）

Mausolus, king 摩索拉斯

Media, Median empire 米底，米底帝国

'Median queen' "米底王后"

Mediterranean Sea 地中海

Membidj (city-site in Syria) 盂比杰（叙利亚城址）

Memphis (city-site in Egypt) 盂斐斯（埃及城址）

Menua, king 梅努阿

Merodach Baladan, king 梅罗达克·巴拉丹

Mes-kiag-nunna, king 麦斯－基亚－努纳

Mesopotamia 美索不达米亚

Mespila (city) 梅斯皮拉（城市）

metaphors 隐喻

Method of Mechanical Theorems (Archimedes)《机械定理的方法》（阿基米德）

Milton, John (poet) 约翰·弥尔顿（诗人）

Mithridates, king 米特里达梯

Morgan, Lewis (scholar) 刘易斯·摩尔根（学者）

mosaic 马赛克

Mosul (city in N.Iraq) 摩苏尔（北伊拉克城址）

mugerru (wheel) 车轮

Mullissu 穆利苏

Muşaşir (site in Iran) 穆沙希尔（伊拉克遗址）

Muşri (mountain, canal) 穆什里

Mylitta (goddess) 米莉妲（神祇）

myths 神话

Nabonidus, king 纳波尼杜

Nabopolassar, king 那波帕拉萨尔

Nabu (god) 纳布（神祇）
Nagel, Wolfram 沃尔夫拉姆·纳格尔
Nahum (biblical prophet) 那鸿（《圣经》中的先知）
nalbaššēni (clothing of flocks) 羊皮 / 毛
Nanne, king 南恩
Naqia (queen) 娜吉雅（王后）
Nebi Yunus (Nineveh) 内比·尤努斯（尼尼微）
Nebuchadnezzar thc Great 尼布甲尼撒大帝
Negoub tunnel 内古布隧洞，图版
Nemetti-Enlil (wall) "恩利尔的防线"
Nergal (god) 涅伽尔（神祇）
Nero, Emperor 尼禄
New Year Festival 新年庆典
Nile 尼罗河
Nimrud (city, ancient Calah) 尼姆鲁德（城市、古代卡拉赫）
Nimrud Wine Lists《尼姆鲁德酒表》
Nin-gish-zida (god) "坚定的树王"（神祇）
Nin-sikila (goddess) 宁西基拉（神祇）
Nineveh 尼尼微
Nineveh and Babylon (Layard)《尼尼微与巴比伦》（莱亚德）
Nineveh and its Remains (Layard)《尼尼微及其遗迹》（莱亚德）
Ninlil (goddess) 宁利尔（神祇）
Ninos 尼诺斯
Ninos and Semiramis (novel)《尼诺斯与塞米拉米斯》（小说）
Ninurta (god) 尼努尔塔（神祇）
Ninus (husband of Semiramis) 尼努斯（塞米拉米斯的丈夫）
Nippur (city-site in S.Iraq) 尼普尔（南伊拉克城址）
Nisibin (city-site in Turkey) （土耳其城址）尼西宾
Nitocris, queen 尼托克丽丝
Nonsuch Palace (in England) 无双宫（英格兰）

obelisk of Semiramis 塞米拉米斯方尖碑

Oedipus 俄狄浦斯
Olympia 奥林匹亚
Oman 阿曼
On Spirals (Archimedes)《螺线论》（阿基米德）
Onesicritus 奥尼西克里图斯
opus cochliae (screw) 螺旋泵
Original Drawing IV 69 原始线摹图 IV
Original Drawing IV 77 原始线摹图 IV

palgu (ditch) 沟渠
Palaces 宫殿
Palmyra 巴尔米拉
paradeisos tēs tryphēs (garden of delights) "宜人的花园"
Paradise Lost (Milton)《失乐园》（弥尔顿）
Parthian empire 帕提亚帝国
Parthian lintel 帕提亚 "门楣"
Pasargadae (city) 帕萨尔加德（城市）
pavilions 亭榭
'pensile paradise' (Browne) "树巢天堂"（布朗）
pensiles horti 空中花园
Pergamum Great Altar 帕加马大祭坛
Peripetus school 漫步派学派
Perrault, Claude 克劳德·佩罗
Persepolis 波斯波利斯
Persica (Ctesias)《波斯志》（克特西亚斯）
Pharos lighthouse 法罗斯灯塔
Phidias 菲迪亚斯
Philo of Byzantium (the Paradoxographer) 拜占庭的斐洛（悖论作家）
Philo Judaeus 犹太人斐洛
Phoenician History (Herennius Philo of Byblos)《腓尼基史》（布洛斯的赫伦尼乌斯·斐洛）
pillars 立柱
plants, planting 植物，种植
Plato 柏拉图
Pleiades 昴星团
Pliny the Elder 老普林尼
Plutarch 普鲁塔克

五世

Shemshara (site in N.Iraq) 舍姆沙拉
（伊拉克城址）

Sibitti gods 七武神

Siebold, Philipp Franz von (plant collector)
菲利普·弗朗茨·冯·齐博尔德（植
物采集者）

Siloam tunnel (in Jerusalem) 西罗亚隧洞
（耶路撒冷）

Sin-ahu-uṣur (Sargon's brother) 辛－阿
胡－乌舒尔（萨尔贡的兄弟）

sindû (tree) 印度木

Sippar, temple of sun-god 西帕尔太阳神
庙

šitimgallu "建筑大师"

slavery 奴隶制

Smith, George (archaeologist) 乔治·史密
斯（考古学家）

Smith, Sidney (assyriologist) 西德尼·
史密斯（亚述学家）

Sophocles 索福克勒斯

South-West Palace of Sennacherib at
Nineveh 尼尼微辛纳赫里布西南宫

Sports 体育

Standard Babylonian dialect 标准巴比伦语

Strabo 斯特拉博

stratēgos 将军

Stratonice, queen 斯特拉托尼克

Sumerian King-list《苏美尔王表》

Susa (city, Iran) 苏撒（城市，伊朗）

Syria 叙利亚

syringes (pipes) 管乐器

tabrâti (wonder, sight) 奇迹

Tacitus 塔西佗

Taharqa, Pharaoh 塔哈尔卡

Taq-i Bustan (rock sculptures in Iran) 塔
格－博斯坦（伊朗石刻）

Tarbiṣu (town-site in N.Iraq) 塔尔比苏
（北伊拉克城镇遗址）

Tarsus (city-site in Turkey) 塔尔苏斯（土
耳其城址）

Tashmetu-sharrat (queen) 塔什梅图－沙
拉特（王后）

Tel Rehov (site in Israel) 雷霍夫土丘
（以色列遗址）

Telchines (Greek sages) 忒尔喀涅斯
（希腊圣贤）

Tell Abraq (town-site in Sharjah) 阿布拉
克土丘（沙迦城镇遗址）

Tell al-Rimah (city-site in N.Iraq) 阿尔里
马赫土丘（北伊拉克城址）

Tell Basmusian (city-site in N.Iraq) 巴斯
穆西安土丘（北伊拉克城址）

Tell el-Amarna (city-site in Egypt) 艾尔－
阿玛尔那土丘（埃及城址）

Tell Gomel (village in N.Iraq) 戈迈尔土
丘（北伊拉克村庄）

Tell Halaf palace 哈拉夫土丘的宫殿

Tell Leilan (city-site in Syria) 莱兰土丘
（叙利亚城址）

temple of the Seven Gods (Khorsabad)
七神庙（霍尔萨巴德）

Terpander (musician) 特潘德（音乐家）

terraces, terracing 露台，层级

Tha'labi (Arab writer) 塔拉比

Thasos 萨索斯岛

theamata (sights) 景点

thaumata (wonders) 奇迹

theatre 剧场

Thebes (city-site in Egypt) 底比斯（埃
及城址）

Theophrastus 泰奥弗拉斯托斯

throne 王座

throne-base 王座底座

Tiamat (sea-goddess) 提亚玛特（海神）

Tiberius, Emperor 提比略

Tiglath-pileser I, king 提格拉特－皮勒塞
尔一世，国王

Tiglath-Pileser III, king 提格拉特－皮勒
塞尔三世，国王

Tigranes, king 提格兰，国王

Tigris river 底格里斯河

Titus, Emperor 提图斯

'Toledo tables' 托莱多星表

Tower of Babel 巴别塔

Trajan, Emperor 图拉真

trees 树木

"方尖碑"书系

第三帝国的兴亡：纳粹德国史
　　[美国] 威廉·夏伊勒

柏林日记：二战驻德记者见闻，1934—1941
　　[美国] 威廉·夏伊勒

第三共和国的崩溃：一九四〇年法国沦陷之研究
　　[美国] 威廉·夏伊勒

新月与蔷薇：波斯五千年
　　[伊朗] 霍马·卡图赞

海德里希传：从音乐家之子到希特勒的刽子手
　　[德国] 罗伯特·格瓦特

威尼斯史：向海而生的城市共和国
　　[英国] 约翰·朱利叶斯·诺里奇

巴黎传：法兰西的缩影
　　[英国] 科林·琼斯

末代沙皇：尼古拉二世的最后 503 天
　　[英国] 罗伯特·瑟维斯

巴巴罗萨行动：1941，绝对战争
　　[法国] 让·洛佩　[格鲁吉亚] 拉沙·奥特赫梅祖里

帝国的铸就：1861—1871：改革三巨人与他们塑造的世界
　　[美国] 迈克尔·贝兰

罗马：一座城市的兴衰史
　　[英国] 克里斯托弗·希伯特

1914：世界终结之年

[澳大利亚] 保罗·哈姆

刺杀斐迪南：1914 年的萨拉热窝与一桩改变世界的罗曼史

[美国] 格雷格·金　[英国] 休·伍尔曼斯

极北之地：西伯利亚史诗

[瑞士] 埃里克·厄斯利

空中花园：追踪一座扑朔迷离的世界奇迹

[英国] 斯蒂芬妮·达利

俄罗斯帝国史：从留里克到尼古拉二世

[法国] 米歇尔·埃莱尔

魏玛共和国的兴亡：1918—1933

[德国] 汉斯·蒙森

（更多资讯请关注新浪微博@译林方尖碑，
　　微信公众号"方尖碑书系"）

方尖碑微博　　　　方尖碑微信